L·E·O

Louise Hay & Heather Dane

Das große LOUISE HAY KOCHBUCH

Aus dem Englischen von
Thomas Görden

L·E·O

Dieses Buch widmen wir den Pionieren, Ernährungshistorikern, Küchenchefs, Bauern, Metzgern, Fischern, Nachhaltigkeits-Aktivisten und Lehrern, die vor uns kamen – und allen, die bereit sind, in die Küche zu gehen und etwas Nahrhaftes zu kochen.

Inhalt

la dolce vita

Vorwort

Schaffen wir gemeinsam unvergessliche kulinarische Erlebnisse

von Louise Hay

Während ich diese Zeilen schreibe, steht mein neunzigster Geburtstag kurz bevor, und ich bin überzeugt, dass auch das eines meiner besten Jahrzehnte werden wird! Wenn wir gesund sind, ist das Alter ohne Bedeutung. Und ich war immer überzeugt, dass gute Gesundheit auf drei Prinzipien beruht:

1. Selbstliebe. Als ich vor Jahrzehnten *Gesundheit für Körper und Seele* schrieb, stellte ich dem Buch folgende Widmung voran: »Möge Ihnen dieses Angebot helfen, den Ort in Ihnen zu finden, wo Sie Ihren Selbstwert erkennen, denjenigen Teil von Ihnen, der reine Liebe und Selbstakzeptanz ist.« *Gesundheit für Körper und Seele* wurde weltweit von über 53 Millionen Menschen gelesen, und es ist meine Hoffnung, dass diese Botschaft sich auch in Zukunft weiter verbreiten wird. Sich selbst zu lieben ist die große Wunderkur. Sich selbst zu lieben wirkt in unserem Leben Wunder. Liebe eröffnet uns unser grenzenloses Potenzial.

2. Konzentration auf die richtigen Gedanken. Seien Sie nett zu Ihrem Geist. Selbsthass ist lediglich ein Gedanke, den Sie über sich selbst hegen. Wenn Sie Ihr Denken sanft verändern, werden Sie erkennen, dass Sie es wert sind, geliebt zu werden! Ich finde es enorm aufregend, dass die Wissenschaft inzwischen nachweisen konnte, wie Gehirn und Körper sich durch positive Affirmationen zum Besseren verändern lassen. Unsere Worte und Gedanken verändern nicht nur unsere Zukunft und unsere Erfahrungen. Sie formen auch unsere Überzeugungen und unsere Wahrnehmung. Und dank der Epigenetik wissen wir heute, dass sich dadurch sogar unsere DNA verändert. Positiv über uns selbst zu denken bringt enorme Vorteile.

3. Konzentration auf das richtige Essen. Das Buch *Ernährung für Körper und Seele* schrieb ich zusammen mit meinen Ernährungs-Coaches Heather Dane und Ahlea Khadro, um Ihnen jenes Geheimnis für optimale Gesundheit nahezubringen, für das ich

»Knochen repräsentieren die Struktur des Universums. Wenn wir fühlen, dass wir die Wahrheit kennen, fühlen wir das tief in unseren Knochen.«

weniger bekannt bin: Ernährung. In all den Jahren, während ich positive Affirmationen und Selbstliebe unterrichtete und darüber schrieb, habe ich, um meine Gesundheit, Energie und Vitalität zu stärken, gesunde Ernährung praktiziert und mein Wissen darüber ständig erweitert. Wenn die Leute mich fragen, warum meine Haut so gesund aussieht und wie es möglich ist, dass ich in meinem Alter immer noch reise, unterrichte und das Leben in jeder Hinsicht genieße, antworte ich, dass das an den richtigen Gedanken und der richtigen Ernährung liegt. In *Ernährung für Körper und Seele* haben wir dargelegt, wie Sie durch vollwertige Ernährung Krankheiten auflösen und sich rundum wohlfühlen können.

Diese drei einfachen Prinzipien sind zeitlos. Sie sind uralt, und doch sind sie aus unserer modernen Welt nicht wegzudenken. Weil diese drei Prinzipien – ungeachtet aller Modetrends – das Fundament der Gesundheit bilden, werden Sie uns immer wieder zu den wesentlichen Grundlagen eines guten Lebens zurückführen.

Für mich ist das wie eine gute Knochen-Kraftbrühe. Es ist einfach, es ist altbewährt und ermöglicht es uns, unsere Basis zu stärken. Eine Kraftbrühe mit den wertvollen Inhaltsstoffen der darin ausgekochten Knochen und des Knochenmarks ist viel leichter zuzubereiten, als Sie glauben. Und die Heilwirkung geht viel tiefer, als wir es uns vorstellen. Knochen repräsentieren die Struktur des Universums. Wenn wir fühlen, dass wir die Wahrheit kennen, fühlen wir das tief in unseren Knochen. Diese Kraftbrühe ist erdend und nahrhaft. Das klingt nicht nur wunderbar, sondern es gibt auch solide wissenschaftliche Beweise für den gesundheitlichen Nutzen dieser köstlichen Suppen.

Knochen-Kraftbrühe ist seit Jahren eines der Geheimnisse meiner Gesundheit und Vitalität. Ich möchte Ihnen gerne zeigen, wie auch Sie dieses schmackhafte Zauber-Elixier nutzen können. Begleiten Sie mich also auf diesem kulinarischen Abenteuer! Kommen Sie, wir gehen in die Küche und probieren gemeinsam herrliche Rezepte aus. Ich verspreche Ihnen, dass wir eine schöne Zeit zusammen verbringen werden, während Sie dieses Buch lesen!

Bejahen wir gemeinsam: In vollkommener Harmonie gebe und empfange ich Nahrung. Mich selbst gut zu nähren ist eine freudige Erfahrung, und ich bin es mir wert, meiner Heilung und meinem Wohlergehen Zeit zu widmen. Gefahrlos kann ich neue Ideen und Wege ausprobieren. Ich gebe mir die Erlaubnis, alles zu sein, was ich sein kann, und ich verdiene im Leben nur das Beste. Ich liebe und wertschätze mich selbst und andere. Und so ist es.

Und jetzt: Frisch ans Werk! Erschaffen wir uns gemeinsam köstliche Erinnerungen!

Ich liebe Sie
Louise

Einführung

Gestatten Sie, dass ich mich kurz vorstelle und Ihnen ein paar Tipps für den Umgang mit diesem Buch gebe

von Heather Dane

Man nennt mich »die Medizinfrau des 21. Jahrhunderts«, weil ich eine Gesundheits-Detektivin bin, die Wissenschaft und uralte Weisheit kombiniert, um Menschen dabei zu helfen, sich von chronischen Krankheiten zu befreien.

Mein Weg dorthin war etwas ungewöhnlich. Ich will ihn hier kurz zusammenfassen, so gut es geht. Väterlicherseits stamme ich aus einer indianischen Familie. Ich gehöre zum Volk der Oneida-Irokesen und bin Mitglied des Wolf-Clans. Unter den drei Clans der Irokesen haben die Mitglieder des Wolf-Clans die Aufgabe, Pfadfinder zu sein. Es liegt in ihrer Verantwortung, die Menschen dazu anzuleiten, ihr Leben so zu leben, wie der Schöpfer es vorgesehen hat. Meine Urgroßmutter war die Clan-Mutter, eine spirituelle Beraterin, die in wichtigen Angelegenheiten die endgültige Entscheidung traf. Clan-Mütter wählen den Häuptling aus und leiten ihn an, und sie besitzen die Fähigkeit, Frieden zu schließen, Kriege zu beenden.

So lernte ich von der Familie meines Vaters, die Rituale der Indianer, mit denen sie die Erde ehrten, ihre Pflanzenmedizin und Ernährungsheilkunde wertzuschätzen. Wie in der traditionellen chinesischen Medizin geht es in der Medizin der Indianer um Ausgewogenheit – um Harmonie mit den Rhythmen der Erde. Und wie die Chinesen gehen die Indianer davon aus, dass unerfüllte Wünsche der Seele die Ursache für Krankheiten sind.

Seit ich zehn Jahre alt war, litt ich unter Verdauungsbeschwerden. Ich wusste nicht, was dahintersteckte, und auch die Ärzte waren ratlos. Im Lauf der Jahre diagnostizierten sie bei mir Candida, Dünndarmfehlbesiedlung (DDFB), Reizdarmsyndrom, Hypoglykämie (Ungleichgewicht des Blutzuckerspiegels) und Malabsorption.

Als Teenager entwickelte ich Depressionen und benutzte schließlich Bulimie als Weg, mir Erleichterung von den Schmerzen in meinem Verdauungstrakt zu verschaffen.

Ich lehnte die Antidepressiva, Schmerzmittel und Operationen ab, die mir die Ärzte ständig verordnen wollten. Stattdessen begann ich mit eigenen Nachforschungen. Ich erwarb einen kaufmännischen Collegeabschluss und Zusatzqualifikationen in Ernährung und Wellness. Ich forschte weiter, doch erst mit Anfang dreißig entdeckte ich die Antwort, die zunächst viel zu simpel erschien: *Ändere deine Ernährung.*

Um einer operativen Entfernung der Gallenblase zu entgehen, begann ich mit einer darmsanierenden Diät. Sie bewirkte tatsächlich eine Besserung der Beschwerden, was mir wie ein Wunder erschien. Ich überwand die Bulimie, und auch die restlichen Symptome verschwanden nach und nach. Sechs Jahre später wurde bei mir das Ehlers-Danlos-Syndrom diagnostiziert, eine unheilbare Störung der Kollagen-Bildung. Mein Arzt erklärte mir, dass diese Erkrankung höchstwahrscheinlich auch für einen großen Teil meiner Verdauungsbeschwerden verantwortlich wäre, weil sie neben Haut, Knochen, Gelenken und Bindegewebe auch die Verdauungsorgane beeinträchtigen kann. Ich reagierte gefasst auf die Diagnose, weil ich mich durch gesunde Ernährung bereits von den meisten meiner Verdauungssymptome befreit hatte. Aber ich fragte mich: *Hm, wie kann ich meinem Körper Kollagen zuführen?* So stieß ich auf die Knochen-Kraftbrühe. Sie wirkte sich so positiv auf meinen Verdauungstrakt aus, dass sie seitdem fester Bestandteil meiner Ernährung ist.

Während meiner Tätigkeit in großen Wirtschaftsunternehmen befasste ich mich mit Organisationsentwicklung, Veränderungsmanagement und Leistungsoptimierung. Ich erwarb mir Anerkennung durch meine Fähigkeit zu systemischem Denken. Diese Fähigkeit ermöglichte es mir, zum Kern der Probleme eines »kranken Unternehmens« vorzudringen und solchen Firmen zu helfen, wieder gesund und profitabel zu werden. Während meiner Business-Karriere setzte ich nebenbei meine Studien zur natürlichen Gesundheit fort. Denn meine wahre Leidenschaft war es, den Stress zu heilen, der bei den Menschen zur Entstehung chronischer Krankheiten führt. Vor etwa einem Jahrzehnt beendete ich meine Unternehmenslaufbahn und eröffnete eine Praxis als Gesundheits-Coach. Ich erwarb ein professionelles Zertifikat auf diesem Gebiet, arbeitete mit Medizin- und Ernährungsexperten zusammen und veröffentlichte mit ihnen zahlreiche Artikel. Heute wende ich die Prinzipien des Systemdenkens bei der Beratung meiner Klienten an und dringe so zum Grund ihrer gesundheitlichen Probleme vor. Mithilfe von Nutrigenomik (Beeinflussung genetischer Faktoren durch Ernährung), Mineralstoffausgleich und ganzheitlicher Ernährungs- und Lebensberatung unterstütze ich meine Klienten bei ihrer Heilung und der Erhaltung ihrer Gesundheit.

Die Gliederung dieses Buches

Im 1. Kapitel erfahren Sie, warum Kraftbrühe sich so positiv auf Gesundheit, Schönheit und Vitalität auswirkt. Außerdem erfahren Sie, warum Kraftbrühe bei manchen Menschen wahre Wunder wirkt, während sie anderen nicht hilft.

Das 2. Kapitel gibt Ihnen einen Überblick über die Küchenausstattung, die Sie benötigen, die Zubereitung der Knochen-Kraftbrühe und die Auswahl qualitativ hochwertiger Zutaten.

Im 3. Kapitel gebe ich Ihnen einige Prinzipien und Tipps an die Hand, um Ihnen den Einstieg zu erleichtern. Dazu gibt es einige Beispiel-Menüs, eine Einkaufsliste und einen Überblick darüber, was Louise zum Frühstück, mittags und am Abend isst.

In den Kapiteln 4 bis 13 finden Sie eine Fülle von köstlichen Rezepten. Diese Gerichte sind zutiefst befriedigend, weil sie uns mit unserer Familiengeschichte und Mutter Erde in Kontakt bringen und wertvolle Bestandteile enthalten, die unseren Körper mit Energie versorgen und unseren Geist nähren. Ich lade Sie herzlich dazu ein, diese Gelegenheit, gut für sich selbst zu sorgen, beim Schopf zu packen! Die Zeit, die Sie in der Küche verbringen, ist Nahrung für Körper, Geist und Seele. Gesundes, nahrhaftes Essen ist eine Gaumenfreude, und Sie tun damit Ihrer Familie, Freunden und sich selbst unendlich viel Gutes.

Wenn Sie glauben, zu wenig Zeit zu haben, um selbst zu kochen, möchten Louise und ich Sie dazu ermuntern, einmal zu hinterfragen, wie Sie mit Ihrer Zeit umgehen. Warum bürden Sie sich so viele Aufgaben auf, dass Sie nicht dazu kommen, etwas Gutes für Ihre Gesundheit zu tun? Nutzen Sie die Zeitspar-Tipps in diesem Buch und lassen Sie sich auf eine faszinierende Entdeckungsreise in Ihrer Küche ein. Damit signalisieren Sie sich selbst etwas, das Sie tief drinnen längst wissen: *Sie sind wichtig.*

Ich liebe Sie,
Heather

Hinweis: Das in den Rezepten häufig vorkommende Maß »Tasse« – englisch: »Cup« – entspricht bei Flüssigkeiten 240 ml. Es dient aber auch als Hohlmaß für feste Zutaten, z. B. Getreide. Verwenden Sie zum Abmessen eine 250-ml-Standardtasse. Oder besorgen Sie sich ein Messbecherset für Cups.

Teil 1

DAS KRAFTBRÜHEN-EINMALEINS

*

1. Kapitel

Kraftbrühe – eine Wunderkur für Gesundheit und Schönheit?

Kennen Sie auch diese Freunde, die Sie akzeptieren, wie Sie sind, und mit denen Sie nach Herzenslust lachen und herumalbern können? Die Sie im Aufzug tanzen sehen und sofort mitmachen, ohne zweimal nachzudenken? Die allein durch ihre Gegenwart Ihren Tag erhellen? So ist die Freundschaft zwischen Heather und mir. Heather wird Ihnen jetzt erzählen, wie wir uns kennengelernt haben:

Ich lernte Louise vor vielen Jahren auf einem Ernährungsseminar kennen. Sie mochte meinen roten Lippenstift, und ich mochte ihren Witz, ihre Klugheit und Spontanität. Von da an blieben wir in Kontakt. Obwohl wir damals weit voneinander entfernt wohnten, sie 79 und ich 37 Jahre alt war, trafen wir uns mindestens ein- oder zweimal jährlich zum Lunch und Gedankenaustausch. Die meisten dieser Mittagessen fanden während Hay-House-Konferenzen statt, auf denen Louise Vorträge hielt. Bei einem dieser Vorträge sagte sie: »Denken und Ernährung – darauf kommt es an.« Ich dachte: *Diese Frau hat es wirklich verstanden – kein Wunder, dass sie so jugendlich und gesund ist!*

Ich möchte Ihnen ein wenig von der Beziehung zwischen Louise und mir erzählen, damit Sie verstehen, warum zwei räumlich und altersmäßig so weit voneinander entfernte Frauen so schnell gute Freundinnen wurden. Obwohl Louise inzwischen 89 ist und ich 47 bin, haben wir geradezu eine Teenager-Freundschaft! Wenn wir zusammen sind, fühlen wir uns wieder wie mit vierzehn. Wir kichern, wir laufen herum und entdecken Neues, und es gibt keinen Menschen, der mich so zum Lachen bringt wie Louise. Sie ist so jung, dass auch ich mich in ihrer Gegenwart jung fühle. Wir ziehen zum Essen Flapper-Federkopfschmuck im Stil der Goldenen Zwanziger an und sagen den Menschen, dass wir das Leben feiern. Einmal gingen wir in einen Erotikshop, einfach aus Neugierde, um zu erkunden, was es dort zu kaufen gibt. Ein paar Stunden später rief mich mein Mann Joel an, als er eine Kreditkartenabbuchung auf unserem Konto entdeckt hatte. Er fragte: »Hast du tatsächlich

177 Dollar in einem Laden namens The Condom Shack ausgegeben?« Darauf antwortete ich: »Ja, Liebling. Louise und ich haben heute ein paar Sachen gekauft.« Das ist einer der vielen Gründe, warum Joel es liebt, wenn ich mit Louise shoppen gehe.

Ein anderes Mal verpassten Louise und ich unseren Flug, weil wir am Gate sitzen geblieben waren – völlig darin vertieft, neue Apps für unsere I-Pads auszutauschen. Sie brachte mir bei, wie man Solitaire spielt, gab mir Frisur-Tipps und zeigte mir, wie man die lästigen Etiketten abtrennt, die innen in Blusen herumhängen (wozu sind die überhaupt gut?). Auf der Suche nach mutigen, satten ungiftigen Farben experimentierten wir mit neuen, natürlichen Lippenstiften. Wir hatten (und haben) so viel Spaß miteinander, dass wir beschlossen, Louise einen neuen Namen zu geben: Louise Play.

Im Lauf der Jahre haben wir viele Mahlzeiten zusammen zubereitet. Ich habe beobachtet, mit welchem natürlichen Instinkt Louise kocht und wie sehr sie köstliches, gesundes Essen liebt. Louise weiß wirklich, wie Gesundheit geht! Sie macht aus der Ernährung keine komplizierte Wissenschaft. Sie wählt einfach nahrhafte Lebensmittel aus und vertraut darauf, dass ihr Körper ihr signalisiert, was gut für ihn ist.

Und was ist Louises Grundnahrungsmittel? Kraftbrühe. Die Zubereitung dieser Brühen erlernte Louise, indem sie die Rezepte der legendären Köchin Julia Child nachkochte. Louise stellte fest, dass Kraftbrühen ihr Wohlbefinden steigerten, belebend und energetisierend wirkten. Wenn die Menschen Louise fragen, was sie tun können, um so gesund und vital wie Louise zu werden, spricht sie immer über Kraftbrühe und Affirmationen. »Wenn Sie sich richtig ernähren und richtig denken, funktioniert alles im Leben«, sagt sie.

Affirmationen sind ein sanfter Weg, unser Denken zu verändern und Selbstliebe zu entwickeln, und Kraftbrühe ist ein sanfter Weg, den Körper mit wichtigen Nährstoffen zu versorgen. Kraftbrühe lässt sich einfach zubereiten. Einerseits scheint sie lediglich ein altbewährtes Rezept aus Großmutters Küche zu sein. Aber in Wirklichkeit ist sie viel mehr als das. Kraftbrühe zu kochen ist der Rückweg dahin, uns selbst zu lieben und gut für uns zu sorgen. Sie verleiht Ihnen Pep und Spannkraft, und unter dem Einfluss gesunder Kraftbrühe werden Sie den vierzehnjährigen Teenager in Ihnen entdecken (aber eine viel klügere Version!).

Kraftbrühe beruht auf uralter Weisheit und ist gegenwärtig in amerikanischen Großstädten total angesagt. Sie ist wie der neueste grüne Mode-Smoothie, nur viel besser. Dieses Buch ist ein Segen, weil Sie lesen und lernen werden, warum Kraftbrühe zugleich ein uraltes Mysterium und das tollste, modernste Ernährungswunder der heutigen Zeit ist. Wer hätte nicht gern mehr Schwung und Vitalität? Schönere Haut, gesündere

Haare, Knochen und Zähne? Kraftbrühe ist Ihr Zaubertrank – freuen Sie sich auf ein köstliches Kochvergnügen!

Was ist nur aus der guten alten Küche geworden?

Essen weckt viele Erinnerungen. Es löst Gedanken an familiäre Traditionen und Feste aus. Wenn wir von Kraftbrühe oder anderen traditionellen Suppen sprechen, fangen viele Menschen an, von ihren Großmüttern zu erzählen. Man nimmt uns mit in eine traditionelle Küche. Wir hören von dem Suppentopf, der bei der Großmutter stets auf dem Herd stand. Wir riechen die intensiven und geheimnisvollen Düfte und Aromen. Wir fühlen uns in unsere Kindheit zurückversetzt, an den Küchentisch der Großmutter, wo wir alte Geschichten hörten, uns geborgen und behütet fühlten.

Die Suppe schmeckt besser als alles andere, was wir je gekostet haben. Sie ist ein Erlebnis für alle Sinne, ein bisschen Familiengeschichte und, vor allem anderen, die Liebe und Geborgenheit einer warmen Küche. Menschen kommen in der Küche zusammen, um etwas zu kochen, das für alle nahrhaft und wohltuend ist.

Heute wird Essen in der Regel nicht mehr so zubereitet wie zu Großmutters Zeiten. Wir entnehmen unser Essen aus Schachteln und Konservendosen, oft bereits fertig zubereitet, und machen uns wenig Gedanken, woher es kommt. Die sinnlichen Erlebnisse, die wir als Kinder in jenen traditionellen, warmen, geborgenen Küchen hatten, haben wir zu 80 Prozent verloren. Und es entgehen uns die Geschichten, die man sich erzählte, während in der Küche gemeinsam gekocht und gegessen wurde … unsere Familiengeschichte.

Wie konnte das geschehen? Seit den 1950er-Jahren und der Erfindung des Abendessens vor dem Fernseher haben die Massenmedien das traditionelle Kochen lächerlich gemacht. Die Botschaft lautete: *Wozu etwas tun, das so viel Zeit und Energie kostet, wenn du einfach eine Packung aufreißen und ein Fertiggericht in den Backofen schieben oder dir warmes Fast Food durchs offene Seitenfenster ins Auto reichen lassen kannst?*

Doch inzwischen ist etwas Interessantes geschehen. Ein paar Gänge neben der Abteilung mit den Tiefkühl-Fertiggerichten gibt es das Regal mit den Energydrinks, deren Verkaufszahlen explodieren. Und was glauben Sie, wer die Zielgruppe der Getränkeindustrie ist? Die Millennium-Kinder. Wenn Sie zwischen 1981 und 1997 geboren wurden, gehören Sie zu diesen Millennium-Kindern, dem Nachwuchs der Babyboomer-Generation – also jener Generation, die Fast Food und Fertiggerichte an die Stelle traditioneller Hausmannskost setzte. Aber indem wir die traditionelle Küche aufgaben, haben wir keineswegs Zeit gewonnen. Und wir haben Energie und Nährstoffe verloren.

Doch gegenwärtig ereignet sich eine stille Revolution. Wir setzen die Puzzlestücke zusammen und erkennen, dass Ernährung außerordentlich wichtig ist. Wir erkennen, dass Gesundheitsprobleme und nährstoffarme Ernährung unmittelbar zusammenhängen. Immer mehr Menschen kaufen Erzeugnisse aus Biolandbau.[1] Hofläden und Bauernmärkte boomen.

Kochen ist in. Aber wenn Sie damit bisher wenig Erfahrung haben, kann es so fremd erscheinen wie Astrophysik. Wie also anfangen? Wie ein Wissenschaftler im Labor müssen Sie ein paar Zutaten in einen Kochtopf geben, umrühren und hoffen, dass es gut schmecken wird. Die Mission dieses Buches ist es, Sie mit einigen köstlichen, nahrhaften Rezepten zu versorgen, die so heilsam und wohltuend für Körper und Seele sind, dass Sie jeden Augenblick in der Küche genießen werden!

Was genau ist Kraftbrühe?

Knochen-Kraftbrühe wird seit über tausend Jahren als Nahrungsmittel und zu Heilzwecken genutzt. Erstmalig wird sie sogar schon im Jahr 1000 n. Chr.[2] in Quellen erwähnt.

Der Suppenkoch A. Boulanger eröffnete im Jahr 1765 ein Restaurant, in dem er Arbeitern Brühe servierte, die während der Industriellen Revolution schnelle, einfache, aber kräftigende Mahlzeiten benötigten.[3] Boulanger war so überzeugt von der Kraft seiner Suppen, dass an seinem Restaurant ein Schild mit der Aufschrift hing: KOMMT ZU MIR, ALLE, DIE IHR MÜHSELIG UND BELADEN SEID, ICH WILL EUCH ERQUICKEN.[4] Das Wort »Restaurant« soll vom lateinischen »restaurabo« (Ich will euch erquicken) stammen.

Es ist kein Wunder, dass Chefköche in aller Welt Kraftbrühen als geheime Aromaspender für ihre Kreationen einsetzen. Und unzählige Gesundheitsexperten empfehlen die traditionellen Brühen als ideale Möglichkeit, in der modernen Welt gesund zu bleiben. Viele von ihnen raten dazu, den aufmunternden Kaffee am Morgen und Nachmittag durch eine Tasse Kraftbrühe zu ersetzen. Kraftbrühe wird als *Superfood* gepriesen, das verjüngend, darmheilend und energetisierend wirkt. Und Spitzenköche sowie Gesundheits-Enthusiasten sind sich einig, dass hausgemachte Kraftbrühen einfach gut schmecken! Eine gute Kraftbrühe ist nicht nur für sich allein ein Genuss, sondern auch eine ideale Zutat für andere Rezepte.

Das Grundrezept der Kraftbrühe besteht einfach darin, dass man Knochen eineinhalb bis achtundvierzig Stunden in Wasser köcheln lässt. Manche sagen, das sei doch »bloß eine Suppe«, aber es ist in Wahrheit so viel mehr! Heute wird Brühe von Chefköchen serviert, die bewusst mit natürlichen, möglichst biologischen Zutaten kochen, und von gesundheitsbewussten Gourmets. Letztere haben die Heilwirkung dieser lange in Vergessenheit geratenen schlichten Speise wiederentdeckt. Der unvergleichliche Geschmack selbst gekochter Kraftbrühe macht wieder Lust auf das sinnliche Esserlebnis aus der guten, alten Zeit vor Fertigpizzas und Fast Food. Kraftbrühe befriedigt unser tiefes Bedürfnis nach der warmen, geborgenen Küche unserer Kindheitserinnerung.

Wenn wir eine Brühe genießen, verbindet uns das mit unseren Vorfahren und ihrer Art zu kochen. Wir werden daran erinnert, dass Essen so viel mehr sein kann als das bloße Stillen unseres Hungers. Essen bedeutet soziale Verbundenheit. Essen ist Liebe. Wenn wir in offener, empfänglicher Stimmung eine gute Kraftbrühe verspeisen, werden wir es erleben.

Die vier wichtigsten Vorzüge der Kraftbrühe

Durch eigene Erfahrung und durch Recherche haben wir vier zentrale Gründe gefunden, warum Kraftbrühe empfehlenswert ist:

1. Bioverfügbares Kollagen. Dieser für Gesundheit und Schönheit so wertvolle Inhaltsstoff macht Kraftbrühe zu einem echten Heiltrank.
2. Bioverfügbare Nährstoffe. Kraftbrühe enthält leicht verdauliche Aminosäuren, Vitamine, Mineralstoffe und essenzielle Fettsäuren.
3. Weniger Abfälle – gut für die Haushaltskasse und den Planeten. In diesem Buch zeigen wir Ihnen, wie Sie Essensreste als nährstoffreiche Nahrungsquelle nutzen können.
4. Geschmacksverbesserung für Gesundheitsrezepte. Mit Kraftbrühe, dem großen Geschmacksgeheimnis der Spitzenköche, können auch Sie köstliche heilkräftige Getränke und Speisen herstellen. So wird Nahrung auf wunderbare Weise zu Medizin.

1. Bioverfügbares Kollagen

Kollagen gehört zu den am besten erforschten Proteinen und erfreut sich in der Nahrungsmittel- und der Kosmetikbranche großer Beliebtheit als Zutat für Nahrungsergänzungsmittel, Fertiggerichte, Cremes und Lotionen. Aber was ist, wenn das Kollagen-Geheimnis für uns stets in Reichweite war? Was, wenn ein simpler Teller Suppe uns mit dem vollwertigen Kollagen versorgen kann, das wir benötigen? Finden wir es gemeinsam heraus.

Kollagen ist das häufigste Protein in unserem Körper. Oft wird es als »Bindegewebe« bezeichnet, aber wir definieren das Kollagen gerne als die »große Stützkraft«. Kollagen stützt, stärkt, polstert, sorgt für Struktur und hält den Körper zusammen. Aus Kollagen bilden sich Knochen, Zähne, Sehnen, Bänder, Gelenke und Knorpel. Und es ist der Schlüssel zu schönem Haar, schöner Haut und schönen Nägeln. Kollagen stärkt die Muskulatur, fördert das Zellwachstum und stützt die Hohlorgane unseres Verdauungstrakts (also Gewebe wie Speiseröhre, Magen, Dünn- und Dickdarm).

Das Tolle an Kraftbrühe aus Knochen und Fleischresten ist, dass sie uns mit bioverfügbarem Kollagen versorgt. Mit anderen Worten, das Kollagen wurde zu Gelatine aufgespalten (oder denaturiert), die der Körper leicht verdauen und aufnehmen kann. Gelatine ist im erhitzten Zustand oder bei Zimmertemperatur flüssig. Im Kühlschrank dickt sie ein und wird gallertartig. Eine stark industriell verarbeitete und extrem zuckerhaltige Variante der in Kraftbrühe enthaltenen Gelatine steckt beispielsweise in Gummibärchen oder Götterspeise.

80 bis 90 Prozent des in Tieren enthaltenen Kollagens gehört zu den Typen I, II und III.[5] Typ I ist in Knochen, Sehnen, Bändern und Haut. Typ II findet sich im Knorpel, und Kollagen des Typs III ist in Haut, Muskeln und Knochenmark enthalten.[6] Wenn man Kraftbrühe aus Knochen, Knorpel und Haut herstellt, enthält sie alle drei Kollagentypen.

Warum ist das wichtig? Bis zum vierzigsten Lebensjahr produziert der Körper eines gesunden Menschen selbst Kollagen, dann lässt diese Produktion immer mehr nach.[7] In diesem Buch zeigen wir Ihnen, was Sie dagegen unternehmen können!

Nicht nur der Alterungsprozess, auch Stress und Autoimmunerkrankungen können die körpereigene Kollagenproduktion beeinträchtigen.[8] Wenn der Körper weniger Kollagen produziert oder aufnimmt, zeigt sich das unter anderem an faltiger Haut, erschlaffenden Muskeln, dünnen oder trockenen Haaren und Nägeln, Gelenkbeschwerden und brüchigen Knochen.[9] Kollagenmangel spielt offenbar auch bei Erkrankungen des Verdauungstrakts wie Reflux und Reizdarmsyndrom eine Rolle.[10]

Die einzige für uns verfügbare Nahrungsquelle für Kollagen ist tierisches Protein (vor allem jene Teile des Tierkörpers, die für Kraftbrühe verwendet werden, also Knochen, Sehnen, Bänder, Knorpel, Haut und Knochenmark), weswegen Kraftbrühe uns in idealer Weise mit Kollagen versorgt. Zu beachten ist hierbei, dass Pflanzen zwar kein Kollagen enthalten, seine Aufnahme durch den Körper jedoch anregen und unterstützen können. Pflanzenkost mit einem hohen Gehalt an den Vitaminen C, B-Komplex, A, D und E, Mineralstoffen wie Silikon, Schwefel und Kupfer und Aminosäuren wie Prolin können die Kollagenbildung in unserem Körper fördern.

Nachfolgend einige Beispiele für pflanzliche Lebensmittel, die kein Kollagen enthalten, aber die Kollagenbildung anregen und unterstützen:

- Obst: Zitronen, Orangen, Himbeeren, Erdbeeren und Kirschen
- Gemüse: Mangold, grüne Bohnen, Spinat, rote Paprikaschote, rotblättriger Salat, Tomaten, Möhren, Rote Bete, Lauch, Gurken, Meeresalgen und grünes Blattgemüse
- Nüsse und Samen: Sonnenblumenkerne, Mandeln und Walnüsse
- Essenzielle Fettsäuren: unraffinierte Pflanzenöle wie natives Olivenöl, Kokosöl und Leinöl
- Verschiedenes: Reiswein, Kaffee-Extrakt (Arabica), Panax-Ginseng-Wurzelextrakt, Zimtextrakt und Amla-Extrakt[11]

Und Kollagen hat noch einen weiteren großen Vorteil: *Es unterstützt die Verdauung.* Denn beim Kochen einer Kraftbrühe verändert sich das Kollagen zu leicht verdaulicher Gelatine. Da die Gelatine schon seit 1682 bekannt und populär ist, wurde ihr Nährwert im Lauf der Jahrhunderte gründlich erforscht.

Die verdauungsfördernde Wirkung der Gelatine beruht hauptsächlich auf zwei wesentlichen Eigenschaften:

Gelatine schützt und versiegelt den Darmtrakt. Gelatine überzieht die Darmschleimhaut mit einer Schutzschicht, die schädliche Wirkungen bestimmter Nahrungsbestandteile vom Darm fernhält, was gegen Verdauungsbeschwerden hilft.[12]

Gelatine verbessert den Nährwert. In mehreren Studien wurde nachgewiesen, dass Gelatine, wenn sie in Kombination mit anderen Lebensmitteln verzehrt wird, den Nährwert der Lebensmittel erheblich steigert.[13] Das ist vermutlich auf die verdauungsfördernde Wirkung der Gelatine zurückzuführen.

Dass der Verzehr von Kollagenquellen wie Kraftbrühe und Kollagen-Hydrolysat (eine Form des Kollagens, die aus Rindergelatine gewonnen wird) die Gesundheit verbessert, ist durch wissenschaftliche Studien bewiesen. Im Anhang dieses Buches (ab Seite 327) finden Sie zur Ergänzung außerdem Erfahrungsberichte von Patienten.

2. Bioverfügbare Nährstoffe

Kraftbrühe enthält vorverdaute Nährstoffe, die der Körper leichter aufnehmen und verarbeiten kann. Die Nährstoffzusammensetzung der Kraftbrühe variiert, je nachdem, welche Arten von Knochen, Haut, Knorpel, Sehnen, Bändern, Gemüse, Kräutern und Gewürzen für ein Rezept verwendet werden. Generell enthält Brühe folgende wichtige Nährstoffe:

Aminosäuren. Kraftbrühe steckt voller wichtiger Aminosäuren. Sie sind die Bausteine des Proteins und helfen beim Aufbau und der Regenerierung aller Gewebe und Organe im Körper. Aminosäuren tragen zur

Aufrechterhaltung sämtlicher Körperfunktionen bei, etwa beim Wachstum und bei der Heilung. Sie sind aber auch mitverantwortlich für unsere Gemütsverfassung, unser Energielevel, Konzentrationsvermögen und unseren Hormonhaushalt. Besonders reich ist Kollagen an den drei Aminosäuren Glycin, Prolin und Hydroxyprolin. Weiterhin enthält Kraftbrühe die Aminosäuren Asparaginsäure, Glutamin, Serin, Threonin, Alanin, Arginin, Valin, Isoleucin, Leucin, Tyrosin und Phenylalanin.[14] Welche Aminosäuren im Einzelnen vorkommen und in welcher Konzentration, hängt von den für die Brühe verwendeten Knochen und sonstigen Tierbestandteilen ab.

Mineralstoffe. Mineralstoffmangel gilt als wesentlicher Faktor bei den heute so verbreiteten chronischen Erschöpfungszuständen und Hormonstörungen und der ebenfalls häufig auftretenden Nebennierenschwäche. Mineralstoffe sind von enormer Bedeutung für unsere Gesundheit. Sie tragen zum Aufbau gesunder Knochen und Zähne bei und sind wichtig für die Gemütsverfassung, das Konzentrationsvermögen, körperliches Leistungsvermögen und einen ausgewogenen Hormonhaushalt. Wir alle können von der Power dieser Mineralien profitieren.

Heutzutage ist viel von Kalzium die Rede, während Magnesium und anderen Mineralstoffen wie Phosphor, Schwefel, Kalium, Eisen, Mangan, Zink, Kupfer, Kobalt, Fluorid und Selen weniger Aufmerksamkeit geschenkt wird. Knochen und Zähne bestehen aber nicht nur aus Kalzium. Daher benötigen wir für gesunde Knochen und allgemeines Wohlbefinden die gesamte Bandbreite an Mineralien. Kraftbrühe enthält ein großes Spektrum an leicht verdaulichen Mineralstoffen.[15]

Glykosaminoglykane. Knorpel und anderes tierisches Bindegewebe enthalten Glykosaminoglykane (GAG). Dabei handelt es sich um Aminosäure-Zuckermoleküle, die zusammen mit Kollagen eine wichtige Rolle für die Festigkeit des Bindegewebes spielen.[16] Glukosaminoglykane sorgen für Polsterung und Gleitfähigkeit von Haut, Gelenken, Muskeln und Augen. Beispiele für diese Substanzen sind Hyaluronsäure, Chondroitinsulfat und Glykosamin. Vielleicht haben Sie schon von ihnen gehört, da sie in Nahrungsergänzungsmitteln enthalten sind, die die Gelenkgesundheit fördern sollen. Hyaluronsäure wird außerdem für Kosmetika und in der Augenchirurgie verwendet. Kraftbrühe ist eine sehr gute Quelle für Glykosaminoglykane.

Vitamine und andere Nährstoffe. Während man für das Grundrezept der Kraftbrühe nur Knochen zum Auskochen und Wasser benötigt, steigern viele den Nährwert der Brühen, indem sie Gemüsereste, Kräuter und Gewürze hinzufügen. Durch diese Zutaten können Sie dem Körper Vitamine, Mineralstoffe und Antioxidanzien zuführen. (In Teil 2 dieses Buches finden Sie Empfehlungen, wie Sie die Rezepte für Brühen gezielt an gesundheitliche Bedürfnisse und Ernährungsziele anpassen können.)

Gesunde Fette. Knochenmark, Haut, Fleisch und andere fetthaltige Teile von Rind, Geflügel und Fisch enthalten gesunde Fette, die unsere Stimmung aufhellen, für ein angenehmes Sättigungsgefühl sorgen (und damit zur Gewichtsregulierung beitragen) und die Gesundheit unseres Gehirns fördern.[17] Außerdem benötigt der Körper Fette, um die Vitamine A, D, E und K verwerten zu können.

3. Weniger Abfälle – gut für die Haushaltskasse und den Planeten.

Als es noch keine Supermärkte gab und die Menschen in größerer Nähe zum Land lebten, achtete man darauf, möglichst alle Bestandteile von Pflanzen und Tieren zu nutzen und nichts zu vergeuden. Wir glauben, dass Massentierhaltung, bei der Tiere in enge Käfige eingepfercht und dazu gezwungen werden, für sie eigentlich unnatürliches Futter zu fressen, unmenschlich ist. Diese Industrie lebt zu einem großen Teil davon, dass nur bestimmte Teile eines Tieres vermarktet werden, zum Beispiel Rindersteaks oder Hühnerbrüste, statt das gesamte Tier von der Schnauze bis zum Schwanz zu verwerten.

Ein einziges Rind könnte eine vierköpfige Familie ein ganzes Jahr lang versorgen, wenn wir wie unsere Vorfahren essen würden, also diese Familie das ganze Rind verspeisen würde und nicht bloß ein paar ausgewählte Fleischteile. Die besonderen Teile wie Filet mignon und Rib-Eye-Steak machen 15 Prozent des Rindes aus. Da die Nachfrage nach diesen Teilen stark angewachsen ist, benötigt man immer mehr Rinder – wenn besagte Familie nur diese besonderen 15 Prozent eines Rindes isst, verbraucht sie, statt nur einem, jährlich mehrere Rinder.

Und es sind nicht nur die inhumanen Tierhaltungspraktiken, die uns Sorgen machen. In gleicher Weise hat sich die landwirtschaftliche Produktion auf bestimmte pflanzliche Nahrungsmittel fokussiert, zum Beispiel auf Mais und Weizen. Das führt zu einer Überproduktion von die Erde auslaugenden Pflanzen, statt durch einen abwechslungsreichen Anbau die Gesundheit des Planeten und seiner Böden zu pflegen und zu erhalten.

Wenn wir den menschlichen Körper betrachten, sehen wir, dass er am besten bei einer abwechslungsreichen Kost gedeiht, zu der auch Fleisch und andere Tierprodukte gehören. Die preiswerteren Fleischteile sind tatsächlich sogar gesünder, weil sie mehr Kollagen, Glykosaminoglykane und essenzielle Fettsäuren enthalten, als die »teuren Stücke« und somit unsere Verdauung, Knochen, Haut und Gelenke weit besser unterstützen.

Wenn wir Pflanzen anbauen, die dem Ökosystem dienen, bringen wir Mineralstoffe in den Boden zurück. Unsere heutige Ernährung weist einen deutlichen Mangel an diesen Mineralien auf, was zu einer Vielzahl mysteriöser Gesundheitsprobleme führt, gegen die dann von der Pharmaindustrie immer neue Medikamente auf den Markt gebracht werden. Da sich ein Mangel an Eiweiß, Mineralien und Vitaminen aber nicht durch Medikamente beseitigen lässt, befinden wir uns in einem Teufelskreis.

Je mehr wir unser Augenmerk auf Lebensmittel richten, die der Gesundheit des Ökosystems dienen, desto mehr finden wir gute Wege für alle Wesen – Tiere, Pflanzen und Menschen … jenes Gesamtsystem, das in Harmonie gemeinsam existieren muss, um gedeihen zu können.

Kraftbrühe schont außerdem Ihre Haushaltskasse, weil Sie dafür das nutzen, was heutzutage als Abfall gilt. Die Haut und anderen Überreste eines Huhns, Tierknochen, Füße, Gemüseschalen und -stiele werden genutzt, um daraus eine nährstoffreiche und heilkräftige Mahlzeit zu kochen. Wir werden Ihnen sogar zeigen, wie Sie Knochen weiterverwerten können, nachdem Sie daraus Suppe gekocht haben.

4. Geschmacksverbesserung für Gesundheitsrezepte

Seit Jahrhunderten verwenden Köche Brühe dazu, Gerichte schmackhafter zu machen. Wenn Sie Ihre eigene Kraftbrühe kochen, werden Sie keine industriell hergestellten, voller Chemie steckenden Brühwürfel mehr benötigen, um Geschmack an Suppen, Eintöpfe und Saucen zu bringen. Sie haben dann nämlich einen eigenen Geschmacksverbesserer, der obendrein jede Menge Vorteile für Gesundheit und Schönheit bereithält.

Warum Kraftbrühe so gesund ist

Es gibt zwar einige wissenschaftliche Studien zur Kraftbrühe, doch die meisten Studien befassen sich mit Kollagen, Gelatine oder Kollagen-Hydrolysaten (die man auch Kollagen-Peptide nennt). Wie schon erwähnt, handelt es sich bei Gelatine um Kollagen in denaturierter Form, die bewirkt, dass die Brühe im Kühlschrank eindickt. Gelatine ist im Handel als geschmackloses Pulver erhältlich. Kollagen-Hydrolysat ist ein pulverisiertes Produkt, das etwas stärker verarbeitet ist als Gelatinepulver und für andere Zwecke verwendet wird (dazu mehr Informationen im 2. Kapitel). Wenn wir von Gelatine sprechen, sei es als Bestandteil der Kraftbrühe oder in Pulverform, meinen wir damit denaturiertes Kollagen.

Laut dem Biologieprofessor Ray Peat kann der starken Zunahme degenerativer und entzündlicher Erkrankungen in den Industrieländern durch den Verzehr gelatinereicher Speisen entgegengewirkt werden, weil darin heilkräftige Aminosäuren wie Glyzin, Alanin, Prolin und Hydroxyprolin enthalten sind.[18] Schauen wir uns weitere gesundheitliche Vorzüge von selbst gekochter Kraftbrühe und Gelatine an.

Studien belegen, dass Gelatine wahrscheinlich folgende Gesundheitswirkungen hat:

- stärkere, gesündere Nägel[19]
- Verlangsamung des Alterungsprozesses
- krebshemmend
- Linderung bei Arthritis und Gelenkschmerzen
- Schutz der Körperzellen
- senkt den Blutzuckerspiegel und kann bei Diabetes unterstützend wirken; fördert die Insulin-Regulierung
- fördert gesunden Schlaf
- wirkt gegen Blutungen (Nasenbluten, starke Regelblutungen, Magengeschwüre, Hämorriden und Blasenblutungen)
- hilft, die Magensäure zu regulieren, was nützlich ist bei Kolitis, Zöliakie, Geschwüren und anderen Entzündungen im Magen-Darm-Trakt[20]

Hinweis: Zwar gibt es viele Studien, die belegen, dass Kollagen die Haut jugendlich und straff erhält, jedoch befassen sich die meisten Studien zum Anti-Aging der Haut mit den Vorteilen von Kollagen-Ergänzungsmitteln. Man hat nachweisen können, dass Kollagen-Ergänzungsmittel gegen Falten, trockene Haut, Schuppen und die natürliche Fotoalterung der Haut wirken.[21] Experten wie Kaayla T. Daniel vertreten außerdem die Ansicht, dass eine kollagenreiche Ernährung möglicherweise Zellulitis reduziert.[22]

Wenn Ihnen eines oder mehrere der oben erwähnten Probleme zu schaffen machen, empfehlen wir folgende Affirmation:
In der Unendlichkeit des Lebens ist alles perfekt und heil. Mein Körper ist mein bester Freund. Jede Zelle meines Körpers verfügt über göttliche Intelligenz. Ich höre auf das, was diese Intelligenz mir sagt. Und ich weiß, dass ich diesem Rat vertrauen kann. Ich bin immer geborgen, göttlich beschützt und göttlich geführt. Ich entscheide mich dafür, gesund und frei zu sein. Alles ist gut in meiner Welt.

Wissenschaftliche Studien belegen die folgenden Vorteile der Kraftbrühe:

Stärkung des Immunsystems. Die in Kraftbrühe enthaltenen Aminosäuren, unter anderem Arginin, Glutamin und Cystein, stärken nachweislich bei Mensch und Tier das Immunsystem.[23]

Affirmationen vorstellen, die Sie bei den jeweiligen Beschwerden anwenden können.

Jede Aussage, die Sie treffen, ist eine Affirmation. Allzu oft denken wir in negativen Mustern, durch die wir noch mehr von dem erschaffen, was wir eigentlich nicht wollen. Eine negative Affirmation wie **Ich werde nie gesund** bringt Sie nicht weiter. Wenn Sie stattdessen sagen **Ich bin offen dafür, mich gut zu fühlen,** öffnen Sie die Kanäle Ihres Bewusstseins, um genau das zu erschaffen. Seit Jahrzehnten berichten unzählige Menschen, wie sehr Louises Affirmationen ... rend der Lektüre dieses Buches positiv zu denken und sich auf die Verbesserung Ihres Gesundheitszustandes zu konzentrieren. Wiederholen Sie möglichst oft positive Aussagen darüber, wie Sie sich Ihr Leben wünschen. Wichtig ist dabei, diese Affirmationen stets in der Gegenwart zu formulieren. Beginnen Sie die Sätze mit **Ich bin oder Ich habe.** Ihr Unterbewusstsein ist ein so gehorsamer Diener, dass es, wenn Sie Aussagen in der Zukunftsform treffen **Ich möchte** oder **Ich werde**, dafür sorgt, dass Ihre Wünsche auch ständig dort bleiben – in der Zukunft, für Sie unerreichbar!

Wenn Sie an einer Autoimmunkrankheit leiden oder Ihr Immunsystem geschwächt ist, empfehlen wir folgende Affirmation:

Ich bin bereit, mich zu verändern und weiterzuentwickeln. Ich erschaffe mir jetzt eine gute Zukunft. Jeden Tag geschehen Wunder. Ich wende mich nach innen und löse das Muster auf, durch das dieses Problem verursacht wurde, und akzeptiere jetzt göttliche Heilung. Und so ist es!

Linderung bei Erkältung und Bronchitis. In der Zeitschrift *Chest* wurde im Jahr 2000 eine Studie veröffentlicht, wonach Hühnersuppe nachweislich Erkältungssymptome lindert, indem sie die Atemwege von Schleim befreit und den Körper mit wertvollen, leicht verdaulichen Nährstoffen versorgt.[24] Laut Irwin Ziment, Medizinprofessor an der Universität von Kalifornien, enthält Hühnersuppe die Aminosäure Cystein, die chemisch dem Bronchitis-Medikament Acetylcystein ähnelt.[25]

Wenn Sie an einer Erkältung oder Bronchitis leiden, empfehlen wir folgende Affirmationen:
Erkältungen: Ich erlaube meinem Geist, sich zu entspannen und friedvoll zu sein. Klarheit und Harmonie wohnen in mir und umgeben mich.
Bronchitis: Ich bejahe Frieden und bringe mir selbst Wertschätzung entgegen. Ich sorge gut für mich. Ich bin jeder Situation gewachsen.

Hilfe bei Entzündungen: In Studien konnte nachgewiesen werden, dass Kraftbrühe zahlreiche entzündungshemmende Aminosäuren enthält, wobei L-Glutamin insbesondere gegen entzündliche Magen-Darm-Erkrankungen wirkt.[26]

Wenn Sie an einer Entzündung leiden, empfehlen wir folgende Affirmation:
Mein Denken ist friedvoll, ruhig und geerdet. Ich bin bereit, Denkmuster der Kritik hinter mir zu lassen. Ich liebe und wertschätze mich.

Stärkung von Zähnen und Knochen. Man hat wissenschaftlich nachgewiesen, dass für einen gesunden Knochenaufbau folgende Nährstoffe benötigt werden: Kalzium, Protein, Magnesium, Phosphor, Vitamin D, Kalium, Zink, Mangan, Kupfer, Bor, Eisen, die Vitamine A, K, C und die B-Vitamine.[27] Knochen-Kraftbrühe mit Gemüse und Fleisch oder Fisch ist eine gute Quelle für diese Vitamine und Mineralstoffe.

Wenn Sie unter Beschwerden an Zähnen oder Knochen leiden, empfehlen wir folgende Affirmationen:
Knochen: Ich bin gut strukturiert und im Gleichgewicht.
Knochenbrüche: In meiner Welt bin ich die einzige Autorität, denn ich bin in meinem Geist der einzige Denker.
Knochenverformungen: Ich atme im Rhythmus des Lebens. Ich entspanne mich und vertraue dem Fluss des Lebens.
Zähne: Ich treffe meine Entscheidungen auf der Grundlage des Wahrheitsprinzips und vertraue fest darauf, dass in meinem Leben nur göttliches richtiges Handeln geschieht.

Gewichtsregulierung. Zwar besteht, was den Zusammenhang zwischen Darmflora und Körpergewicht angeht, noch Forschungsbedarf, aber es konnte im Darm stark übergewichtiger Menschen ein höherer Anteil an Firmicutes-Bakterien nachgewiesen werden, während ein anderer Bakterientyp, die sogenannten Bacteroides, bei ihnen in geringerer Zahl vorkommen. Man nimmt an, die höhere Zahl an Firmicutes-Bakterien in der Darmflora bewirkt, dass mehr Kalorien aus der Nahrung gewonnen werden. Deshalb gilt ein erhöhter Anteil von Firmicutes-Bakterien in der Darmflora als eines der Merkmale von krankhaftem Übergewicht.[28]

Kraftbrühe ist eine sehr gute L-Glutamin-Quelle. Diese essenzielle Aminosäure (ein Baustein des Proteins) ist notwendig für die Gesundheit, insbesondere auch die Darmgesundheit. Studien belegen, dass L-Glutamin den Anteil von Firmicutes-Bakterien an der Darmflora reduziert und damit Übergewichtigen beim Abnehmen hilft.[29]

In zahlreichen Studien wurde außerdem untersucht, ob eine Kraftbrühe als Vorspeise zur Gewichtsreduktion beitragen kann. Im November 2007 wurde in der Zeitschrift *Appetite* (einem wissenschaftlichen Journal, das sich mit Ernährungsgewohnheiten und kulturellen, sinnlichen und physiologischen Gegebenheiten des Essens und Trinkens beschäftigt) eine Studie veröffentlicht, bei der die Forscher einen Schritt weitergingen und untersuchten, ob der Effekt nur bei Kraftbrühe auftritt oder auch, wenn vor der Mahlzeit warmes Wasser getrunken wird. Hierbei zeigte sich, dass Kraftbrühe als Vorspeise tatsächlich die Kalorienaufnahme bei der anschließenden Hauptmahlzeit reduziert, während das bei Wasser nicht der Fall ist.[30]

Bei Gewichtsproblemen empfehlen wir folgende Affirmation:
Ich lebe im Frieden mit meinen Gefühlen. Dort, wo ich bin, bin ich geborgen. Ich erschaffe mir meine eigene Sicherheit. Ich liebe und wertschätze mich.

Verbesserte Flüssigkeitszufuhr. Kraftbrühe versorgt uns, insbesondere wenn sie mit Gemüse zubereitet wird, mit Elektrolyten (Mineralien) und Kohlenhydraten (aus Gemüse). Studien belegen, dass Kraftbrühe wegen der in ihr enthaltenen Elektrolyten den Körper besser mit Flüssigkeit versorgen kann als pures Wasser.[31]

Wenn Sie nicht genug trinken und damit der Körper nicht ausreichend Flüssigkeit bekommt, empfehlen wir diese Affirmation:
Ich liebe und wertschätze mich. Ich sorge gut für mich. In meinem Leben geschieht immer nur göttlich richtiges Handeln. Aus jeder Erfahrung entsteht für mich nur Gutes. Ich kann gefahrlos erwachsen werden. Freudig löse ich mich von der Vergangenheit. Loszulassen ist gut und ungefährlich. Hier und jetzt bin ich frei.

Verbesserte sportliche Leistungen durch gesunde Flüssigkeitszufuhr und Elektrolyte. Zusätzliche wissenschaftliche Studien zeigen, dass Kraftbrühen-Rezepte, die Gemüse enthalten, besser als Wasser in der Lage sind, Trainingskapazität und Leistungsvermögen des Körpers wiederherzustellen, wenn diese durch Dehydrierung und Elektrolyt-Mangel beeinträchtigt waren.[32]

Wenn Sie unter Erschöpfung leiden oder Ihr sportliches Leistungsvermögen beeinträchtigt ist, empfehlen wir folgende Affirmation:
Ich lebe voller Begeisterung, erfüllt von Energie und Lebensfreude.

Verbesserter Muskelaufbau. Die in Kraftbrühe enthaltenen Aminosäuren können die Synthese von Muskelproteinen stimulieren. Die Muskelproteinsynthese ist essenziell für Wachstum, Regeneration und Erhalt der Skelettmuskulatur. In einer Studie an Patientinnen mit Eierstockkrebs und einer Vergleichsgruppe gesunder Teilnehmerinnen wurde nachgewiesen, dass die Aufnahme von Aminosäuren über die Nahrung half, die Muskelproteinsynthese zu stimulieren und Entzündungen zu reduzieren, und zwar in beiden Vergleichsgruppen.[33]

Wenn Sie an Muskelbeschwerden leiden (Verletzungen durch Fehlbelastung, schlechter Muskeltonus, Muskelschwäche, Krämpfe), empfehlen wir folgende Affirmation:
Indem ich liebevolle, frohe Gedanken wähle, erschaffe ich eine liebevolle, frohe Welt. Ich bin immer sicher, geborgen und frei.

Stimmungsaufhellung. Die Ernährung beeinflusst den Zustand der Darmflora. Und die Bakterien im Darm beeinflussen das Gehirn. Neurowissenschaftler haben herausgefunden, dass die Darmbakterien ständig mit dem Gehirn kommunizieren. Die Gesamtheit der im Darm angesiedelten Bakterien, das sogenannte *Mikrobiom,* beeinflusst vom frühen Säuglingsalter an die Entwicklung des Gehirns. Es wirkt sich auf unsere Gefühle und unser Gedächtnis ebenso aus wie auf unser Lernvermögen und unseren Umgang mit Stress. Wenn das Mikrobiom im Darm gesund ist, sendet es Glückssignale ans Gehirn. Wenn es nicht gesund ist, sendet es Signale der Unruhe und Angst. Diese Signalübermittlung veranlasst Neurowissenschaftler, die Möglichkeit zu erforschen, inwieweit sich durch Beeinflussung der Darmbakterien emotionale und stressbedingte Störungen wie zum Beispiel Depressionen behandeln lassen.[34]

Wenn Sie unter Stimmungsschwankungen leiden, empfehlen wir folgende Affirmation:
Ich liebe und wertschätze mich. Ich vertraue dem Lauf des Lebens und bin immer sicher und geborgen.

Ob Sie nun Leistungssport betreiben, sich mehr Energie wünschen, Gewicht verlieren oder sich einfach besser fühlen möchten – oder ob Sie Gourmetkoch sind und köstliches Essen lieben –, Knochenbrühe hat für alle etwas zu bieten! Seit Jahrzehnten versuchen Lebensmittelkonzerne und Arzneifirmen, Ihnen Erfrischungsgetränke, Energydrinks, verschreibungsfreie Medikamente, Antibiotika, Schlankheitsmittel und Energiepillen zu verkaufen. Doch wir haben ein ganz anderes Rezept für Ihre Gesundheit und Ihr Wohlbefinden: Genießen Sie Kraftbrühe!

Darm-Hirn-Gesundheit: »löchriger« Darm, »löchriges« Gehirn

Hippokrates, der Vater der westlichen Medizin, sagte: »Jede Krankheit beginnt im Darm.« Doch erst jetzt beginnen wir, den Zustand des Darms als mögliche Grundursache für chronische Krankheiten zu erkennen und basierend auf dieser Erkenntnis neue Therapiemöglichkeiten zu entwickeln. Das überrascht nicht, wenn wir uns klarmachen, dass das Immunsystem zu 70 bis 80 Prozent im Darmtrakt angesiedelt ist.

Leider greifen Erkrankungen wie das Leaky-Gut-Syndrom (»leaky gut« heißt übersetzt: »undichter Darm«) immer mehr um sich. Im gesunden Dünndarm dient die Darmwand als Torwächter. Sie lässt Wasser und Nährstoffe passieren, während schädliche Substanzen abgewehrt werden. Doch durch schlechte Ernährung, Medikamente und eine bakterielle oder mykotische Fehlbesiedlung kann die Darmwand geschädigt werden, sodass sie für ungesunde Substanzen durchlässig wird. Das kann zu einer Vielzahl von Symptomen führen, unter anderem Nahrungsmittelunverträglichkeiten, Allergien, Kopfschmerzen oder Migräne, Arthritis, Ekzeme, Nesselfieber und chronische Erschöpfung.[35]

Ein »undichter Darm« kann zu Oxydationsstress oder Entzündungen im Körper beitragen. Dadurch wird die Blut-Hirn-Schranke durchlässig, sodass Moleküle und Toxine, die dort eigentlich nichts zu suchen haben, ins Gehirn gelangen.[36]

Folgende Krankheiten werden mit einer durchlässig gewordenen Blut-Hirn-Schranke in Verbindung gebracht:

- ADS und ADHS
- Amyotrophe Lateralsklerose (ALS)
- Alzheimer-Erkrankung und Demenz
- Anorexie und Bulimie
- Autismus
- Brain Fog (»Gehirnnebel«)
- Diabetes
- Epilepsie oder Krampfanfälle
- Infektionen des Nervensystems, etwa Pilzinfektionen, Virusinfektionen, Parasiten oder bakterielle Infektionen, die das Nervensystem befallen, wie Lyme-Borreliose, Enzephalitis, Meningitis oder HIV
- Multiple Sklerose

- Psychische Erkrankungen wie Angstzustände, bipolare Störung, Depression, Zwangsneurosen oder Schizophrenie
- Schlaganfall
- Tics – zwanghaft auftretende, unwillkürliche kurze Bewegungen oder Stimmäußerungen wie Summen, Schreien, Schulterzucken, Blinzeln oder Grimassieren[37]

Kraftbrühe eignet sich sehr gut für Menschen, die zur Darmheilung eine Paläo-Diät oder andere Heildiäten einhalten, zum Beispiel die GAPS-Diät. GAPS ist die Abkürzung für »Gut and Psychology Syndrome«, übersetzt Darm- und Psychologie-Syndrom.

Ist Kraftbrühe ein Allheilmittel?

Wir glauben nicht, dass ein Lebensmittel alle Krankheiten heilen kann. Kraftbrühe hat aber eine Besonderheit, wodurch sie sich von allen anderen Lebensmitteln unterscheidet: Sie liefert dem Körper bioverfügbares Kollagen. Das Kollagen kommt in einer Gemüsekraftbrühe kombiniert mit ebenfalls bioverfügbaren Mineralien, Aminosäuren, Glykosaminoglykanen, Vitaminen und Antioxidanzien vor, was diese Suppe zu einem Superfood macht, das auf sanfte Weise den Körper stärkt und belebt.

Dieses Wunder geschieht nicht über Nacht. Wir haben Artikel gelesen, in denen Reporter schreiben, sie hätten Kraftbrühe eine Woche lang ausprobiert und »keine besondere Wirkung« festgestellt. Ein oder sogar zwei Wochen sind in der Regel ein viel zu kurzer Zeitraum für etwas so Wichtiges wie die grundlegende Kräftigung der Körperstruktur. Bei den meisten Menschen dauert es mindestens einen Monat, bis sich bei regelmäßigem Kraftbrühen-Genuss erste positive Veränderungen einstellen. Oft dauert es aber auch mehrere Monate. Kollagen neu aufzubauen geht nicht von heute auf morgen, wie wissenschaftliche Forschungsergebnisse zeigen, aber es funktioniert. Deswegen ist es so hilfreich, Kraftbrühe über einen längeren Zeitraum regelmäßig zu verzehren.

Die Menschen sind verschieden: Wenn Kraftbrühe nicht hilft

Jeder Mensch ist einzigartig, und wir alle befinden uns in unterschiedlichen Phasen unserer Heilungsreise. Daher kann Kraftbrühe gar keine ideale Lösung für jeden sein. Wenn Sie feststellen, dass Kraftbrühe Ihnen nicht gut bekommt, kann es sich dabei um eine Entgiftungsreaktion handeln. Möglicherweise reagieren Sie aber auch auf die in der Brühe enthaltenen Glutamate, die bei Menschen mit bestimmten Krankheitsbildern Probleme verursachen können. Hierauf möchten wir näher eingehen:

Glutamate. Das Glutamat (Glutaminsäure oder Glutamin) in der Kraftbrühe ist eine nichtessenzielle Aminosäure (was bedeutet, dass der Körper sie selbst produzieren kann), die zahlreiche positive gesundheitliche Wirkungen hat. Zum Beispiel fördert Glutamat die Darmgesundheit und wirkt als Neuro-Chemikalie stimulierend auf das Gehirn, was völlig in Ordnung ist, wenn genügend beruhigend wirkende Neurotransmitter vorhanden sind, um ein Gleichgewicht zu erzeugen. Falls jedoch ein Leaky-Gut-Syndrom und eine Schwächung der Blut-Hirn-Schranke vorliegen, kann es zu unangenehmen Symptomen führen, wenn Speisen mit hohem Glutamat-Anteil verzehrt werden.

In solchen Fällen ist es besser, Kraftbrühe zu meiden und stattdessen Fleischbrühe zu verzehren (also Brühe, die statt mit Knochen, Mark und Knorpel mit Fleisch gekocht wird, siehe Kasten auf Seite 37). Auch viele andere Vollwertprodukte enthalten Glutamate, unter anderem Pilze, Brokkoli, Milchprodukte (Kasein), Tomaten und Walnüsse. Diese sollte man also ebenfalls meiden, wenn Glutamate nicht vertragen werden, außerdem Gluten und bestimmte Würzmittel wie Sojasauce und Weißweinessig.[38]

Mononatriumglutamat. Hierbei handelt es sich um eine industriell hergestellte Glutamatquelle. Wir empfehlen Ihnen dringend, Mononatriumglutamat zu meiden. Leider ist es in nahezu allen Fertiggerichten und sonstigen Fabriknahrungsmitteln enthalten, häufig unter Bezeichnungen wie: *Geschmacksverstärker, Glutamat, Hefeextrakt, Würze, Speisewürze, Sojawürze, Fleischextrakt, fermentierter Weizen* und *Aroma*.[39]

Mononatriumglutamat unterscheidet sich stark von den in natürlicher Nahrung enthaltenen Glutamaten, weswegen manche Menschen es nicht vertragen, obwohl die natürlichen Glutamate in Kraftbrühe, Gelatine und anderen vollwertigen Lebensmitteln für sie gut bekömmlich sind. Es handelt sich um eine synthetische Form der Glutaminsäure, die D-Glutaminsäure, während die natürliche L-Glutaminsäure eine Vorstufe der körpereigenen Neurotransmitter ist.[40]

Kurz gesagt, enthält Kraftbrühe Glutaminsäure oder Glutamate, aber die meisten Menschen vertragen sie sehr gut und erleben nur die positive, heilende Wirkung dieser Aminosäure. Sehr empfindliche Personen mit Leaky-Gut-Syndrom und durchlässiger Blut-Hirn-Schranke (und oft auch Menschen mit Magnesiummangel und einer Unterversorgung mit Antioxidanzien) neigen bei Kraftbrühe zu Glutamat-Unverträglichkeitsreaktionen. Sie sollten daher zunächst Fleischbrühe verwenden. In diesem Buch finden Sie sogar ein vegetarisches Bouillon-Rezept, für den Fall, dass jemand extrem empfindlich ist und seinem Körper zunächst rein pflanzliche Mineralien und Antioxidanzien zuführen möchte.

Bei bestimmten Gesundheitsbeschwerden empfiehlt es sich, mit Fleischbrühe zu beginnen

Wenn Sie sich nach dem Verzehr von Kraftbrühe unwohl fühlen oder wenn Sie unter einer chronischen Krankheit leiden, bei der psychische Symptome eine Rolle spielen (zum Beispiel Depressionen, Angststörungen, bipolare Störung usw.), ist es ratsam, zunächst mit Fleischbrühe zu beginnen.

Diese Empfehlungen basieren auf den Erkenntnissen der Ärztin Natasha Campbell-McBride, Autorin des Buches *GAPS – Gut and Psychology Syndrome: Wie Darm und Psyche sich beeinflussen.* Louise und Heather haben sich von Natasha darin schulen lassen, wie Fleischbrühe und die mit Knochen gekochte Kraftbrühe als Teil der GAPS-Diät richtig eingesetzt werden. Diese von Natasha entwickelte Diät hat schon vielen Tausend Menschen geholfen.

Fleischbrühe ist der Knochen-Kraftbrühe sehr ähnlich, allerdings sind die folgenden Unterschiede zu beachten:

- **Die Kochzeit.** Fleischbrühe wird nur 1½ bis 3 Stunden gekocht. (Kraftbrühe aus Knochen hat eine viel längere Kochzeit, oft 24 bis 48 Stunden oder mehr.)
- **Die Zutaten.** Man nimmt etwas mehr Fleisch und weniger Knochen.
- **Der Glutamin-Gehalt.** Fleischbrühe ist weniger konzentriert und enthält weniger Aminosäure als Kraftbrühe, somit auch weniger Glutamin. Das ist wichtig, wenn bei Ihnen eine Durchlässigkeit der Blut-Hirn-Schranke vorliegt. In diesem Fall können Glutamate körperliche Beschwerden auslösen, weil zu wenig GABA vorhanden ist. GABA ist der beruhigende, entspannend wirkende Neurotransmitter (sozusagen das natürliche Valium).

Verwenden Sie Fleischbrühe so lange, bis Ihre Symptome sich bessern, und probieren Sie dann aus, ob Sie die Kraftbrühe nun besser vertragen. Dafür kann es notwendig sein, zunächst 30 bis 90 Tage Fleischbrühe zu verwenden. Doch da jeder Mensch anders reagiert, wird es bei Ihnen möglicherweise länger dauern, bis Sie Kraftbrühe aus Knochen vertragen. Wir empfehlen, dass Sie sich dabei von einem erfahrenen Arzt oder Therapeuten beraten lassen.

Gemüsebrühe. Für Menschen, die auch Fleischbrühe anfangs nicht gut vertragen, gibt es in diesem Buch auch ein Rezept für eine vegetarische Brühe. Sie liefert Ihnen zwar nicht die wertvollen Inhaltsstoffe der Tierknochen, also Kollagen, Aminosäuren und Mineralien, aber Sie erhalten pflanzliche Vitamine und Mineralien aus dem Gemüse, die für Ihre

Heilungsreise hilfreich sind. Hierbei ist es eine gute Idee, die weiter vorne in diesem Kapitel erwähnten Gemüsesorten zu verwenden, die den Kollagenaufbau unterstützen. Nachdem Sie 30 bis 90 Tage die vegetarische Gemüsebrühe verwendet haben, können Sie wahrscheinlich problemlos auf Fleischbrühe umstellen und von dem darin enthaltenen Kollagen profitieren.

Falls Sie unter einer lang andauernden chronischen Krankheit leiden (wozu auch Epilepsie und psychische Erkrankungen gehören), oder wenn Sie Kraftbrühe nicht gut vertragen, haben wir für Sie folgende Vorschläge:

Versuchen Sie es mit Fleischbrühe. Mit Fleisch statt Knochen gekochte Brühe ist etwas leichter verdaulich, weil sie weniger konzentriert ist und weniger Glutamate enthält. Die Zubereitung erfolgt auf ganz ähnliche Weise, wobei man für die gleiche Suppenmenge aber etwas mehr Fleisch verwendet (als Knochen bei der Kraftbrühe). Kochen Sie die Brühe 1½ bis 3 Stunden. Bleiben Sie so lange bei der Fleischbrühe, bis Ihre Symptome verschwinden, und gehen Sie dann zur Kraftbrühe über, die viel länger gekocht wird und daher konzentrierter ist.

Entfernen Sie das Fett auf der Brühe. Wenn Sie Probleme mit der Fettverdauung haben, ist es wichtig, dass Sie das Fett abschöpfen oder es entfernen, nachdem es sich beim Abkühlen der Brühe an der Oberfläche abgesetzt hat (dazu mehr im 2. Kapitel). Es ist keineswegs so, dass das Fett schädlich wäre. Nur bei Menschen mit Verdauungsstörungen können Symptome auftreten, wenn sie das Fett verzehren.

Sorgen Sie gut für Ihren Körper. Wenn sich nach dem Verzehr einer Kraftbrühe Beschwerden einstellen, sollten Sie viel Wasser trinken und eventuell ein Bad mit einem ätherischen Öl nehmen, das Sie besonders mögen, oder mit Magnesium-Flocken. Auch ein Fenchel- oder Kamillentee kann gut helfen, wenn Sie nach dem Verzehr einer Kraftbrühe Verdauungsprobleme haben. Diese Tees fördern die Verdauung, und Fenchel ist besonders bei Blähungen hilfreich.

Führen Sie über mehrere Wochen ein Ess-Tagebuch. Sie können dieses Tagebuch auf Ihrem Smartphone führen, oder Sie tragen Notizblock und Stift bei sich und notieren nach jeder Mahlzeit, was Sie gegessen haben sowie die folgenden Informationen:

- Wie haben Sie sich vor dem Essen gefühlt?
- Wie haben Sie sich nach dem Essen gefühlt?
- Wie haben Sie sich mehrere Stunden danach gefühlt?
- Wie haben Sie in der folgenden Nacht geschlafen?
- Wie ausgeruht fühlten Sie sich, als Sie am anderen Morgen aufwachten?

Berücksichtigen Sie hierbei Emotionen (zum Beispiel Unruhe, Zufriedenheit, Glücksgefühle, Traurigkeit, Erregung oder Gedankenrasen), Energie (harmonisch, erschöpft, energiegeladen und so weiter), körperliche Symptome (Schmerzen, Gelenkbeschwerden, Müdigkeit, Atembeschwerden, Blähungen, Magen-Darm-Beschwerden wie Verstopfung, Durchfall oder Sodbrennen) und positive Effekte wie gesteigertes Wohlbefinden, Beweglichkeit, Schmerzfreiheit, Kraft, Elan.

Nach zwei Wochen werden Sie die wiederkehrenden Muster erkennen. Sie werden verstehen, auf welche Weise der Körper zu Ihnen spricht. Das ist auch sehr nützlich, wenn Sie mit einem Arzt oder Therapeuten arbeiten, der, wenn er erfährt, welche Nahrungsmittel bei Ihnen positiv wirken und welche die Beschwerden verschlimmern, den Ursachen für Ihre Beschwerden besser auf den Grund gehen kann.

Suchen Sie Rat bei einem erfahrenen naturheilkundlichen Spezialisten für Darmerkrankungen. Wenn Sie Kraftbrühe nicht gut vertragen, können Sie einen Naturheilkundler auf eine mögliche Histamin-Unverträglichkeit ansprechen sowie auf möglicherweise vorliegende Probleme mit Oxalaten und Glutamaten. Ein weiteres interessantes Thema könnte die Nutrigenomik sein, ein neues Gebiet der Ernährungsberatung, in der versucht wird, eine für das Genprofil eines Menschen passende Ernährungsweise zu finden. Darauf näher einzugehen würde aber den Rahmen dieses Buches sprengen.

Zur Unterstützung Ihrer Verdauung empfehlen wir folgende Affirmationen:
Ich verdaue und assimiliere alle neuen Erfahrungen freudig und harmonisch.
Ich kann gefahrlos ich selbst sein.
So, wie ich bin, bin ich wunderbar.
Ich vertraue dem Lauf des Lebens.
Ich bin immer sicher und beschützt.
Für alles, was zu tun ist, finde ich genug Zeit. Ich lebe friedvoll.
Ich gestatte mir, alles zu sein, was ich sein kann, und ich verdiene im Leben nur das Beste. Ich liebe und wertschätze mich selbst und andere.

Der Beginn Ihrer Kraftbrühen-Entdeckungsreise

Ob Sie nun Kraftbrühe oder Fleischbrühe verwenden, beide eignen sich hervorragend, um die Verdauung zu heilen und den Körper zu nähren. Die folgende Affirmation ist ein guter Start für diese Reise:

> In der Unendlichkeit des Lebens ist alles perfekt, heil und ganz. Ich glaube an eine Macht, die viel größer ist als ich und mich in jedem Augenblick durchströmt. Ich öffne mich für meine innere Weisheit im Wissen, dass es im Universum nur eine Intelligenz gibt. Von dieser Intelligenz kommen alle Lösungen, alle Heilungen und alle neuen Schöpfungen. Ich vertraue auf diese Macht und Intelligenz und weiß, dass mir alles, was ich wissen muss, zur rechten Zeit enthüllt wird. Und alles, was ich brauche, kommt zur rechten Zeit und am rechten Ort zu mir. Alles ist gut in meiner Welt.

Wir laden Sie ein, ganz bewusst Ihre Kraftbrühe zu genießen, Ihre Affirmationen aufzusagen und die Verbundenheit zwischen Ihnen und allem, was ist, zu spüren. Damit führen Sie sich körperlich und geistig gute, heilsame Nahrung zu. Konzentrieren Sie sich jedes Mal, wenn Sie Brühe zubereiten, darauf, dass Liebe Ihr Herz erfüllt, von dort in Ihren ganzen Körper strömt und in die Brühe hinein ausstrahlt. Fühlen Sie, wie die Brühe Ihre heilende Liebesenergie aufnimmt. Wenn Sie die Brühe verzehren oder sie als Zutat für ein Gericht verwenden, empfangen Sie nährende Liebe. Spüren Sie, während Sie die warme Brühe trinken, wie Wärme in Ihrem Herzzentrum zu leuchten beginnt – eine wohlige Weichheit und Sanftheit. Lassen Sie zu, dass Ihre Art, über sich selbst zu denken und zu sprechen, durch dieses Gefühl verändert wird. Wenn Sie andere Menschen einladen, gemeinsam mit Ihnen von der Brühe zu essen, teilen Sie mit ihnen die Energie der Liebe.

2. KAPITEL

Kraftbrühe: Die Grundlagen Küchenausstattung, Auswahl der Zutaten, richtige Zubereitung

In diesem Kapitel stellen wir Ihnen die Küchenausrüstung und Zutaten vor, die Sie für die Kraftbrühe benötigen. Wir empfehlen Ihnen, dieses Kapitel gründlich zu lesen, bevor Sie beginnen. (Wenn Sie sich dann bereit fühlen, wird der Abschnitt »Ihr Aktionsplan« im 3. Kapitel sehr hilfreich sein.)

Das Geheimnis einer guten Kraftbrühe liegt in der Auswahl qualitativ hochwertiger Knochen. Sie enthalten Knochenmark, das überwiegend aus gesundem Fett besteht, uns Energie spendet und Gehirn und Fortpflanzungsorgane gesund erhält.

Heather: *Vor einigen Jahren wies mich Louise auf die Vorzüge des Knochenmarks hin. Wir aßen in einem New Yorker Restaurant, und Knochenmark stand dort als Vorspeise auf der Karte. Ich erinnere mich gut an jenen Abend, weil wir unsere feder- und edelsteingeschmückten Flapper-Stirnbänder trugen. Die Leute sprachen uns auf der Straße an, machten uns Komplimente, wie gut wir aussähen, und fragten, was wir denn feierten. »Das Leben«, antwortete Louise mit strahlendem Lächeln. Dann lächelten die anderen noch mehr. Das passiert jedes Mal, wenn ich mit Louise ausgehe. Selbst wenn die Leute sie nicht kennen, sagen sie ihr trotzdem, wie sympathisch sie ihnen ist. Louises vollendetes Stilgefühl und ihr schelmisches Lachen bewirken einfach, dass ihr die Herzen zufliegen.*

Wenn Louise essen geht, hört sie zunächst auf ihre innere Stimme (ihre Intuition), die ihr sagt, für welches Gericht sie sich entscheiden soll. Im Lauf der Jahre habe ich festgestellt, dass sie mit dieser Methode unfehlbar das köstlichste Gericht auf jeder Speisekarte auswählt. An jenem Abend in New York entschied sie sich für Knochenmark. Ich wusste nicht, was mich erwartete – und ehrlich gesagt wäre ich für mich allein auch nie auf die Idee gekommen, es zu bestellen, denn es klang nicht gerade verlockend. Da ich aber seit Jahren immer wieder erlebt hatte, dass Louise zielsicher das beste Gericht auf der Karte auswählte, entschied ich, das zu bestellen, was sie bestellte. Die Knochenmark-Vorspeise schmeckte

so vorzüglich, dass wir am nächsten Abend wieder in dieses Restaurant gingen, um sie noch einmal zu genießen.

An dieses Erlebnis werde ich mich immer erinnern, nicht nur weil ich ein für mich neues Gericht entdeckte, sondern auch, weil ich mit Louise so viel Spaß hatte. Dieser Abend war außerdem prägend dafür, wie ich Kraftbrühe zubereite: Als wir nach Hause zurückkehrten, zeigte mir Louise, wie man Markknochen bei 180 Grad bäckt und das köstliche Mark dann frisch aus dem Ofen genießt. Dann gaben wir die Knochen zusammen mit Rinderknöcheln, Ochsenschwanz und Wasser in meinen Schongarer. Bis zum heutigen Tag ist das mein bevorzugtes Rezept für Rinderkraftbrühe.

Die Auswahl der richtigen Knochen und die Zubereitung von Kraftbrühe ist Ihnen jetzt möglicherweise noch ein Rätsel, weswegen wir Sie nun einladen, mit uns in die Küche zu gehen. In der Küche können wir gemeinsam experimentieren und unserer Kreativität Ausdruck verleihen. Manchmal machen wir dabei Fehler, und manchmal feiern wir Triumphe. Am besten sind jene Momente, wo aus einem Fehler ein Triumph wird, weil wir aus dem vermeintlichen Fehler ein wunderbares neues Rezept entwickeln!

Das Tolle an Kraftbrühe ist, dass bei ihr eigentlich nichts schiefgehen kann. Schließlich geht es im Kern darum, Knochen in Wasser zu kochen. Vielleicht entscheiden Sie sich, etwas Apfelessig, Gemüse und Gewürze dazuzugeben, sei es aus gesundheitlichen Erwägungen oder einfach wegen des Geschmacks. Und, vor allem: Seien Sie neugierig. Bringen Sie Experimentierfreude und Entdeckerlust mit!

Welche Küchenausstattung benötigen Sie?

Die Zubereitung von Kraftbrühe ist einfach, und die meisten dafür nötigen Küchenwerkzeuge besitzen Sie vermutlich bereits. Wenn etwas fehlt und Ihr Budget knapp ist, lohnt es sich, auf Trödelmärkten oder im Internet zu stöbern. Oder fragen Sie doch einmal Verwandte oder Freunde. Vielleicht haben sie etwas, das sie nie benutzen und Ihnen gerne überlassen.

Das Einzige, was Sie auf jeden Fall brauchen, sind ein Suppentopf oder ein Schongarer und dazu ein feines Küchensieb. Die nachfolgenden Gerätschaften auf der Liste sind zwar nützlich, aber nicht unbedingt notwendig. (Wir stellen sie Ihnen vor, weil sie uns so gute Dienste leisten.)

Küchenausstattung

Suppentopf. Ein großer, tiefer Topf mit flachem Boden und zwei Griffen. Diese Töpfe sind weit verbreitet. Man verwendet sie für Pasta oder große Suppenmengen. Wie groß der Topf sein muss, hängt davon ab, wie viel

Brühe Sie zubereiten möchten: Wir empfehlen eine Größe zwischen 11 und 20 Liter.

Als Material raten wir zu 18/10-Edelstahl oder zu emailliertem Gusseisen (zum Beispiel von Le Cleuset oder Lodge). Beachten Sie dabei, dass emailliertes Gusseisen schwer ist. Töpfe aus Edelstahl wiegen deutlich weniger und sind entsprechend einfacher zu handhaben. Töpfe aus Aluminium sind nicht empfehlenswert, weil beim Kochen Aluminium ins Essen gelangen und als toxisches Schwermetall den Körper schädigen kann. Gusseisen ist eine gute Wahl, allerdings gibt es Bedenken, dass es möglicherweise zu viel Eisen freisetzt, was bei Menschen, die ohnehin eine zu hohe Eisenkonzentration im Körper haben, zu unerwünschten Effekten führen kann.

Empfehlenswert sind auch dreilagige Edelstahl-Kochtöpfe. Sie bestehen aus Aluminium, das von zwei Edelstahl-Schichten ummantelt ist. Solche Töpfe weisen eine gute Wärmeleitfähigkeit auf, ohne dass der Topfinhalt mit Aluminium in Kontakt kommt.

Schongarer. Ein Schongarer (englisch: »slow cooker«) ist ein elektrischer Kochtopf zum schonenden, langsamen Erhitzen von Speisen. Er gehört zu unserem Liebling unter den Kochgeräten. Man gibt einfach die Zutaten hinein und muss sich nicht weiter darum kümmern, bis die Brühe fertig zum Abseihen ist. Schongarer sind einfach zu bedienen und in der Regel sehr preiswert.

Am einfachsten sind sie zu bedienen, wenn sie über einen Timer verfügen, bei dem Sie die Kochzeit voreinstellen können. Nach der Kochzeit von vier, sechs, acht oder zehn Stunden schaltet der Schongarer automatisch auf die Warmhaltefunktion um.

Wir empfehlen einen Schongarer mit einem Einsatz aus Keramik oder Edelstahl. Allerdings wird Keramik nachgesagt, dass daraus toxische Substanzen ins Essen gelangen können. Hersteller wie Hamilton Beach werben damit, dass bestimmte ihrer Modelle mit bleifreier Keramik ausgestattet sind. Und die Firma VitaClay bietet einen Multikocher mit einem Einsatz aus Ton an, der sich auch für Dampfgaren, Reiskochen und die Joghurtherstellung eignet. Multikocher sind teurer als einfache Schongarer, erfreuen sich aber unter gesundheitsbewussten Köchinnen und Köchen wachsender Beliebtheit.

Küchensieb. Verwenden Sie einen Seiher mit kleinen Löchern oder ein feinmaschiges Küchensieb. Damit sorgen Sie dafür, dass Ihre Brühe schön fein wird, ohne grobe Bestandteile. (Wenn der Seiher zu große Löcher hat, können Sie ihn mit einem Passiertuch auslegen.) Wir empfehlen Siebe aus Edelstahl, weil heiße Flüssigkeiten bei Kunststoffsieben Toxine aus dem Plastik freisetzen können.

Langstieliger Kochlöffel. Zum Umrühren verwenden Sie am besten einen stabilen

Kochlöffel aus Holz oder Edelstahl. Das Umrühren ist beim Zubereiten der Brühe zwar nicht notwendig, aber wenn Sie die Brühe als Grundlage für Suppen, Eintöpfe und andere Speisen benutzen, ist es hilfreich, einen guten Löffel zum Umrühren zu haben.

Edelstahl-Kelle. Eine Schöpfkelle erleichtert es Ihnen, Brühe in Schüsseln oder Aufbewahrungsgefäße zu füllen.

Einmachgläser. Einmachgläser mit Glasdeckel oder Schraubverschluss eignen sich sehr gut zur Aufbewahrung der Kraftbrühe, vor allem wenn Sie Brühe portionsweise einfrieren möchten. Dabei bevorzugen wir Gläser mit gerader Wand gegenüber solchen, die sich oben nach innen wölben. Gläser mit einer Wölbung nach innen können beim Einfrieren das Ausdehnen der Flüssigkeit behindern und deshalb unter Umständen brechen.

Als zusätzlichen Schutz hüllen wir die Gläser in einen Zip-Gefrierbeutel. Hilfreich ist außerdem, wenn sie die Gläser mit Datum und Sorte der Brühe beschriften.

Trichter aus Edelstahl mit breiter Öffnung. So ein Trichter ist eine große Hilfe beim Umfüllen der Brühe in Einmachgläser. Dann werden Sie nichts verschütten. Wir raten zu Trichtern aus Edelstahl, nicht aus Kunststoff, weil Brühe heiß ist, und heiße Flüssigkeiten aus Plastik Toxine lösen können.

Was noch nützlich ist (aber nicht zwingend nötig)

Abschöpflöffel, fein gelocht. Damit können Sie nach dem ersten Aufkochen oder während des Simmerns das Fett von der Brühe abschöpfen. (Auf Seite 50 in diesem Kapiteln erläutern wir, wann das Fett abgeschöpft werden sollte und wann nicht.) Der verwendete Abschöpflöffel sollte eine feine Lochung aufweisen. Beim Abkühlen setzt sich das Fett oben auf der Brühe ab und lässt sich dann leicht entfernen. Auch wenn Sie während des Kochens das Fett nicht abschöpfen, können Sie es später, wenn die Brühe abgekühlt ist, immer noch entfernen.

Eiswürfelbereiter aus Silikon. Wer mag, kann Brühe in Eiswürfelformen füllen. So erhält man kleine Portionen, die sich gut als Zutat für Suppen, Saucen und andere Speisen eignen. Verwenden Sie aber unbedingt Eiswürfelformen aus Silikon, denn sie sind frei von BPA und Phthalaten, toxischen Substanzen, die in vielen Kunststoffen enthalten sind. Es gibt die Würfelformen in verschiedenen Größen, sodass Sie unterschiedliche Portionen je nach Bedarf einfrieren können. Da Silikon elastisch ist, sollten Sie die Eiswürfelschalen in einem verschließbaren Kunststoff- oder Glasbehälter ins Tiefkühlfach stellen.

Kraftbrühe aus der Thermoskanne. Hierfür eignen sich Edelstahl-Thermoskannen mit breiter Öffnung (zum Beispiel von Klean Kanteen). Für die Kannen von Klean Kanteen gibt es außerdem einen sogenannten Kaffee-Deckel, der es Ihnen ermöglicht, unterwegs nach Herzenslust Brühe wie einen Coffee to go zu genießen. Heather nahm sich immer zwei Thermoskannen mit zur Arbeit und konnte so während des Tages gesunde Kraftbrühen und Suppen genießen.

Stabmixer. Damit können Sie direkt in einem Topf oder einer Schüssel Zutaten pürieren. Für Kraftbrühe benötigen Sie ihn zwar nicht, aber er kann nützlich sein, wenn Sie eine Suppe zubereiten oder die Brühe mit Gewürzen oder anderen gesunden, schmackhaften Zutaten »aufpeppen« möchten. Damit Sie sich und die Küche beim Pürieren nicht vollkleckern, sollten Sie den Mixer erst einschalten, wenn Sie ihn tief eingetaucht haben. Oder Sie legen ein Geschirrtuch um die Schüssel oder verwenden eine sehr tiefe Schüssel mit viel Flüssigkeit. Wenn Sie den Stabmixer oft benutzen, kaufen Sie ein Gerät mit mindestens 400 Watt Leistung, weil dann der Motor länger hält. Empfehlenswert sind zum Beispiel Stabmixer von Cuisinart oder Braun.

Hochgeschwindigkeitsmixer. Für die Herstellung einer Kraftbrühe brauchen Sie ihn nicht, aber für manche Rezepte in diesem Buch ist er sehr nützlich. Teure Hochleistungsmixer, zum Beispiel von Vitamix oder Blendtec, erfreuen sich bei den Fans gesundheitsbewusster Ernährung großer Beliebtheit, doch für die meisten Rezepte genügt auch ein Mixer aus dem unteren Preissegment. Oder Sie kaufen ein gebrauchtes Gerät, zum Beispiel im Internet.

Küchenmaschine. Dieses Gerät ist vielfältig einsetzbar: zum Mixen, Pürieren, Schneiden, Würfeln und Hacken. Für viele unserer Rezepte benutzen wir die »S-Klinge«, mit dem sich Zutaten mixen und pürieren lassen. (Schongarer und Küchenmaschine sind Heathers Lieblings-Küchengeräte!)

Hand- oder Standmixer. Wir benutzen sie nicht oft, aber man kann damit Zeit sparen. Handmixer eignen sich prima, um zum Beispiel Eiweiß und Desserts aufzuschlagen und Teig zu rühren.

Kraftbrühe oder Fleischbrühe richtig zubereiten

Da Sie nun wissen, welche Ausrüstung Sie brauchen, machen wir Sie im nächsten Schritt mit der Zubereitung der Kraftbrühe vertraut.

Fleischbrühe weniger Knochen und dafür mehr Fleisch enthält und 1½ soll. (Siehe 1. Kapitel Seite 37.)

1. Wie soll die Brühe schmecken – neutral, aromatisch oder würzig?

Als wir die Rezepte für dieses Buch entwickelten, wurde uns klar, dass es, was den Geschmack der Kraftbrühe angeht, drei verschiedene Optionen gibt. Diese drei unterschiedlichen Varianten stellen wir Ihnen nun vor, damit Sie eine Vorstellung davon bekommen, wie wir sie bei den Rezepten im Buch eingesetzt haben. Bei jedem Rezept in Teil 2 werden wir eine Empfehlung geben, welche dieser drei Varianten verwendet werden sollte.

Neutrale Kraftbrühen sind nahezu geschmacksneutral (oder haben einen sehr milden Eigengeschmack). Man kann sie in zahlreichen Rezepten verwenden, ohne dass das Gericht nach Fleisch schmeckt. Diese Brühen werden ausschließlich mit Knochen und ohne Fleisch zubereitet (oder mit sehr wenig Fleisch, zum Beispiel einem Ochsenschwanz), denn der Geschmack kommt aus dem Fleisch. Neutrale Brühen kann man sehr gut in Desserts oder Cocktails »einschmuggeln«. Wie Sie in den Kapiteln 11 und 12 sehen werden, kommen Sie mit einer neutralen Brühe in den Genuss der gesundheitlichen Vorteile, ohne jedoch die Brühe herauszuschmecken.

Aromatische Kraftbrühen werden mit Knochen, Fleischstücken, Gemüse, Kräutern und Gewürzen zubereitet. Durch Fleisch, Gemüse (zum Beispiel Zwiebeln und Knoblauch) und Kräuter entsteht ein deutlicher Eigengeschmack. Diese Brühen kann man wunderbar als eigenständige Mahlzeit genießen oder als Grundlage für leckere Gerichte verwenden. Für Desserts eignen sie sich aber nicht.

Würzige Kraftbrühen schmecken besonders intensiv und würzig, weil ihnen kräftige Würzmittel hinzugefügt werden. Das können Gewürze oder auch bestimmte Fertigwürze sein, zum Beispiel die in Thailand und Vietnam sehr beliebte Fischsauce, die aus fermentierten Sardellen hergestellt wird. Wenn in Restaurants Kraftbrühe auf der Speisekarte steht, haben wir schon Meersalz, Kräuter, Gewürze, Fischsauce und andere Zutaten wie Knochenmark als Würzmittel gesehen. Bei Ihren eigenen Brühenrezepten können Sie alles verwenden, was würzig ist und Ihnen und Ihren Lieben schmeckt. Achten Sie aber immer auf gute Qualität: Verwenden Sie Gewürze aus ökologischem Anbau, frische Kräuter und Meer- oder Himalajasalz (statt einfachem Speisesalz). Dann schmeckt es nicht nur gut, sondern Sie tun auch etwas für die Gesundheit.

2. Knochen und andere Zutaten auswählen

Das Grundrezept für eine Kraftbrühe besteht einfach nur aus Knochen und Wasser. Alles andere ist optional!

Knochen. Die Ansichten über die Menge der Knochen gehen auseinander. Wir empfehlen, genug Knochen zu nehmen, sodass der Kochtopf zu zwei Dritteln gefüllt ist. Gießen Sie nur so viel Wasser dazu, dass die Knochen gerade eben bedeckt sind. (Wenn Sie zusätzlich Gemüse in die Brühe geben, müssen Sie die Knochenmenge natürlich entsprechend reduzieren, damit genug Platz im Topf ist.) Verwenden Sie möglichst:

- *Tierteile, die viel Kollagen und Knorpel enthalten, weil das dem Körper viel Gelatine zuführt* – Haut (Hühnerhaut für Hühnerbrühe, Schweinehaut für Fleischbrühe oder Fischköpfe und Fischhaut für Fischbrühe), Knöchel, Füße, Gelenke (Hühnerfüße für Hühnerbrühe, Rinderfüße oder Schweinefüße für Fleischbrühe), Nacken, Kopf oder Schwanz (zum Beispiel Ochsenschwanz).
- *Fleischige Knochen* – diese Knochen können weitgehend vom Fleisch befreit sein oder aber auch mit Fleisch gekocht werden (Rippen, Markknochen, Schenkel und so weiter).
- *Gemischte Knochen* – manche Puristen verwenden nur Knochen von einer Tierart, weil es zu dem Rezept passen soll, das sie zubereiten, also zum Beispiel Rinderknochen für Rindereintopf. Fischgräten sollte man in jedem Fall nicht zusammen mit Geflügel- oder Säugetierknochen kochen, weil die Garzeit bei ihnen kürzer ist. Geflügel- und Säugetierknochen lassen sich sehr gut zusammen kochen. In diesem Buch finden Sie viele Rezepte, die Ihnen beim Experimentieren mit verschiedenen Knochensorten helfen können. Finden Sie heraus, was Ihnen am besten schmeckt.

Wasser. Wir empfehlen Ihnen zum Kochen von Brühen gefiltertes Wasser oder Quellwasser anstelle von Leitungswasser zu verwenden, um eine besonders reine, heilkräftige Brühe zu erhalten.

Optionale Zutaten:

- *Apfelessig.* Früher glaubte man, saure Zutaten wie Apfelessig, Zitronensaft oder Weißweinessig würden helfen, die Mineralstoffe herauszulösen. Das wurde aber bereits in einer im Jahr 1934 veröffentlichten Studie widerlegt, auf die wir auf Seite 63 näher eingehen werden. Wir verwenden Apfelessig gerne, aber technisch notwendig für eine gelatine- und nährstoffreiche Brühe ist er nicht. Wenn Sie Apfelessig verwenden möchten, geben Sie 2 Teelöffel in 1 Liter Wasser. Manche nehmen gerne etwas mehr, je nach Geschmack. Gehen Sie dann folgendermaßen vor: Wasser, Knochen und Apfelessig in den Kochtopf geben und alles bei Zimmertemperatur eine Stunde ziehen lassen. Anschließend alles nach dem gewünschten Rezept kochen lassen.
- *Gemüse.* Mit Gemüse fügen Sie der Brühe nicht nur gesunde Nährstoffe, sondern auch feine Aromen hinzu.
- *Kräuter und Gewürze.* Eine weitere Möglichkeit, Geschmackserlebnis und Nährwert zu steigern.

3. Die Knochen vorbereiten

Hier folgen einige Möglichkeiten:

Rohe Knochen. Die Brühe damit zuzubereiten ist einfach. Vielleicht haben Sie aber auch bereits erhitzte Knochen, die als Reste einer Mahlzeit übrig sind, etwa Hühnerknochen.

Gebräunte Knochen. Viele rösten Knochen gerne im Backofen, weil sie dadurch aromatischer werden und man außerdem eine schöne, klare Brühe erhält. Einige Rezepte in diesem Buch verlangen ausdrücklich gebräunte Knochen als Zutat, bei anderen sind rohe Knochen gewünscht. Damit möchten wir Ihnen Gelegenheit geben, beide Varianten auszuprobieren, um herauszufinden, was Ihnen am besten schmeckt. Letztlich steht es Ihnen frei, bei jedem Rezept rohe oder gebräunte Knochen zu verwenden. Das Bräunen der Knochen im Backofen braucht mehr Zeit, die Sie mit einplanen müssen. Zum Bräunen der Knochen den Backofen auf 180 °C vorheizen. Die Knochen auf einem Backblech verteilen und im Ofen 45–60 Minuten rösten. Nach der Hälfte der Zeit die Knochen einmal wenden.

Knochen blanchieren. Dafür die Knochen in einen Topf legen und mit Wasser gut bedecken. Dann bei starker Hitze aufkochen, und offen bei mittlerer Hitze 5 Minuten kochen lassen. Anschließend das Wasser abgießen und für die eigentliche Brühenzubereitung frisches Wasser dazugeben. Durch das Blanchieren entfernt man Blut und Unreinheiten von den Knochen. Die meisten Menschen blanchieren nur Schweine- oder Rinderfüße, andere Knochen und Tierteile nicht. Probieren Sie es aus, wenn Sie möchten, und sehen Sie selbst!

Ein Wort zur Sicherheit

Die meisten Menschen haben kein Problem damit, einen Schongarer 24 Stunden oder länger eingeschaltet zu lassen. Anders sieht es aus, wenn eine Herdplatte stundenlang eingeschaltet bleibt, während man das Haus verlässt oder schlafen geht. Nach den modernen Vorstellungen von Küchensicherheit sollte man einen Kochtopf nicht unbeaufsichtigt auf dem eingeschalteten Herd stehen lassen. Doch unsere Vorfahren ließen tagelang Suppe auf dem Herd simmern. Louise macht sich keine Sorgen, wenn eine Brühe bei kleiner Hitze auf dem Elektroherd simmert. Sie verlässt zwischendurch die Küche und erledigt andere Dinge im Haus. Bevor Sie aber das Haus verlässt, schaltet sie den Herd stets aus. Heather benutzt einen Schongarer und lässt ihn nachts eingeschaltet oder geht auch einmal für ein bis zwei Stunden aus dem Haus. Entscheiden Sie selbst, womit Sie sich wohlfühlen. Die Sicherheit von Ihrem Zuhause, der Familie und der Haustiere sollte immer vorgehen, wenn Sie Kraftbrühe zubereiten.

4. Den Kochtopf oder Schongarer mit Knochen, Wasser und den anderen Zutaten füllen und die Brühe simmern lassen

Füllen Sie den Suppentopf entsprechend der bisherigen Empfehlungen oder nach den Angaben in der Zutatenliste des ausgewählten Rezepts. Stellen Sie den Schongarer auf niedrige Temperatur. Wenn Sie die Brühe im Kochtopf auf dem Herd zubereiten, das Wasser bei starker Hitze aufkochen, dann alles bei kleiner Hitze maximal 3 Stunden köcheln bzw. simmern lassen. Kraftbrühe sollte je nach Rezept wesentlich länger simmern.

5. Fett abschöpfen, während die Brühe simmert … oder nicht?

Beim Kochen einer Knochen-Kraftbrühe setzt sich an der Oberfläche Schaum ab. Darin befinden sich Aminosäuren und Unreinheiten, die möglicherweise Toxine enthalten. Chefköche und traditionelle Köche sagen oft, dass man den Schaum mit einem feinen Sieb abschöpfen soll. Das kann etwas mühsam sein, weil die Fettkügelchen in der Flüssigkeit schwimmen und sich nur schwer entfernen lassen. Wir bevorzugen deshalb eine einfachere Methode: Wir passieren die Brühe durch ein feines Sieb in Gläser und stellen sie in den Kühlschrank. Das Fett setzt sich oben auf der abgekühlten Brühe ab, sodass man es leicht mit einem Löffel abschöpfen kann.

Caroline Barringer, ein Mitglied des GAPS-Teams von Dr. Natasha Campbell-McBride, sagte uns dazu: »Natasha misst dem Schaum keine große Bedeutung bei. Ich sehe es so: Wenn Sie Knochen von hoher Qualität verwenden, lassen Sie den Schaum ruhig in der Brühe (außer er stört Sie.) Wenn er stört, schöpfen Sie ihn einfach ab! *Wenn Sie Knochen aus konventioneller Tierhaltung verwenden, können das Fettgewebe und das Knochenmark Toxine enthalten, die dann in den Schaum gelangen. In diesem Fall sollten Sie den Schaum unbedingt abschöpfen, und Sie sollten das Fett und das Knochenmark solcher Tiere nicht verzehren.* Wobei Dr. Campbell-McBride aber darauf hinweist, dass auch Patienten, die Fleisch und Knochen aus konventioneller Tierhaltung verwenden (aus Kostengründen oder weil sie keinen Zugang zu Bioprodukten haben), immer noch ziemlich gute Heilresultate erzielen. Daher bin ich der Ansicht, dass jeder für sich selbst entscheiden muss, was sich für ihn richtig anfühlt. Die Menschen sind eben biologisch verschieden, und deswegen gibt es keine feste Regel dafür, ob man den Schaum aus der Brühe entfernen soll oder nicht.«

Wir stimmen mit Caroline überein und raten Ihnen, den Schaum oder das Fett von der Brühe abzuschöpfen, wenn Sie Produkte aus konventioneller Tierhaltung verwenden. So reduzieren Sie die Toxinbelastung.

Küchentipp: Brühe klären

Trübe Brühen sind prima, wenn Sie es so wollen! Wenn Sie aber eine klare Brühe wünschen, gehen Sie so vor:

1. **Die Knochen bräunen.** Wischen Sie die gebräunten Knochen aber vor Gebrauch sauber und trocknen Sie sie ab.
2. **Die Brühe sanft simmern lassen.** Vermeiden Sie starkes Aufkochen.
3. **Das Fett abschöpfen,** während die Brühe kocht.
4. **Die Brühe mehrfach passieren.** Das gelingt besonders gut, wenn Sie ein feines Küchensieb zusätzlich mit einem Passiertuch auslegen.
5. **Die Brühe kalt stellen.** Wenn die Brühe durch das Abkühlen dickflüssig geworden ist, lässt sich die Fettschicht leicht entfernen, und ebenso die braunen Rückstände, die sich am Boden abgesetzt haben.
6. **Brühe mit aufgeschlagenem Eiweiß klären.** Zur Herstellung von Sülzen braucht man eine klare Brühe. In Kapitel 10 ab Seite 249 gibt es mehrere Rezepte, bei denen für das Klären der Brühe Hühnereiweiß verwendet wird. Dieser einfache Trick ergibt eine sehr klare Brühe. Wir wenden ihn an, wenn wir uns das Abschöpfen oder mehrmalige Passieren sparen wollen.

6. Die fertige Brühe passieren

Nach dem Simmern, wie im Rezept beschrieben, können Sie die Brühe passieren. Nehmen Sie dafür ein feines Küchensieb – um ein noch feineres Ergebnis zu erhalten, können Sie zusätzlich ein bis zwei Passiertücher in das Sieb legen – und halten Sie es über eine Edelstahlschüssel. Oder Sie füllen die Brühe mit einem Trichter und einem kleinen Küchensieb direkt in das Gefäß, in dem sie abgekühlt und aufbewahrt werden soll. Wenn Ihnen dabei jemand zur Hand geht, ist das hilfreich, aber es geht auch ohne Hilfe.

Lassen Sie sich Zeit, damit Sie eine schöne klare Brühe erhalten. Wenn Sie möchten, können Sie die Brühe auch mehr als einmal passieren. Aber notwendig ist das nicht. Wenn Sie die Brühe in den Kühlschrank stellen, setzt sich, wie bereits erwähnt, beim Abkühlen das Fett an der Oberfläche ab, das sich leicht abschöpfen lässt.

Steht die Brühe eine Zeit lang im Kühlschrank, bekommt sie eine geleeartige Konsistenz. Jedenfalls sollte das im Idealfall so sein. Falls die Brühe nicht so dickflüssig wird wie erwartet, ist das auch okay. Sie ist auch dann gesund und nahrhaft.

7. Brühe richtig aufbewahren

Wie Sie Brühe aufbewahren, hängt davon ab, was für Sie am praktischsten ist und wofür die Brühe verwendet werden soll. Wir benutzen gerne Einmachgläser mit Schraubdeckel, aber für kleinere Portionen eignen sich auch Eiswürfelbereiter aus Silikon.

Kraftbrühe und Fleischbrühe halten sich im Kühlschrank etwa sieben Tage und tiefgekühlt bis sechs Monate. Viele erfahrene Brühenköche berichten, dass sich die Brühe im Kühlschrank länger hält, wenn man die Fettschicht an der Oberfläche belässt, bis die Brühe verwendet wird. Ist die Fettschicht einmal entfernt, muss die Brühe in fünf bis sieben Tagen verbraucht werden.

Beachten Sie aber, dass die Haltbarkeit der Brühe im Kühlschrank von vielen Faktoren abhängt. Deshalb empfehlen wir, Ihre Sinne einzusetzen, vor allem den Geruchssinn. Unsere Vorfahren machten beim Kochen viel mehr Gebrauch von ihren Sinnen: Sie wussten durch Riechen, Probieren oder sogar Berühren, ob eine Speise gut für sie war. Daher ermutigen wir Sie, Ihre Sinne zu schärfen und wieder mehr auf Ihre Intuition zu vertrauen.

Zwei Personen, die täglich Brühe konsumieren, benötigen pro Woche zwei bis dreieinhalb Liter. Wenn die Kraftbrühe zum festen Bestandteil Ihrer täglichen Ernährung wird, sollten Sie, kurz bevor das Einmachglas im Kühlschrank leer ist, ein neues aus dem Tiefkühlfach nehmen. So haben Sie bei Bedarf immer Brühe parat.

Wenn Sie Brühe in Einmachgläsern einfrieren, haben wir hier ein paar Tipps, wie Sie Glasbruch vermeiden können:

- Füllen Sie das Glas nur zu zwei Dritteln. So hat die Flüssigkeit beim Gefrieren genug Raum, um sich auszudehnen. Lassen Sie die Gläser unverschlossen bei Zimmertemperatur abkühlen. Schrauben Sie die Gläser zu und stellen Sie diese vor dem Einfrieren für 24 Stunden in den Kühlschrank, denn dann ist der Temperaturschock nicht so groß.
- Verwenden Sie Gefrierbeutel als zusätzliche Schutzhülle für die Einmachgläser. (Empfehlenswert ist außerdem, die Gläser zu beschriften, damit Sie wissen, um was für eine Brühe es sich handelt und wann sie eingefroren wurde.)

8. Brühe einsatzbereit machen (ein Wort zu Gelatine und Fettschicht)

Als wir begannen, Kraftbrühe zuzubereiten, stellten wir fest, dass die Brühen auch dann gut gelangen und viel Gelatine enthielten, wenn wir nicht alles »richtig« machten. Die Zubereitung einer guten Brühe ist eben viel einfacher, als es anfangs scheint.

Eine fertig gekochte Brühe ist zunächst einmal heiß, sodass Sie noch nicht sagen können, wie viel Gelatine sie enthält. Erst nach dem Passieren und nachdem die Brühe für 24 Stunden im Kühlschrank aufbewahrt wurde, sehen Sie das Ergebnis:

Die Fettschicht. Wenn Sie die Brühe aus dem Kühlschrank nehmen, sehen Sie als Erstes, dass das Fett sich als Schicht an der Oberfläche abgesetzt hat. Je nachdem, welche Knochen Sie verwendet haben und ob Sie das Fett abgeschöpft haben oder nicht, werden Dicke und Festigkeit der Fettschicht variieren. Die »Haube« aus Fett sorgt für eine bessere Haltbarkeit der Brühe. Entfernen Sie die Schicht daher erst unmittelbar, bevor Sie die Brühe verwenden. Wenn Sie Tierprodukte aus konventioneller Landwirtschaft oder Fisch aus konventionellen Fischfarmen verwendet haben, raten wir, die Fettschicht nicht zu verzehren (siehe Seite 61).

Wurden Tiererzeugnisse aus ökologischer Landwirtschaft oder Wildfisch verwendet, können Sie das Fett entfernen und für andere Rezepte verwenden. Viele Köche benutzen es zum Anbraten sowie für Suppen und Pfannengerichte. Am häufigsten werden Rindertalg, Schweineschmalz und Hühnerfett verwendet. Louise nimmt besonders gerne Entenfett.

Das abgeschöpfte Fett klären. Bewahren Sie die entfernte Fettschicht in einem Glas oder abgedeckt in einer Schüssel im Kühlschrank auf, bis Sie bereit sind, es zu klären. Natürlich können Sie es auch einfach so verwenden. Aber es enthält dann Rückstände der Brühe und Proteine, die den Geschmack beeinflussen und bewirken, dass es sich nicht so gut zum Kochen verwenden lässt. Außerdem verdirbt es schneller. Wenn Sie das Fett klären, hält es sich länger und ist leichter verwendbar. Das Klären geht so:

- Das Fett in einen Stieltopf geben und bei kleiner Hitze zerlassen.
- Dann das Fett vom Herd nehmen und abkühlen lassen, entweder im Topf oder in einer Glasschüssel. Das Fett in den Kühlschrank stellen und so lange kühlen, bis es wieder fest geworden ist.
- Das fest gewordene Fett aus dem Kühlschrank nehmen und den Topf oder die Schüssel mit der Unterseite in heißes Wasser stellen. (Sie können dafür das Spülbecken oder eine größere Schüssel benutzen.) Dadurch löst sich das Fett.
- Den Stieltopf oder die Schüssel über einen Teller vorsichtig umdrehen und das Fett behutsam mit einem Löffel, Buttermesser oder Spatel auf den Teller geben. Wie Sie sehen werden, haben sich die dunklen Rückstände an der Unterseite des Fettes abgesetzt (die sich jetzt oben befinden).
- Diese dunkle Schicht mit einem Messer vorsichtig von dem Fett abschaben. Achten Sie darauf, wirklich alles zu entfernen, sodass nur das saubere, weiße Fett übrig bleibt.
- Anschließend so viel von dem Fett abnehmen, wie Sie in den nächsten zwei Wochen schätzungsweise verbrauchen werden, und im Kühlschrank aufbewahren. Den Rest portionsweise einfrieren. Wir benutzen dafür kleine Einmachgläser, die wir mit Fettsorte und Abfülldatum beschriften. Als zusätzlichen Schutz gegen Glasbruch packen wir jedes Glas in einen Gefrierbeutel. Auch Silikon-Eiswürfelbereiter kann man gut zum portionsweisen Einfrieren verwenden.

Jetzt ist die Brühe einsatzbereit. Unter der Fettschicht befindet sich die Brühe, die Sie nun nach Belieben verwenden können – als Zutat für ein Rezept oder aufgewärmt zum Genießen.

Ziel sollte ein dickes Gelee sein, das sich kaum bewegt, wenn Sie das Glas schütteln, nachdem es einige Zeit im Kühlschrank gestanden hat. Wenn die gekühlte Brühe so fest ist, dass sie sich nicht ausgießen lässt und herausgelöffelt werden muss, wissen Sie, dass es sich um eine wirklich reichhaltige Gelatine-Quelle handelt. Eine ölig zähflüssige Konsistenz ist aber auch gut!

Falls die Brühe gar nicht eingedickt ist, enthält sie immer noch reichlich Mineralien und Aminosäuren und eignet sich für die meisten Rezepte in diesem Buch. Bei den Rezepten, für die eine dickere Konsistenz notwendig ist, werden wir Ihnen ein hochwertiges Gelatinepulver empfehlen. Das geben Sie in Ihre Brühe, und sie wird sehr schön eindicken.

Wenn die Brühe nicht von sich aus beim Abkühlen eindickt, kann das folgende Ursachen haben:

- Sie haben zu wenig Knochen oder zu viel Wasser verwendet.
- Knochen oder Haut waren nicht kollagen-

haltig genug – Füße, Knöchel, Nacken und Rücken enthalten viel Kollagen.

- Sie haben die Brühe zu stark gekocht, statt sie bei kleiner Hitze simmern zu lassen. Dadurch wurde das Kollagen zu sehr aufgespalten. Besonders gut gelingt das sanfte Kochen der Brühe in einem Schongarer. Wenn Sie die Brühe auf dem Herd zubereiten, stellen Sie die Hitze, wenn das Wasser zu kochen beginnt, auf die niedrigste Stufe. So kann die Brühe gut simmern.
- Es handelt sich um eine Fleischbrühe. Fleischbrühen dicken wegen der kürzeren Garzeit nicht so stark ein wie Kraftbrühen, die man wesentlich länger simmern lässt.

Verwenden Sie ein nicht aromatisiertes Gelatinepulver, wenn das Rezept eine gelatinereiche Brühe erfordert. Auf diese Weise den Gelatinegehalt zu erhöhen ist bei Kraftbrühe ebenso möglich wie bei einer Fleisch- oder vegetarischen Gemüsebrühe:

- Erwärmen Sie dazu Ihre Brühe und geben Sie pro 950 ml einen Esslöffel nicht aromatisiertes Rindergelatinepulver hinzu. Wenn diese Mischung abgekühlt ist, ergibt das eine gut eingedickte Brühe.

9. Knochen wiederverwenden: Gut für die Haushaltskasse und den Planeten

Hier gibt es viele Herangehensweisen, je nachdem, mit welchem Koch, Küchenchef oder Metzger man sich darüber unterhält. Da ist zum Beispiel Aaron Rocchino, Besitzer des Local Butcher Shop in Berkeley, Kalifornien. Er bereitet eine gelatinereiche Bouillon zu, indem er Knochen lange simmern lässt, dann die Flüssigkeit passiert und diese Knochen noch einmal lange simmern lässt. Das Resultat des zweiten Simmerns nennt man *Remoulliage* (Nachbrühe). Dabei werden den Knochen noch mehr Geschmacksstoffe und Mineralien entzogen. Man kann dann die Brühe aus dem ersten Simmern und die Nachbrühe noch einmal zusammen simmern lassen, was eine sehr gehaltvolle, konzentrierte Brühe ergibt.

Viele Bauern und traditionelle Köchinnen und Köche stellen die Remoulliage auf andere Art her. Statt die Brühe und die Nachbrühe zusammenzuschütten und erneut simmern zu lassen, nehmen sie die Knochen von der ersten Brühe und kochen damit eine zweite Brühe, die aber nicht mit der ersten gemischt wird. Manchmal kochen sie sogar noch eine dritte Portion mit denselben Knochen.

Was geschieht, wenn Sie für mehrere Brühen hintereinander dieselben Knochen verwenden? Bei der zweiten und dritten Brühe geht der Gehalt an Mineralien und Aminosäuren natürlich immer mehr zurück, aber nahrhaft und gesund sind auch diese Brühen noch. Wenn Sie Fleischbrühe kochen, können Sie die dafür zusätzlich zum Fleisch verwendeten Knochen öfter verwenden, weil die Garzeit nur maximal drei Stunden beträgt. Wie oft Sie die Knochen wiederverwenden, bleibt Ihnen überlassen. Bei Kraftbrühe, die man lange simmern lässt, können die Knochen lediglich 1- bis 2-mal wiederverwendet werden, und zwar nur, solange sie nicht zerfallen. Fischgräten zerfallen schneller als Säugetierknochen, weswegen man sie in der Regel nur einmal verwenden kann.

Wenn Sie Knochen wiederverwenden und für diese Brühe einen höheren Gelatinegehalt wünschen, geben Sie einen Schweinefuß, Rinderknöchel, Rinderfuß oder Hühnerfuß hinein.

Knochen, Fleisch und andere Zutaten richtig auswählen

Entscheidend für eine gute Kraftbrühe oder Fleischbrühe ist die Wahl der richtigen Zutaten. Wenn Sie tierisches Eiweiß aufnehmen, essen Sie all das, was das Tier verzehrte. Mit anderen Worten, es kommt darauf an, was dieses Tier gefressen hat beziehungsweise womit es gefüttert wurde. Und wenn Sie es so sehen wie wir, werden Sie gewiss Wert auf einen humanen Umgang mit den Tieren legen – wir sind überzeugt, dass die Tiere frei herumlaufen und ihr natürliches Futter fressen sollten. Und sie sollten während ihres gesamten Daseins gut behandelt werden. Immer mehr Landwirte halten ihre Tiere heute so. Wir nennen sie »ethische Landwirte«, weil sie wirklich um das Wohl ihrer Tiere besorgt sind – und um das Wohl der Konsumenten, die das Fleisch dieser Tiere kaufen.

In diesem Abschnitt erklären wir Ihnen, wie Sie Fleisch von Nutz- und Wildtieren sowie Fisch nach ethischen Kriterien einkaufen können. (Bei Jagdwild und Wildfisch werden wir auch berücksichtigen, ob es sich um in ihrem Bestand nicht bedrohte Arten mit großen, stabilen Populationen handelt.)

Das Wichtigste zuerst: Reste verwerten!

Ein großer Vorteil von Kraft- und Fleischbrühen besteht darin, dass Sie dafür Reste anderer Mahlzeiten verwenden können. Das macht sie zu einer sehr ökonomischen Möglichkeit, gesundes Essen zuzubereiten und einen Vorrat anzulegen.

Wir betrachten Brühe als »die zusätzliche Gabe«. Sagen wir, am Anfang haben Sie ein Huhn oder vielleicht Hühnerschenkel. Sie bereiten daraus eine Mahlzeit, bei der die Knochen übrig bleiben. Diese können Sie sofort für Brühe verwenden oder zunächst einfrieren. Die Brühe können Sie dann für sich allein oder als Zutat für Suppen, Saucen, Getreidegerichte oder sogar Desserts verwenden. Aus den Resten des Essens vom Vortag können Sie am nächsten Tag eine Suppe kochen. Auf diese Weise wird jede Mahlzeit zu einer Hochzeit von frischen Zutaten mit dem, was zuvor schon gekocht wurde. Und

das macht den Geschmack immer reicher und intensiver.

Wenn Sie noch keine Knochen-, Fleisch- oder Gemüsereste zu Hause haben, beginnen Sie einfach mit einem Bummel zum nächsten Bioladen, Bauernmarkt oder Supermarkt.

Fleisch und Geflügel

Der Goldstandard für jede Brühe ist Fleisch und Geflügel aus ökologischer Tierhaltung (Freilandhaltung und artgerechte Fütterung). Das heißt: Es wurden keine Antibiotika und Hormone eingesetzt, und die Tiere wurden auf der Weide gehalten und fraßen natürliches Futter. Dieses Fleisch ist zwar am teuersten, aber man muss dabei berücksichtigen, dass Sie für Kraftbrühe die Essensreste verwerten und somit das teure tierische Protein optimal verwerten.

Eine weitere Option besteht darin, nur Knochen, Knochenmark und Teile wie Nacken, Rücken und Gelenke zu kaufen. Diese Teile sind wesentlich preiswerter. Nachfolgend einige wichtige Aspekte, die Sie beim Kauf von tierischem Eiweiß berücksichtigen sollten:

Ökologische Tierhaltung. Bei der Produktion von Fleisch, Geflügel und Eiern sind Antibiotika und Wachstumshormone untersagt. Pestizide, Kunstdünger und genveränderte Futterpflanzen dürfen nicht verwendet werden.[1]

Fleisch und Geflügel aus ökologischer Landwirtschaft ist zwar eine ausgezeichnete Wahl, aber es kann dennoch sein, dass die Tiere unnatürlich gefüttert werden, wenn es sich nicht um Weidehaltung handelt.

Weidehaltung. Dabei wird es den Tieren ermöglicht, sich draußen auf der Weide zu bewegen und zu grasen. Rinder, Schweine, Hühner und andere Haustiere fressen dabei natürliches Futter. Es ist die beste Lebensweise für ihre Gesundheit, und ihr Körper bekommt, was er wirklich braucht.

Es besteht ein Unterschied zwischen Weidehaltung und Grasfütterung einerseits und der Fütterung mit Getreide andererseits. Das Fleisch im ersten Fall ist magerer. Wenn Sie daran gewöhnt sind, Fleisch von Tieren zu essen, die mit Getreide gefüttert wurden, sind Sie wahrscheinlich an dessen Geschmack und eine daran angepasste Zubereitung und Würze gewöhnt. Dazu schreibt Stanley A. Fishman, Autor des Buches *Tender Grassfed Meat: Traditional Ways to Cook Healthy Meat:* »Gutes Fleisch von grasgefütterten Rindern erfreut, wenn es richtig zubereitet wird, mit einem Geschmack, einer dichten Konsistenz und einem guten, sauberen Mundgefühl, die von Rindfleisch aus Getreidefütterung auch nicht annähernd erreicht werden. Es schmeckt einfach besser. Viel, viel besser.«[2] Dieses Fleisch muss viel weniger gewürzt werden, weil es über einen reichen Eigengeschmack verfügt.

Wenn Sie Fleisch von Tieren aus Weidehaltung bzw. Grasfütterung schon einmal verwendet haben und mit dem Resultat nicht zufrieden waren, haben wir im Rezeptteil viele Vorschläge für Sie, wie Sie dieses Fleisch und Geflügel schmackhaft und zart zubereiten können. Wenn Sie die Kunst des »Slow Cooking«, der langsamen Zubereitung, wiederentdecken, die das Kochgeheimnis unserer Vorfahren war, werden Sie köstliche Mahlzeiten zubereiten, die einen viel höheren Nährwert besitzen. Bei diesen Tieren aus Weidehaltung sind Knochen, Knorpel, Gelenke und Haut am gesündesten, weswegen sie sich auch ideal für Kraftbrühen eignen.

Beachten Sie aber, dass auch bei Weidehaltung die Tiere oft zusätzlich Kraftfutter erhalten. Ideal ist also Fleisch aus ökologischer Landwirtschaft mit Weidehaltung. Das liefert das gesündeste tierische Eiweiß. Und beachten Sie auch das:

Grasgefüttert muss nicht heißen, dass wirklich nur Gras gefüttert wurde – im Englischen wird unterschieden zwischen den Bezeichnungen »grass-fed«, also grasgefüttert, und »grass-finished«, was übersetzt bedeutet, dass die Rinder während des gesamten Lebens auf natürliche Weise mit Gras gefüttert wurden. Weidehaltung und Grasfütterung bedeutet häufig, dass die Tiere zwar einen Teil ihres Lebens auf der Weide verbringen, während ihrer letzten Lebensmonate vor der Schlachtung aber das übliche Kraftfutter aus Soja und Getreide erhalten. Vergewissern Sie sich also, ob das Fleisch, das Sie kaufen, wirklich von Tieren stammt, die bis zur Schlachtung natürlich gefüttert wurden. Nur so bekommen Sie das gesündeste und schmackhafteste Fleisch! Wenn die Tiere in den Monaten vor der Schlachtung mit Kraftfutter gefüttert werden, heißt das, sie erhalten Heu, Getreide, Mais, Sojamehl, Kartoffeln und Silage.[3] In der ökologischen Landwirtschaft kommt dieses Futter wenigstens aus dem Bioanbau, während Sie bei konventioneller Tierhaltung mit genverändertem Mais oder Soja rechnen müssen.

Hormone und Antibiotika. In der konventionellen Landwirtschaft werden typischerweise Hormone und Antibiotika eingesetzt. Die Vorschriften hierfür wurden zwar verschärft, aber üblich ist die Verwendung weiterhin. Das gilt für Antibiotika gegen Krankheiten ebenso wie für Hormone zur Tiermast. Im Jahr 2012 erließ die amerikanische Lebensmittelbehörde FDA Vorschriften zur Einschränkung des Antibiotikagebrauchs in der Tierhaltung, weil dadurch Bakterienresistenzen entstehen, die »eine ernste Gefahr für die öffentliche Gesundheit darstellen«.[4]

Nach Ansicht zahlreicher Gesundheitsexperten sind die vielen heutzutage auftretenden Gesundheitsprobleme darauf zurückzuführen, dass die Menschen Fleisch von Tieren essen, denen regelmäßig Hormone und Antibiotika verabreicht wurden. Wir empfehlen deshalb, nur hochwertiges Fleisch zu kaufen, das aus antibiotika- und hormonfreier Tierhaltung stammt.

Konventionelle Tierhaltung. Darunter fallen alle Tierprodukte, die nicht ausdrücklich aus biologischer oder ökologischer Landwirtschaft stammen. »Weidehaltung« bei Rindern, wie bereits angesprochen, oder »Bodenhaltung« bei Hühnern gibt es auch in der konventionellen Landwirtschaft. Sehr oft müssen die Tiere ihr Dasein aber in kleinen Ställen oder Käfigen fristen und Futter fressen, das für ihr Verdauungssystem unnatürlich ist, was zu schlechter Gesundheit und Krankheiten führen kann. Wir sind der Ansicht, dass eine solche Behandlung von Tieren unmenschlich ist. Da diese Art der Haltung die Tiere krank macht, behandelt man sie mit Antibiotika. Man mästet sie mithilfe von Wachstumshormonen, und das Futter, das sie erhalten, ist häufig gentechnisch verändert. Alle Faktoren bewirken, dass konventionell erzeugtes Fleisch und Geflügel von schlechterer Qualität ist und mehr Toxine enthält.

Wildfleisch. Das magere Fleisch von Reh, Hirsch, Wildschwein oder Wildgeflügel ist heute sehr beliebt. Hirschfleisch kommt oft von gezüchtetem Damwild, nicht aus der Jagd. In diesem Fall sollten Sie sich erkundigen, wie die Tiere gehalten und gefüttert werden.

Eierschalen. Wenn Sie Eierschalen für Brühen verwenden, sollten Sie sich vergewissern, wie die Eier vor dem Verpacken behandelt wurden. Viele Eier aus kommerzieller Produktion (sogar Bioeier) werden mit

Gentechnisch veränderte Organismen

Bei der Auswahl tierischen Proteins ist es wichtig, sich zu informieren, wie die Tiere gehalten und gefüttert wurden. Wie gesagt, essen Sie, wenn Sie tierisches Eiweiß verzehren, auch das, was das Tier während seines Lebens gefressen hat. Wurden dem Tier Antibiotika, Hormone und gentechnisch veränderte Organismen verabreicht, sind diese Substanzen im Körpergewebe des Tieres enthalten. Sicher haben die meisten von Ihnen schon von gentechnisch veränderten Tieren und Pflanzen gehört. Kurz gesagt, wurden diese Organismen mit der DNA anderer Pflanzen, Tiere, Bakterien oder Viren künstlich verändert.[5] Im Biolandbau muss Futter aus ökologischem Anbau verwendet werden und die Fütterung mit gentechnisch veränderten Pflanzen ist verboten. Bei mit Getreide und Soja gefütterten Tieren aus konventioneller Landwirtschaft können Sie dagegen sicher sein, dass deren aus Mais, Soja und anderen Pflanzen hergestelltes Futter gentechnisch verändert ist. Der Agrarkonzern Monsanto verkauft konventionell arbeitenden Landwirten sogenanntes Roundup-Ready-Saatgut. Dieses Saatgut wurde gentechnisch verändert, um die Pflanzen widerstandsfähig gegen Glyphosat, den Hauptinhaltsstoff des von Monsanto produzierten Herbizids Roundup, zu machen. Wenn die Landwirte dieses Saatgut verwenden, müssen sie auch Roundup einsetzen. Lange Zeit waren die Wissenschaftler unschlüssig, was die Schädlichkeit von Glyphosat für den Menschen anging. Doch im März 2015 stufte die Internationale Agentur für Krebsforschung (IARC) der Weltgesundheitsorganisation (WHO) Glyphosat als »wahrscheinlich krebserregend« ein.[6] Während das Ergebnis bei Monsanto und dessen Unterstützern natürlich auf heftigen Widerspruch stieß, fühlten sich die Aktivisten, Politiker und Wissenschaftler bestätigt, die sich gegen gentechnisch veränderte Nahrungsmittel einsetzen, und ebenso die vielen Staaten, die Anbau und Verkauf dieser Nahrungsmittel bereits untersagt haben.

Chlor gereinigt. Manchmal wird nach dem Chlor noch Mineralöl benutzt. Da eine Eierschale porös ist wie unsere Haut, können die Substanzen in das Ei gelangen und sich außerdem als Rückstände auf der Schale ablagern. Auf Bauernmärkten und in Hofläden werden häufig frische Eier direkt vom Erzeuger verkauft, sodass Sie sich persönlich erkundigen können, ob und wie die Eier gereinigt wurden.

Fisch: Wildfisch oder aus Fischfarmen

Verwenden Sie für Fischbrühe nicht-ölige Wildfischsorten, zum Beispiel Pazifischen Pollack (»Alaska-Seelachs«), Seebarsch, Kabeljau und Heilbutt. Ölige Fische (zum Beispiel Lachs und Sardellen) enthalten Fette, die beim Kochen einer Brühe ranzig werden können.

Wildfisch ist die beste Option, denn wilde Fische schwimmen in offenen Gewässern und fressen das für sie natürliche Futter, wie etwa andere Fische, Algen und Seetang. Wildfisch weist einen höheren Gehalt an Eiweiß und Omega-3-Fettsäuren auf, und die Tiere sind generell gesünder. Die Fische in Fischfarmen sind in Becken eingesperrt und erhalten unnatürliches, oft genverändertes Futter wie Mais, Soja und Raps. Diese Zuchtfische sind außerdem mit Antibiotika, Hormonen, Neurotoxinen, Pestiziden, künstlichen Farbstoffen und anderen schädlichen Substanzen belastet.[7]

Bei Wildfischen wie bei Zuchtfischen kann der Quecksilbergehalt problematisch sein. Kaltwasserfische und kleinere Arten enthalten in der Regel weniger Quecksilber. Ein weiterer Aspekt, der berücksichtigt werden sollte, ist der Artenschutz. Bestimmte Arten sind wegen Überfischung in ihrem Bestand bedroht. Die Bedrohungssituation bei den einzelnen Fischarten kann sich von Jahr zu Jahr ändern. Aktuelle Informationen dazu finden Sie im Internet. Fragen Sie an der Fischtheke im Supermarkt oder anderen Verkaufsstellen für Frischfisch gezielt nach Fisch aus nachhaltigem Fang.

Fisch ist eine ausgezeichnete Jodquelle. Jod ist wichtig für die Gesundheit der Schilddrüse und den Stoffwechsel.[8] Wenn Sie am Meer leben, können Sie Kontakt zu Menschen aufnehmen, die in der Fischerei oder Fischverarbeitung tätig sind, und diese bitten, Fischreste für Sie aufzuheben. Fischbrühe ist eine sehr kostengünstige, gesunde Kraftbrühe.

Wie sieht es mit der radioaktiven Belastung von Fischen aus? Darüber sprachen wir mit Robert Ruiz, Betreiber des Restaurants Land & Water Company in Carlsbad, Kalifornien. Dieser bekannte Fischexperte hat zum Thema Nachhaltigkeit und der Auswirkung von Fisch auf unsere Gesundheit intensiv mit Wissenschaftlern der NOAA (Nationales Amt für Meeres- und Atmosphärenforschung der USA) zusammengearbeitet. Dabei erfuhr er, dass Fische, wenn sie gefangen und für den Verzehr vorbereitet werden, keine bedenkliche radioaktive Belastung mehr aufweisen (sogar Fische, die vor Fukushima an der Küste herumschwammen). Große Raubfische können höher radioaktiv belastet sein als kleinere Fische, die sich ausschließlich von Algen und Plankton ernähren. Doch selbst größere Fische weisen nur ein Fünffaches der sogenannten »Bananen-Äquivalentdosis« auf, also der Strahlendosis, die man durch den Verzehr einer Banane aufnimmt. Die tödliche Dosis liegt 80 Millionen Mal höher![9]

Auswahl und Verwendung optionaler Zutaten

Wenn Sie einer Brühe neben Knochen und Wasser weitere Zutaten hinzufügen möchten, finden Sie in diesem Abschnitt eine empfehlenswerte Auswahl.

Biogemüse

Gemüse aus ökologischer Landwirtschaft ist frei von Gentechnik und Pestiziden. Verwenden Sie möglichst nur Biogemüse, sowohl für eine Gemüsebrühe wie auch als Zugabe für eine Kraftbrühe. Gemüsebrühe lässt sich sehr leicht zubereiten. Man lässt Gemüse eine Stunde in Wasser simmern. Anschließend wird die Brühe passiert und kann pur getrunken oder als Zutat für Rezepte verwendet werden. (Auf Seite 97 finden Sie ein tolles Grundrezept für Gemüsebrühe.)

Bei Kraft- oder Fleischbrühe ist es nicht zwingend notwendig, Gemüse dazuzugeben, und in manchen Fällen auch gar nicht erwünscht (etwa wenn Sie die Kraftbrühe für Desserts verwenden). Doch für gewürzte Brühen, die man pur trinkt oder für Rezepte verwendet, sind Gemüse eine wundervolle Zutat, durch die zudem der Vitamin- und Mineralstoffgehalt erhöht wird.

Falls Sie doch auf konventionelles Gemüse zurückgreifen wollen oder müssen, beachten Sie, dass Gemüsefrüchte und Blattgemüse in der Regel stärker belastet sind als Wurzel- und Stangengemüse. Waschen Sie konventionell angebautes Gemüse auf jeden Fall gründlich. Brühen sind ein sehr guter Weg, den höheren Preis von Biogemüse zu kompensieren, denn für selbst gemachte Brühen nutzen Sie jene Pflanzenteile, die Sie sonst wegwerfen oder kompostieren würden: harte Spargelenden, Zwiebelschalen, Stiele und Strünke – all das eignet sich prima für Brühe, auch wenn man es sonst nicht essen würde, denn durch das Simmern nutzt man die in diesen Pflanzenteilen enthaltenen Nährstoffe.

Als wir die Brühenköche in unserem Freundeskreis fragten, wie sie Gemüse als Zutat für Kraftbrühe verwenden, antworteten viele von ihnen, dass sie das Gemüse erst während der letzten Stunde des Simmerns hinzufügen. Andere geben das Gemüse vor dem eigentlichen Kochen hinzu, nachdem sie die Knochen in Apfelessig und Wasser ziehen ließen. Wieder andere geben es sofort zusammen mit den Knochen in den Topf.

Dafür, das Gemüse nur in der letzten Stunde dazuzugeben, spricht, dass es nur eine Stunde dauert, die Nährstoffe aus ihm herauszukochen. Es gibt also keinen Grund, es länger zu kochen. Manche sind der Ansicht, dass der Geschmack der Brühe sich ändert, wenn man das Gemüse länger mitkocht, und zwar nicht zum Besseren. Doch andere kochen es, wie gesagt, die ganze Zeit mit. Es gibt hier keine festen Regeln. Folgen Sie also Ihrer Intuition und experimentieren Sie nach Lust und Laune!

Apfelessig

Sie können jede Essigsorte verwenden. Doch viele mögen den Geschmack von Weißweinessig nicht. Reis- oder Weißweinessig kann überdies bei Personen mit empfindlicher Verdauung und einer durchlässigen Blut-Hirn-Schranke zu Beschwerden führen. Wir empfehlen Apfelessig, weil er den Geschmack der Brühe nicht beeinträchtigt. Kaufen Sie unpasteurisierten, ungefilterten Bioapfelessig – er enthält gesunde lebende Enyzme. Wegen der Schwebstoffe ist er allerdings etwas trübe.

In den meisten Kochbüchern wird Essig als unverzichtbare Zutat für Kraftbrühe aufgeführt, weil er angeblich wichtige Mineralstoffe aus den Knochen herauslöst. Fachleute für traditionelle Ernährung raten oft dazu, die Knochen vor dem Kochen eine Stunde in Wasser und Apfelessig ziehen zu lassen. Wir machen das so, und führende Experten wie Sally Fallon Morell, Kaayla T. Daniel und Dr. Natasha Campbell-McBride empfehlen es. Es ist eine Standardmethode, die seit Jahren weiter verbreitet wird, aber bei unserer Recherche für dieses Buch kamen uns Zweifel.

1934 wurde in der Medizinzeitschrift *Archives of Disease in Childhood* eine wissenschaftliche Studie über Knochen-Kraftbrühe mit Gemüse veröffentlicht. Wissenschaftler des King's College Hospital in London untersuchten in dieser Studie, welchen Nährwert die damals in England für die Kinderernährung sehr beliebte Knochen-Kraftbrühe mit Gemüse hatte. Bei der Analyse der Brühe gelangten sie zu folgenden Ergebnissen:

- Apfelessig ist nicht notwendig, um Mineralstoffe und Aminosäuren aus den Knochen herauszulösen.[10]
- Um aus dem Gemüse die Mineralstoffe vollständig herauszulösen, genügte eine Kochzeit von 30 bis 60 Minuten.[11]

Das überraschte uns. Wir fragten Kaayla T. Daniel, Koautorin des Buches *Die Super-Suppe: Nährstoffwunder Knochen- und Fleischbrühe: Jahrhundertealtes Ernährungswissen und neue Rezepte*. Sie forscht seit Langem zum Thema Kraftbrühe, kannte die englische Studie und hält die Ergebnisse für überzeugend. Daraufhin fragten wir, ob es ihrer Meinung nach andere Gründe dafür gäbe, Apfelessig hinzuzufügen, etwa um Unreinheiten aus den Knochen zu entfernen – vielleicht vergleichbar mit der Auskochmethode, die von den Chinesen für ihre Knochen- und Fleischbrühen verwendet wird. Kaayla sagte, dass sie das für durchaus möglich hält.

Gemeinsam mit Kaayla gelangten wir zu dem Schluss, dass das, was in der Küche geschieht, zum Teil Wissenschaft und zum Teil Alchemie ist. Möglicherweise ist der Apfelessig eigentlich vollkommen überflüssig, was eine gute Nachricht für alle ist, die immer wieder vergessen, ihn zu verwenden! Mit anderen Worten, was die Zubereitung von Brühe angeht, gibt es nicht die eine perfekte Methode. Es gibt viele Traditionen, die man aus Gründen, die wir vielleicht nie erfahren werden, von Generation zu Generation weiterreicht. Es liegt an uns, selbst zu entscheiden, was sich für uns richtig anfühlt. Und die Küche ist der perfekte Ort, um zu lernen, der eigenen Intuition zu vertrauen! Oder wie Kaalya gerne sagt: »Entspannen Sie sich und genießen Sie Ihre Brühe!«

Kräuter und Gewürze

Kräuter (die grünen, blättrigen Teile von Pflanzen, die man zum Würzen verwendet) und Gewürze (getrocknete, konzentrierte und aromatische Pflanzenteile) sind wunderbare Zutaten für eine Brühe. Sie sind konzentrierte Quellen für Phytonährstoffe, was bedeutet, dass sie voller lebenspendender Antioxidanzien stecken. Unsere Rezepte in diesem Buch beinhalten Kräuter und Gewürze, die während des Simmerns der Brühe für den Geschmack hinzugefügt werden, oder es handelt sich um heilkräftige Zutaten, die vor dem Trinken in eine Brühe gegeben werden.

In unseren Rezepten verwenden wir Kräuter und Gewürze großzügig, um ihre gesundheitsfördernden Eigenschaften ebenso wie ihre Fähigkeit zu nutzen, die sechs Geschmacksrichtungen der ayurvedischen Medizin auszubalancieren (süß, salzig, sauer, bitter, scharf und herb/zusammenziehend). Wenn Sie die sechs Geschmacksrichtungen in den Rezepten ausbalancieren, wird sich Ihr Körper zufriedener, ruhiger und geerdeter anfühlen. Auch der Heißhunger auf eine bestimmte Geschmacksrichtung, meistens süß oder salzig, wird dadurch reduziert. Im Anhang unter »Kräuter und Gewürze richtig einsetzen« (Seite 334) erfahren Sie mehr über die einzelnen Kräuter und Gewürze und ihre medizinischen Eigenschaften und wie Sie diese zum Ausbalancieren der sechs Geschmacksrichtungen einsetzen können.

Gelatinepulver und Kollagen-Hydrolysat (Kollagen-Peptide) richtig anwenden

Wenn Sie gerade keine Kraftbrühe vorrätig haben und dennoch die Vorzüge von denaturiertem Kollagen genießen möchten, verwenden Sie stattdessen nicht aromatisiertes Gelatinepulver oder Kollagen-Hydrolysat (Kollagen-Peptide).

Wir empfehlen Gelatinepulver in Bioqualität, weil diese Gelatine von Rindern oder Schweinen stammt, die natürlich gefüttert wurden und keine Hormone oder Antibiotika erhielten. Viele Gesundheitsbewusste geben gerne nicht aromatisiertes Gelatinepulver ins Essen, weil es eine gesunde Verdauung unterstützt und tierisches Eiweiß in dieser Form leicht vom Körper verwertet werden kann. Gelatinepulver ist auch Bestandteil einiger Kosmetikprodukte. Zwar besitzt Gelatinepulver viele der Gesundheitsvorteile, die auch die in Kraftbrühe enthaltene Gelatine aufweist, wir sind aber überzeugt, dass Kraftbrühe ihm aus mehreren Gründen überlegen ist: (1) Gelatinepulver enthält weniger Kollagenarten als Kraftbrühe, weil das Pulver ausschließlich aus Haut oder Schwarte hergestellt wird.[12] Und (2) ist die Herstellung von Gelatinepulver aufwendiger und technisierter. Je stärker ein Produkt verarbeitet wurde, desto geringer ist, metaphysisch gesehen, seine Verbindung zur Erde, zu Ihrer Küche und Ihrer persönlichen Ernährung.

Gleichzeitig wissen wir, dass die Menschen heute oft wenig Zeit haben und deshalb hier und da gerne zu Gelatinepulver greifen, um auf einfache Weise etwas für ihre Gesundheit und Schönheit zu tun. Wenn Sie wenig Zeit haben oder gerade keine Kraftbrühe kochen können oder wollen, ist Biogelatinepulver ein wundervoller, unkomplizierter Weg, sich etwas Gutes zu tun. Und für manche Desserts und kosmetische Anwendungen eignet es sich sogar besser als Brühe. (In Teil 2 ab Seite 172 werden wir Ihnen einige Rezepte mit nicht aromatisiertem Gelatinepulver vorstellen, die Freude machen.) Beachten Sie aber Folgendes:

Gelatine oder Kollagen-Hydrolysat. Gelatine verwenden Sie am besten für Speisen, für die Sie ein Bindemittel benötigen. Man muss sie vor Gebrauch in warmem Wasser auflösen.

Kollagen-Hydrolysat oder Kollagen-Peptide sind stärker verarbeitet als Gelatine, und manche Menschen empfinden sie als leichter verdaulich. Kollagen-Hydrolysat muss nicht erst in warmem Wasser aufgelöst werden, sodass es sich gut für Smoothies und alle Speisen eignet, denen Sie Kollagen beimischen möchten, ohne erst warten zu müssen, bis es sich aufgelöst hat.

Gelatine, Kollagen-Hydrolysat und Mononatriumglutamat (MNG). Ein mögliches Problem bei Kollagen-Hydrolysat ist, dass es Mononatriumglutamat enthält. Im 1. Kapitel (Seite 38) sind wir darauf eingegangen, wie die in Kraftbrühe und Fleischbrühe enthaltenen Glutamate im Vergleich zu jenen in industriell hergestellter Fertignahrung zu bewerten sind. Dabei sollten Sie berücksichtigen, dass Gelatinepulver stärker verarbeitet ist als Brühe, weswegen bei empfindlichen Menschen hier möglicherweise eher Unverträglichkeitsreaktionen auftreten als bei Brühe.

Zwar berichten viele Menschen, die aus gesundheitlichen Gründen auf bewusste Ernährung achten müssen, dass sie Gelatine sehr gut vertragen, aber Sie sollten stets auf Ihren eigenen Körper hören. Wenn sich nach dem Verzehr von Speisen, die Gelatinepulver enthalten, unangenehme Symptome einstellen, sollten Sie im 1. Kapitel (Seite 38) die Informationen über Glutamate nachschlagen.

Außer Haus hergestellte Brühe

Heutzutage bieten immer mehr Landwirte, Metzger, Naturkostläden und Restaurants Knochen-Kraftbrühe oder Fonds an. Dazu kommen asiatische Restaurants, die, ohne Kraftbrühe speziell zu erwähnen, authentische, langsam gekochte Brühen für diverse Gerichte verwenden. Da diese Brühen fast überall auf der Welt fester Bestandteil der Ernährungstradition sind, sollten Sie in Restaurants immer nachfragen, wie der Koch entsprechende Gerichte zubereitet. Es ist gut möglich, dass Sie dabei auf großartige Suppen, Eintöpfe und andere Gerichte stoßen, die mit klassischer Knochen-Kraftbrühe gekocht werden.

Was Fertigprodukte aus dem Laden angeht, bevorzugen Sie aus den bereits dargelegten Gründen Bioqualität, und hier wiederum Fonds (also eingedickte Brühe im Glas) gegenüber Brühwürfeln oder Pulver, da ein Fond weniger stark verarbeitet ist. Natürlich können Sie Biobrühe oder -fonds auch im Internet bestellen und sich nach Hause liefern lassen. Die Qualität selbst gemachter Brühen, was Nährstoff- und Gelatinegehalt angeht, erreichen diese Fertigprodukte aber nie.[13] Daher ist es in jedem Fall die bessere Lösung, eine Brühe selbst zuzubereiten.

Was kann schon schiefgehen?

Wenn Sie über wenig Kocherfahrung verfügen oder schon länger nicht mehr in der Küche aktiv waren, erscheint Ihnen die Zubereitung von Kraftbrühe vielleicht anfangs als ziemliche Herausforderung. Aber wenn Sie sich einmal darauf einlassen, werden Sie sehen, wie einfach es sein kann, Knochen und Wasser in einen Topf zu füllen und eine

Brühe zu kochen. Manchmal müssen Sie, um selbst gekochtes Essen genießen zu können, einfach nur Ihr Denken ändern.

Da Louise sich meisterhaft darauf versteht, die Menschen zu einer Veränderung ihres Denkens zu bewegen, wollen wir nun einmal hören, was sie empfiehlt, um sich in den richtigen Bewusstseinszustand für das Zubereiten einer gesunden, wohlschmeckenden Kraftbrühe zu versetzen:

Hier ist eines meiner Lieblingszitate von Julia Child: »Der einzige wirkliche Stolperstein ist die Angst vor dem Versagen. Beim Kochen braucht man eine Was-kann-schon-schiefgehen-Einstellung.« Diese Einstellung sollten Sie sich aneignen, was Suppen und Brühen angeht!

Brühe zu kochen ist ein ideales Experimentierfeld. Man muss dafür keine erfahrene Köchin sein. Ich probiere ständig Neues aus. Fast jeden Tag köchelt bei mir irgendeine Brühe. Und ganz nach Lust und Laune nehme ich die Zutaten, nach denen mir gerade der Sinn steht. Das kann Fischsauce sein, Gemüse aller Art oder meine aktuelle Lieblings-Gewürzmischung (im Moment ist das Fenchel, Bockshornklee, Meersalz und schwarzer Pfeffer, eine Mischung, die Heather und ich kreiert haben, um die Abwehrkräfte zu stärken, den Stoffwechsel anzuregen und sich ganz einfach liebevoll etwas Gutes zu tun). Einmal besuchte mich Heather in meiner Küche, und wir sprachen über Magenbitter und wie man damit die Verdauung unterstützen kann. Sofort gab ich ein paar Tropfen Kardamombitter in die Brühe, einfach um es auszuprobieren. Es machte uns viel Spaß, diese Variante zu kosten! Der Kräuterbitter verlieh ihr einen festlichen, fast cocktailartigen Geschmack.

Lassen Sie beim Kochen von Brühen und Suppen Ihrer Kreativität freien Lauf! Wenn ein geschmackliches Experiment misslingt, können Sie den Schaden mit mehr Wasser oder einer Prise hiervon oder davon beheben. Beim Suppekochen lernen Sie, Ihrer Intuition zu folgen. Jeder Tag kann eine neue geschmackliche Entdeckung bringen. Und die Zubereitung muss gar nicht lange dauern: In diesem Buch finden Sie auch zahlreiche Rezepte für Fünf-Minuten-Suppen. Also – warum beginnen Sie nicht gleich heute? Was kann schon schiefgehen?

Im nächsten Kapitel versorgen wir Sie mit ein paar Küchentipps für Neulinge. Dazu gibt es Speisepläne und eine Einkaufsliste. Außerdem erfahren Sie, was Louise zum Frühstück, mittags und am Abend isst. Unser Abenteuer geht weiter!

3. KAPITEL

Und los geht's! Was Louise isst, Basiswissen, Speisepläne und eine Einkaufsliste

Selbst gekochte Kraftbrühe in den täglichen Speisezettel zu integrieren ist ziemlich einfach. Sie liefert Ihnen sogar die Grundlage für selbst zubereitetes Fast Food!

Die meisten Experten empfehlen, täglich 180 bis 240 ml Brühe zu trinken, um in den vollen Genuss der gesundheitlichen Vorteile zu kommen. Wie viel Sie tatsächlich zu sich nehmen, ist Ihnen überlassen. Wir empfehlen, dabei auf den eigenen Körper zu hören. Achten Sie darauf, wie Sie sich fühlen. Um herauszufinden, wie sich das, was Sie essen, auf Ihr Energielevel, Ihre Gesundheit und Ihre Stimmung auswirkt, kann es sehr hilfreich sein, ein Ess-Tagebuch zu führen (siehe 1. Kapitel Seite 38).

Hier sind ein paar Vorschläge, wie Sie Kraftbrühe zum festen Bestandteil Ihres Alltags machen können. Die dazugehörigen Rezepte finden Sie in Teil 2 ab Seite 96:

1. Trinken Sie statt Kaffee eine Tasse Brühe. Man kann Brühe einfach als Getränk genießen, ganz nach Wunsch geschmacklich aufgepeppt mit Gewürzen, Butter, Meersalz, Pfeffer, Fischsauce oder frischen Kräutern. So bekommt man ein belebendes Heißgetränk, das viele Menschen als Kaffee-Ersatz lieben!

2. Kochen Sie sich ein Süppchen. Wärmen Sie sich Brühe auf und geben Sie Fleisch, Gemüse und Eier dazu. So erhalten Sie eine köstliche, rasch zubereitete Suppe – ein tolles hausgemachtes Fast Food! Mit ein bisschen Übung geht das genauso schnell wie eine Dosensuppe oder ein Fertiggericht aus der Mikrowelle, ist aber viel gesünder und schmeckt besser.

Wenn es noch schneller gehen soll, probieren Sie diese Methode aus: Waschen und schneiden Sie etwas Gemüse und lagern Sie es in einem Glas oder einer Frischhaltebox im Kühlschrank. Morgens nach dem Aufstehen geben Sie ein bis zwei Tassen von der vorgekochten und gekühlten oder tiefgekühlten Brühe in einen Stieltopf. (Eventuell verdünnen Sie die Brühe mit Wasser. Im Rezeptteil zeigen wir Ihnen, wie es geht.) Fügen Sie Gewürze (vielleicht Meersalz, Pfeffer und ein paar Kräuter) und etwas von dem vorbereiteten Gemüse hinzu. Das Ganze 3–5 Minuten simmern lassen. Wer möchte, fügt noch etwas Fleisch, zwei Eier oder, was Sie sonst an tierischem Protein zur Hand haben, hinzu. Das ergibt eine köstliche Suppe!

Im 6. Kapitel finden Sie viele Suppenrezepte, aber wahrscheinlich werden Sie schon bald eigene Lieblingsrezepte kreieren!

3. Brühe als schnelle Zwischenmahlzeit für unterwegs. Geben Sie ein paar Gewürze, etwas Gemüse, Reste von gekochtem oder gebratenem Fleisch (oder ein bis zwei Eier) in die heiße Brühe. Füllen Sie das Ganze in eine Thermokanne mit großer Öffnung und nehmen Sie die Brühe mit zur Arbeit. Die Zutaten werden in der heißen Brühe mit erwärmt, und so haben Sie dann eine leckere Suppe als Mittagessen! So machte es Heather, als sie noch Zwölfstunden-Tage in einer großen Firma bewältigen musste. In nur fünf Minuten war die Suppe zubereitet und in zwei große Thermoskannen gefüllt. Das gab es als Mittagessen, Abendessen und Imbiss für zwischendurch. Sie empfand es als ideal für stressige Arbeitstage, und die Suppe schmeckte wunderbar! Wenn Sie tagsüber unterwegs sind, hilft Ihnen die leckere Suppe aus der Thermoskanne, den Versuchungen von Imbissbuden und Bäckertheken zu widerstehen!

4. Brühe als Grundlage für andere Rezepte. Sie können Brühe anstelle von Wasser als Grundlage für köstliche Saucen, zum Kochen von Getreide, zum Pochieren von Eiern, für Fleisch- und Fischgerichte nehmen. Geschmacksneutrale klare Brühe eignet sich sogar für Desserts! So wird die Brühe zur kollagenreichen Zutat für viele gesunde und wohlschmeckende Rezepte. Wer wünscht sich nicht schöne Haut, Haare und Nägel, eine gute Verdauung und schmerzfreie, bewegliche Gelenke – einfach durch köstliches natürliches Essen?

5. Aus Brühe eigene Gesundheitselixiere und Kosmetika herstellen. Knochen-Kraftbrühe ist ein ausgezeichneter Grundstoff für heilkräftige Hausmittel und Schönheitskuren. Hier wird Nahrung im wahrsten Sinne des Wortes zur Arznei! In unserem Buch finden Sie Schönheitsrezepte, bei denen Kraftbrühe Trägersubstanz für alle möglichen heilenden Kräuter und Gewürze ist.

Wenn Sie krank sind, sollten Sie nach Möglichkeit täglich ungefähr zwei Tassen Brühe zu sich nehmen. Wenn Brühe für Sie Teil eines Wellness-Plans ist, sollten Sie tun, was sich für Ihren Körper gut anfühlt. Genuss und Wohlbefinden sollten im Vordergrund stehen.

Vielleicht möchten Sie Ihren inneren Teenager entdecken, oder in der Zeit zurückreisen und darüber staunen, wie klug

Ihre Vorfahren waren, die entdeckten, dass sie aus Knochen, Wasser und Gemüse einen heilenden Zaubertrank zubereiten konnten. Vielleicht finden Sie Ihre spirituelle Seite und trinken Brühe, um die Verbundenheit mit der Erde zu spüren – oder einfach um das Zubereiten einer Brühe als Akt der Selbstliebe und Selbstfürsorge zu erfahren. Je öfter Sie das tun, desto gesünder werden Sie sich fühlen – denn Sie tun etwas zutiefst Nährendes für sich. Und das sollten Sie sich wert sein!

Louise berichtet, wie sie sich ernährt: »Ich bin Fan von Kraftbrühe, das steht fest!«

Bei Hay House sagte man mir, dass die häufigste Suchanfrage auf HealYourLife.com lautet: »Was isst Louise Hay?« Als ich das hörte, musste ich lachen, aber dann dachte ich: *Eine sehr gute Frage!*

Zweifellos bin ich ein Kraftbrühe-Fan. Brühe ist fester Bestandteil meiner täglichen Ernährung, weil sie bewirkt, dass ich mich gut fühle. Ich habe in meinem langen Leben gelernt, auf meine Intuition zu hören, auf meine innere Stimme. Mich auf diese Weise führen zu lassen ist das Beste für mich.

Im 1. Kapitel haben Heather und ich Ihnen die gesundheitlichen Vorzüge der Kraftbrühe geschildert und Ihnen Affirmationen vorgestellt, die Sie zusätzlich zum Trinken der Brühe anwenden können. Ich bin überzeugt, dass Affirmationen und richtiges Essen zwei der machtvollsten Heilmittel sind. Ihre Gedanken und die Nahrung, die Sie essen, sind entscheidend für eine gute Gesundheit. So habe ich es selbst erfahren.

Sehen Sie, ich wuchs in ärmlichen Verhältnissen auf. Wir hatten wenig Geld, aber meine Mutter gab sich alle Mühe, trotzdem etwas Gutes auf den Tisch zu zaubern. Wir aßen Gemüse aus dem eigenen Garten, dazu gab es Weizenkörner und Haferflocken. Wir hielten Ziegen, und es war meine Aufgabe, sie zu melken. Ungefähr zweimal im Jahr gab es Ziegenfleisch und Kaninchen zu essen. Einmal im Monat kaufte mein Vater einen Schokoriegel. Davon aß er die eine Hälfte, meine Mutter, meine Schwester und ich mussten uns die andere Hälfte teilen. Das war die einzige Süßigkeit. Viel Liebe gab es bei unseren Mahlzeiten nicht, dafür leider sehr viel Schimpfen und Wut. Nachdem ich von zu Hause weggegangen war, beschloss ich, dass von nun an jede Mahlzeit ein Fest sein sollte.

Und wissen Sie, auf welche Weise ich diese neue Freiheit feierte? Zwei Wochen lang gönnte ich mir jeden Tag ein ganz besonderes Frühstück: Cherry Coke und ein Stück Boston Cream Pie, damals mein Lieblingskuchen. Aber nach zwei Wochen sagte ich: »Louise, jetzt ist es genug.«

Als ich geheiratet hatte, wurde Julia Child zu meiner Lehrmeisterin. An zwei Dinge erinnere ich mich bei ihr ganz besonders, abgesehen davon, dass sie eine Ikone der amerikanischen Kochkunst war: Erstens lernte ich von ihr, wie man Kraftbrühe zubereitet, und zweitens sagte ihr Mann, wie sehr er Julias Hintern liebte! Von diesem Moment an entwickelte ich eine große Liebe zum Kochen.

Als bei mir später Krebs diagnostiziert wurde, waren, statt auf die allopathische Medizin zu vertrauen, Affirmationen und gesunde Ernährung meine beiden Heilmittel der Wahl. Täglich aß ich 60 Gramm Spargelpüree, die ein Naturheilexperte mir empfohlen hatte. Ich arbeitete mit meinen Gedanken, weil ich wusste, dass das Leben mich aufforderte, mutig meine Überzeugungen in die Tat umzusetzen. Und das funktionierte.

Heute, Jahrzehnte später, mit neunundachtzig Jahren, bin ich fest überzeugt, dass die wundervollsten Jahre meines Lebens noch vor mir liegen. Ich feiere jeden neuen Tag. Jede Mahlzeit ist ein Fest. Ich konzentriere mich darauf, Liebe und Fröhlichkeit in mein Leben zu bringen, sooft ich kann. Ich bin lockerer geworden, spiele mehr. Ich koche öfter und feiere mit meinen Freunden Partys. Ich fühle mich gut. Und ich höre auf meinen Körper. Ich folge keiner bestimmten »Diät«. Ich folge meiner Intuition und höre auf meine innere Stimme.

Ich glaube fest daran, dass wir besser nichts essen sollten, was nicht von der Natur hervorgebracht wurde. Und, was immer Sie essen, essen Sie es mit Liebe!

So sehen meine täglichen Mahlzeiten aus:

Vor dem Frühstück: Zuallererst trinke ich 900 Milliliter Wasser. Es fühlt sich wundervoll an, so in den Tag zu starten. Ich brauchte eine Weile, bis ich es schaffte, gleich nach dem Aufstehen so viel zu trinken. Also begann ich mit der Menge, die ich anfangs trinken konnte, und steigerte sie allmählich. Wenn ich jetzt 900 Milliliter getrunken habe, beglückwünsche ich mich zu dieser tollen Leistung!

Ich habe es so eingerichtet, dass ich mir sofort im Schlafzimmer eine Tasse Kraftbrühe aufwärmen kann. Nachdem ich mein Wasser getrunken habe, mache ich es mir mit einer Wärmflasche auf dem Bauch und meiner Tasse Brühe im Bett gemütlich. Ich genieße die Brühe langsam, Schluck für Schluck, meditiere und spreche meine Affirmationen. Ich danke dem Leben dafür, dass mir so viel Gutes geschenkt wurde und wird. Und wissen Sie, was dann passiert? Ich muss auf die Toilette! Die Kraftbrühe bringt am Morgen wirklich die Verdauung in Gang. Wenn noch Zeit ist, lege ich mich danach wieder ins Bett und lese ein bisschen, ehe ich in den Tag starte.

Meine weiteren Mahlzeiten orientieren sich an zwei Grundsätzen: (1) Ich lasse mich von meiner inneren Stimme leiten. Sie sagt mir, was an diesem Tag gut für mich ist. (2) Ich ernähre mich möglichst der Saison entsprechend von dem, was gerade verfügbar ist. Nur Spargel ist für mich ein wichtiges Standardgemüse geblieben. Ich esse ihn ganzjährig – außerhalb der Spargelsaison kaufe ich ihn tiefgekühlt.

Zum Frühstück gibt es eine der folgenden Köstlichkeiten:

- *Obst* – Das können Beeren sein, Mango, Bananen, Apfelkompott oder eingeweichte Trockenaprikosen.
- *Smoothies* – Ich liebe grüne Smoothies mit Grünkohl, Spargel, Römersalat, grünem Pulver (Superfood), Brokkoli, Zucchini und vielleicht etwas Gemüsebrühe. Wenn ich möchte, füge ich etwas von den folgenden Zutaten hinzu: Kolostrum, Probiotika, Kokoswasser, Hanfsamen, Kokospulver, Kraftbrühe oder Kollagen-Peptide und eine Gewürzmischung aus gemahlenem Zimt, Fenchel, Bockshornklee, Rotalgen und Kardamom.
- *Eier* – Ich esse zum Frühstück gern 3 Eigelb und 1 Eiweiß. Das ist eine wirklich gute Menge! Eigelb ist ein perfektes Nahrungsmittel. Es steckt voller gesunder Fette.
- *Quinoaflocken* – Die mag ich, weil sie sich sehr schnell kochen lassen. Ich verwende sie auch unterwegs, um mir ein einfaches Frühstück zuzubereiten, wenn ich keine Lust auf Essen im Restaurant habe. Ich koche meine Quinoaflocken gerne in Kraftbrühe und füge je nach Lust und Geschmack Nüsse, Samen, Nussmus, Zimt und andere Gewürze hinzu.

Mittag- und Abendessen sehen oft sehr ähnlich aus. Ich mag es einfach und unaufwendig. Man kann etwas Einfaches schön auf dem Teller anrichten, damit es toll aussieht. Ich nehme gern, was ich gerade im Kühlschrank habe, und konzentriere mich dabei auf Gemüse, Eiweiß und Kraftbrühe. Hier sind einige Beispiele:

- Salat mit einer Sorte tierischem Protein und Aioli, einem leckeren Dressing oder einer Remoulade.
- Gebutterte Wraps mit Blattsalat, Eier- oder Thunfischsalat.
- Pasteten, zum Beispiel Leberpastete oder Entenmousse.
- Hackfleischburger. Sie lassen sich wirklich einfach zubereiten. Ich forme aus Hackfleisch (Rind, Schwein oder Geflügel) passende Burgerstücke, die ich separat verpackt einfriere. Dann kann ich mir jeweils ein Stück nehmen und braten, wenn ich es brauche. Man muss das Hackfleisch nicht vorher auftauen, sondern kann es sofort braten. Ich nehme es aber lieber vor dem Mittagessen aus dem Tiefkühlfach und lasse es vorher ein wenig antauen.
- Fisch.

- Hühnerschenkel oder Truthahnflügel.
- Eine in Scheiben geschnittene Avocado mit dem darüber ausgepressten Saft einer Zitrone und etwas Meersalz.

Desserts und Snacks. Ich esse nicht viele Desserts, ausgenommen jene, die Heather und ich selber zubereiten, denn bei diesen weiß ich, dass sie voller guter Zutaten stecken. (Im 11. Kapitel ab Seite 281 finden Sie unsere Vorschläge.)

Als Snack für zwischendurch esse ich Hummus, eine kleine Portion Nuss- oder Samenmus oder was sonst gerade an Resten im Kühlschrank ist. Auch genieße ich gerne eine Scheibe unseres köstlichen, mit Kraftbrühe hergestellten getreidefreien Kräuterbrotes (siehe 9. Kapitel Seite 229).

Die Rezepte, die Heather und ich für dieses Buch zusammengestellt haben, basieren auf dem, was ich selbst gerne esse. Die meisten sind sehr einfach, wie unsere Fünf-Minuten-Suppen. Es sind Mahlzeiten, die wir beide mögen und bei Einladungen für unsere Freunde zubereiten. Wir hoffen, dass auch Sie die Rezepte lieben werden. Mithilfe der Rezepte können Sie Kraftbrühe zum festen Bestandteil Ihres Lebens machen.

Wenn Sie einmal gelernt haben, Kraftbrühe selber zu kochen, können Sie sich daraus schnell eine Mahlzeit zubereiten, wobei Sie einfach das verwenden, was Sie gerade im Kühlschrank haben. Wenn Sie, während Sie die Brühe Schluck für Schluck genießen, dabei affirmieren und Liebe ausstrahlen, werden Sie den optimalen Nutzen aus den Nährstoffen in Ihrem köstlichen Essen ziehen!

Gehen Sie spielerisch und mit Freude an die Dinge heran. Feiern Sie jede Mahlzeit als Gelegenheit, sich selbst zu lieben, gut für sich zu sorgen und sich auf das Gute vorzubereiten, was das Leben für Sie bereithält.

Prinzipien für die Zubereitung von Kraftbrühe und den Umgang mit den Rezepten

Prinzip Nr. 1: Die Küche als Spielplatz

Wir arbeiten nicht in der Küche – sie ist unser Experimentierfeld und Spielplatz! Wir hören Musik. Wir tanzen. Wir laden Freundinnen zu gemeinsamen Koch-Abenteuern ein. Wir lachen viel. Wir begeben uns auf Entdeckungsreise und experimentieren mit Zutaten. Denn was geschieht in der Küche? Wir versorgen unseren Körper mit Energie für all das Gute, was wir im Leben tun und sein wollen. Es gibt nichts Wichtigeres, aber erreichen werden wir es nur, wenn wir den Weg genießen!

Heather erzählt, wie sie und Louise beim Kochen Tänze einfügten:

Das begann eines Tages in Pasadena, Kalifornien, bei einer Hay-House-Veranstaltung. Ich reiste mit Louise, und zum ersten Mal lernte ich dabei auch Maya Labos näher kennen (die über 30 Jahre lang Wayne Dyers persönliche Assistentin war).

An diesem Abend waren wir, nachdem Louise gemeinsam mit Cheryl Richardson einen Vortrag gehalten hatte, unterwegs zum Essen. Im Hotelaufzug erklang Jazzmusik. Ich weiß nicht mehr, wer damit anfing, aber plötzlich warfen wir alle drei die Arme in die Luft und tanzten. Da wurde mir klar, was für eine gute Tänzerin Louise ist. Von da an schoben wir, während wir kochten, regelmäßig Tanzeinlagen zur Auflockerung ein. Wir tanzten, während die Brühe simmerte oder bevor wir ein neues kulinarisches Abenteuer begannen.

Tatsächlich hilft Tanzen dem Gedächtnis auf die Sprünge und hebt die Stimmung, aber davon einmal abgesehen, fühlt es sich ganz einfach gut an. Wenn Sie sich gestresst oder angestrengt fühlen – beim Lesen dieses Buches oder beim Kochen –, gönnen Sie sich ein Tänzchen nach Ihrer Lieblingsmusik!

Prinzip Nr. 2: Sie verdienen Heilung!

In Teil 2 dieses Buches präsentieren wir Ihnen eine ganze Palette von Rezepten – vom Brühen-Grundrezept über Hauptmahlzeiten, Desserts und Cocktails bis hin zu selbst gemachten Kosmetika. Dabei ist unser Ziel, Ihnen viele Möglichkeiten aufzuzeigen, wie Sie Kraftbrühe fest in den Alltag integrieren können.

Für manche Rezepte brauchen Sie Zutaten, die Ihnen seltsam oder neu erscheinen mögen. Sie werden sich fragen, warum Sie diese beschaffen sollen und warum nicht Zutaten nehmen, die es gleich um die Ecke im Supermarkt gibt? Dieses frustrierende Gefühl kennen wir nur zu gut.

Die meisten Menschen, die aus gesundheitlichen Gründen ihre Ernährung umstellen wollen, müssen bestimmte Lebensmittel aufgeben, wobei Gluten, Zucker und Milchprodukte die üblichen Verdächtigen sind. Heutzutage wird die Sache dadurch kompliziert, weil viele Menschen Unverträglichkeiten auf Inhaltsstoff-Kombinationen entwickeln, die in vielen als gesund geltenden Lebensmitteln enthalten sind. Dazu zählen Histamin (ein Botenstoff, der sich in pflanzlichen und tierischen Nahrungsmitteln findet), Oxalate (kommen ebenfalls in vielen pflanzlichen und tierischen Produkten natürlich vor), Thiole (finden sich in manchen Lebensmitteln mit hohem Schwefelgehalt) und FODMAPs (englische Abkürzung für »fermentierbare Oligo-, Di- und Monosaccharide sowie Polyole«, die in manchen Getreidesorten, Bohnen, Gemüsen und Früchten vorkommen). Menschen mit Leaky-Gut-Syndrom und damit in Zusammenhang stehenden Verdauungsbeschwerden reagieren heute empfindlich auf so viele Lebensmittel, dass manche von ihnen kaum noch etwas essen können, ohne mit Symptomen zu reagieren.

Deswegen werden Sie, wenn Sie im Internet recherchieren, etwas »Schlechtes« über fast alle Lebensmittel finden, selbst über jene, die Sie persönlich eigentlich für »gut« halten. Was dieses Buch betrifft, bitten wir Sie, Folgendes im Gedächtnis zu behalten:

Wir verwenden alternative Mehle und bestimmte andere Zutaten, weil uns Ihre Darmgesundheit am Herzen liegt! Das hat einen einfachen Grund: Gegen die üblichen Zutaten, die es im Supermarkt um die Ecke zu kaufen gibt, entwickeln immer mehr Menschen Unverträglichkeiten. Für diese Menschen ist es nahezu unmöglich, Kochbücher mit Zutaten zu finden, die sie gut vertragen. Da auch eine zunehmende Zahl von Kindern von Nahrungsmittelunverträglichkeiten betroffen ist, suchen immer mehr Eltern nach Heilung für sie, denn diese neue Generation scheint diesbezüglich empfindlicher zu sein als frühere.

Wir lieben Sie und möchten Ihnen Gutes tun, daher stellen wir Ihnen Rezepte mit leicht verdaulichen Zutaten vor, die sanft und freundlich zu Ihrem Verdauungstrakt sind.

Zum Beispiel:

- Wir bieten Ihnen Optionen an, die frei von Industriezucker, Milchprodukten, Gluten und auch völlig getreidefrei sind. Sie sind ideal bei Autoimmunerkrankungen und Dünndarmproblemen.
- Wir verwenden viele Kräuter und Gewürze mit einem hohen Gehalt an Antioxidanzien, die freie Radikale unschädlich machen, Entzündungen bekämpfen, den Stoffwechsel ins Gleichgewicht bringen und Heißhungerattacken reduzieren.
- Ab Seite 78 finden Sie eine Einkaufsliste mit Tipps zum Besorgen der Zutaten.

Langfristig sind diese gesunden Zutaten die kostengünstigere Wahl. Gesunde Zutaten sind teurer, aber dafür eben auch von höherer Qualität. Und weil sie so nahrhaft (und ausgewogen) sind, stellt sich viel schneller ein Sättigungsgefühl ein, sodass Sie davon deutlich weniger verzehren werden als von den herkömmlichen industriell hergestellten Lebensmittelprodukten. Und noch etwas Bemerkenswertes ist uns in unserem eigenen Leben und dem unserer Klienten und Freunde aufgefallen: Wenn Sie sich von darmgesunden und nährstoffreichen Lebensmitteln ernähren, benötigen Sie viel weniger Zeit und Geld für Kosmetik und Arztbesuche. Haare, Haut und Nägel glänzen – Sie sehen gut aus und fühlen sich gut. Sie sind besser gelaunt und schlafen tiefer und erholsamer. Sie sehen also: Sich gut zu ernähren hat unbezahlbare Vorzüge!

Selbstverständlich steht es Ihnen frei, bestimmte Zutaten durch andere zu ersetzen.

Lassen Sie sich nicht durch eine Zutat, die Ihnen nicht gefällt, oder durch ein knappes Budget davon abhalten, mit einer guten Ernährung liebevoll für Ihren Körper zu sorgen. Genießen wir diesen Prozess gemeinsam! Wir sind dabei, die vergessene Kunst wiederzuentdecken, wie man köstliches, gesundes, frisches Essen in der Küche zubereitet. Dadurch sorgen wir gut für uns und verleihen unserer Kreativität Ausdruck. Wir nehmen uns Zeit für unsere Bedürfnisse und sagen: »Ja, ich bin wichtig. Ich bin gut genug. Ich verdiene es, mir Zeit für eine gute Ernährung zu gönnen.«

Prinzip Nr. 3: Den Umgang mit Kräutern und Gewürzen lernen

Kräuter und Gewürze sind die Stiefkinder der modernen, von Fertigprodukten geprägten Ernährung. Die Lebensmittelindustrie hat sie ganz bewusst an den Rand gedrängt, um unseren Appetit auf ungesunde Weise durch Zucker, Salz und Fette künstlich anfachen zu können, damit wir möglichst viele Industrieprodukte kaufen und essen.

Kräuter und Gewürze sind die wahren, zu Unrecht missachteten Helden der Ernährung: Sie helfen Ihnen, Heißhungerattacken zu überwinden. Sie harmonisieren die Geschmacksnerven und sorgen damit für körperliche Zufriedenheit und Wohlbefinden. Sie liefern mehr Phytonährstoffe und Antioxidanzien als die meisten anderen Lebensmittel. Zum Beispiel müssen Sie eine halbe Tasse Blaubeeren verspeisen, um sich so viele Antioxidanzien zuzuführen, wie in einem halben Teelöffel gemahlene Gewürznelken enthalten sind.[1] (Wenn Sie mehr über die gesundheitlichen Vorzüge der Kräuter und Gewürze erfahren möchten, lesen Sie im Anhang den Abschnitt »Kräuter und Gewürze richtig einsetzen«.)

Prinzip Nr. 4: Aus Fehlern köstlich schmeckende Fehler machen

Auf Heathers Webseite gibt es ein Rezept für »Schräge Cookies«. Dieses Rezept beruht darauf, dass Heather aus einem Fehler etwas Köstliches zauberte. Ihr Versuch, Knoblauch und andere herzhafte Gewürze einem süßen Cookie-Rezept hinzuzufügen, erwies sich zunächst als wenig wohlschmeckend. Da sie schon so viele gute Zutaten verarbeitet hatte, mochte sie das Ganze nicht einfach wegwerfen. Also gab sie etwas mehr Kokosbutter und rohes Kakaopulver, den großen Retter missglückter Rezepturen, dazu. Da schmeckten sie schon etwas besser. Dann fügte sie noch Zimt und etwas Vanille hinzu, um den Geschmack intensiver zu machen. Und siehe da: Jetzt fügte sich alles zusammen, und jeder, der probierte, war begeistert!

Ein anderes Mal experimentierte Heather mit einem Rezept für rohe Cookies, das einfach nicht gelingen wollte. Sie hoffte, dass der Geschmack besser werden würde, wenn sie die Cookies dörrte, aber das erwies sich als Irrtum. Also stellte sie das unbefriedigende Ergebnis in den Kühlschrank und sagte zu ihrem Mann, dass er sie als Zutat für seine Cookies verwenden könne, da sie voller guter Zutaten wie Nussmus und gesunde Gewürze waren. Er verwendete ihre Cookies anstelle von Nussmus für sein Cookie-Rezept, und das Resultat schmeckte fabelhaft.

Wir stellen immer wieder fest, dass die meisten Fehler letztlich doch zu einem guten Endergebnis führen oder sich auf kreative Weise nutzen lassen. Krümeliges Brot lässt sich als Füllung verwenden oder Suppe als Verdickungsmittel – ein gutes Beispiel dafür ist unser »Misslungenes, aber köstliches Pfannenbrot«, das vorzüglich schmeckte, aber krümelig war. Wir wollten das Rezept deshalb aussortieren, bis wir die Brotstücke in einem Salat mit Truthahnburgern verwendeten. Wir staunten über den köstlichen Geschmack. Es schmeckte ein bisschen wie Maismehlklöße. Also entschieden wir, dass dieses Brot viel zu gut schmeckte, um es aus der Rezeptsammlung herauszunehmen. Entdecken auch Sie, wie Sie vermeintliche Fehler für etwas Köstliches nutzen können!

Prinzip Nr. 5
Das innere Kind entdecken – essen, was glücklich macht

Im Rezeptteil bieten wir Ihnen eine reiche Vielfalt. Wir laden Sie ein, Ihr inneres Kind zu entdecken, um seine Wünsche zu erfahren, und dann etwas auszuwählen, was Sie glücklich macht. Wählen Sie ein Rezept aus, bei dem Sie den Wunsch verspüren, durchs Zimmer zu tanzen und zu rufen: »Das Leben liebt mich!« Denn, was glauben Sie, woher Louise die Idee für diese Affirmation hatte? Sie entstand aus reiner Freude.

Das ganze Leben, auch das Essen, ist eine Freude, besonders wenn Sie es feiern. Mit unseren Rezepten können Sie sogar Desserts feiern, denn Sie können sicher sein, dass Sie auch damit dem Körper etwas Gutes tun. Affirmieren wir gemeinsam:

Ich bringe Freude in alle Bereiche meines Lebens. Ich feiere jetzt mit allen Sinnen meine Mahlzeiten und genieße die körperliche Erfahrung des Essens. Das ist Liebe, ich bin Liebe, und so ist es!

Die Einkaufsliste

Bei unserer Einkaufsliste legen wir das Schwergewicht auf vollwertige Lebensmittel und geben Ihnen Empfehlungen, worauf Sie beim Einkaufen achten sollten. Wir listen alle Zutaten auf, die Sie für unsere Rezepte benötigen. Dazu geben wir Tipps, wo Sie spezielle Produkte besorgen können, die es im Supermarkt um die Ecke vermutlich nicht gibt.

Wer eine Vorliebe für vollwertige Ernährung entwickelt, entdeckt oft Bauern- und Erzeugermärkte für sich, wo man nicht nur

Geld sparen, sondern auch mit den Produzenten der Lebensmittel persönlich in Kontakt treten kann. Auch Hofläden, also Direktvermarktung auf dem Bauernhof, sind eine solche Möglichkeit. Biohöfe bieten oft sogenannte »Abokisten« für Gemüse und andere Produkte an, die dem Kunden frisch nach Hause geliefert werden. Darüber hinaus schließen sich immer mehr Verbraucher und Landwirte zu Foodcoops und anderen Initiativen solidarischer Landwirtschaft zusammen. Diese Einkaufsgemeinschaften haben das Ziel, regionale Bauern zu unterstützen und den Mitgliedern eine kostengünstige Versorgung mit gesunden Bioprodukten zu ermöglichen. Gleichzeitig werden so ökologische Landwirtschaft und Umweltschutz gefördert.

Falls Sie ein bestimmtes Produkt vor Ort nicht bekommen, besteht fast immer die Möglichkeit, es im Internet zu bestellen und sich per Post nach Hause schicken zu lassen.

Generell sollten Sie vollwertige Lebensmittel kaufen und Produkte aus ökologischer Landwirtschaft bevorzugen.

Obst und Gemüse in allen Regenbogenfarben

- *Rot* – Mangold, Rote Bete, rotblättrige Salatsorten, roter Rettich, rote Zwiebeln, Tomaten und rote Paprikaschoten. (Tomaten und Paprika gehören zu den Nachtschattengewächsen, die nicht von allen Menschen gut vertragen werden. Wenn Sie unter Bauchschmerzen, Sodbrennen, Zittern oder Gelenkschmerzen leiden, sollten Sie diese Gemüsefrüchte für zwei Wochen nicht verzehren und sehen, ob die Symptome verschwinden.)
- *Orange* – Möhren, orange Kürbisarten (z. B. Butternusskürbis) und Süßkartoffeln.
- *Gelb* – Sommerkürbis, gelbe Zwiebeln und Mais. (Viele Menschen leiden unter einer Maisallergie oder Mais-Überempfindlichkeit. Vergewissern Sie sich also, dass Sie Mais gut vertragen, und kaufen Sie keinen genveränderten Mais.)
- *Grün* – Artischocken, Blattkohl, Brokkoli, Brunnenkresse, Endiviensalat, grüne Bohnen, grüner Salat, Grünkohl, Gurken, Keimpflanzen (»Microgreens«), Knackerbsen, Löwenzahnblätter, Pak Choi, Römersalat, Rosenkohl, Spargel, Spinat, Zuckererbsen (auch Kaiserschoten genannt) und Zucchini sowie frische Kräuter wie Basilikum, Dill, Fenchel, Koriander, Minze, Petersilie, Rosmarin, Salbei und Thymian.
- *Blau, lila* – Avocado, Radicchio, Schalotten, Steckrüben. (Die Avocado ist ein Nachtschattengewächs. Was oben über Tomaten und Paprikaschoten gesagt wurde, gilt auch für sie.)
- *Weiß* – Blumenkohl, Knoblauch, weißer Spargel, weiße Zwiebeln, Pilze und Ingwer.

Tierisches Eiweiß, Knochen und Gelatine

Nach Möglichkeit sollten Sie Fleisch- und Geflügelprodukte aus ökologischer Freilandhaltung und Fisch aus nachhaltigem Wildfang kaufen. So stellen Sie sicher, dass die Tierprodukte, die Sie verzehren, frei von Hormonen und Antibiotika sind.

- Rindfleisch und Rinderknochen sowie Mark und Knorpel vom Rind (etwa Ochsenschwanz, Rinderfüße, Markknochen und dergleichen).
- Wildfleisch und -knochen.
- Geflügelfleisch, Eier und Hühnerfüße, -flügel, -hälse und -rücken.
- Schweinefleisch und -füße.
- Fleisch und Gräten von Wildfischen. Für Brühe eignen sich nicht-ölige Kaltwasserfische wie Pazifischer Pollack (»Alaska-Seelachs«), Seebarsch, Kabeljau und Heilbutt. Kaufen Sie Fisch aus nachhaltiger Fischerei, um die Bestände zu schützen und zu erhalten.
- Nicht aromatisiertes Rindergelatinepulver – für Rezepte, bei denen Flüssigkeit eingedickt werden muss. Pulver zuvor in warmem Wasser auflösen.
- Kollagen-Hydrolysat oder Kollagen-Peptide – dicken nicht ein und eignen sich daher gut für Smoothies oder Suppen.

Gesunde Fette und Öle (kaufen Sie unraffinierte Öle)

- Borretschöl
- Dorschleberöl
- Hanfsamenöl
- Kokosöl (extra virgine)
- Kürbiskernöl
- Leinöl
- Macadamianussöl
- Olivenöl (extra virgine)
- Tierfette in Bioqualität, zum Beispiel rohe Butter, Ghee, Schweineschmalz, Rinder- oder Lämmertalg, Gänse-, Hühner- oder Entenfett (diese Art Fett können Sie reichlich von den Brühen abschöpfen)

Vollwertige Süßungsmittel

- Bioahornsirup
- Kalt geschleuderter Honig
- Luo Han Guo (Wir verwenden es in unseren Rezepten nicht, es ist aber ein gutes natürliches Süßungsmittel)
- Medjool-Datteln
- Obst (z. B. rohe Äpfel)
- Schwarze Melasse
- Stevia

Glutenfreie Getreide und Linsen

- Amarant
- Buchweizen
- Hirse
- Linsen
- Quinoa
- Reis

Meersalz, Gewürze und Kräuter

Kaufen Sie Kräuter und Gewürze aus Bioanbau, echtes Meersalz oder Himalajasalz. Verwenden Sie Ceylon-Zimt, keinen Cassia-Zimt. Im Anhang finden Sie Informationen zum Umgang mit Kräutern und Gewürzen.

In unseren Rezepten verwenden wir am häufigsten die folgenden Kräuter und Gewürze:

- Basilikum
- Bockshornklee
- Fenchel
- Gewürznelken
- Hing (Asafoetida)
- Ingwer
- Kardamom
- Koriander
- Kreuzkümmel
- Kurkuma
- Lorbeerblätter
- Meersalz und Himalajasalz
- Muskatnuss
- Oregano
- Piment
- Rosmarin
- Thymian
- Zimt

Wein, Essig, Fischsauce und Zitronen

Wenn Sie auf Glutamate empfindlich reagieren, sollten Sie die Brühen mit Apfelessig oder Zitronensaft zubereiten. Viele Experten bevorzugen den Geschmack und die einfache Verwendbarkeit des Apfelessigs und nehmen Zitronensaft nur zum Abschmecken. Die anderen Zutaten dieser Liste eignen sich ebenfalls sehr gut zum Abschmecken und kommen in einigen unserer Rezepte vor:

- Apfelessig
- Fischsauce – ein in Thailand und Vietnam sehr beliebtes Würzmittel, das aus fermentierten Sardellen und Meersalz hergestellt wird. (Kaufen Sie eine zuckerfreie Fischsauce mit Meersalz. Die Sardellen sollten aus dem Wildfang stammen.)
- Reisessig (achten Sie darauf, dass kein Zucker enthalten ist)
- Mirin – ein süßer Reiswein, der in der japanischen Küche verwendet wird.
- Madeira (oder Kochsherry) – ein mit Weinbrand angereicherter portugiesischer Wein, der vielen Rezepten einen exquisiten Geschmack verleiht. Er gehört zu Louises liebsten Geschmacksgeheimnissen.
- Zitronen
- Weißwein

Spezielle Mehle

- Mandelmehl. Wird aus gemahlenen Mandeln hergestellt. Wenn Sie es selbst herstellen möchten, finden Sie auf Seite 227 ein Rezept dazu.
- Biokokosmehl wird aus gemahlenem, entfettetem Kokosfleisch hergestellt.
- Bioroggenmehl enthält weniger Gluten als Weizenmehl. Sie benötigen es für das

Sauerteigbrot auf Seite 238. Mehl aus Roggenkeimlingen ist besonders leicht verdaulich.

Weitere nützliche Zutaten

- Kräuterbitter können den Geschmack eines Rezeptes abrunden und fördern die Verdauung. Wir verwenden gerne Urban Moonshine Verdauungsbitter mit Extrakten aus Löwenzahn, Klettenwurzel, Orangenschalen, Fenchelsamen, Krauser Ampfer, Angelikawurzel, Enzianwurzel und Ingwer.
- Bonitoflocken (Katsuobushi) sind in Beuteln verpackte geräucherte, luftgetrocknete Thunfischflocken, die in der japanischen Küche beliebt sind. Man bekommt sie in Asialäden.
- Bragg Liquid Aminos ist ein flüssiges Proteinkonzentrat aus gentechnikfreien Sojabohnen. (Menschen mit gestörter Verdauung oder emotionalen Problemen vertragen dieses Produkt manchmal nicht.)
- Coconut Aminos ist eine sojafreie Würzsauce aus Kokospalm-Blütensaft und Meersalz, die anstelle von Sojasauce, Tamari und Bragg Liquid Aminos verwendet werden kann. Menschen mit empfindlicher Verdauung vertragen sie besser als die genannten Produkte, allerdings nicht alle, weswegen Sie, wie stets, auf Ihren Körper hören sollten.
- Kokosbutter ist mit Kokosfleisch gemischtes Kokosöl. Sie hat einen intensiven Geschmack, obwohl sie ungezuckert ist. Gibt es in Bioqualität in Naturkostläden.
- Bioleinsamen oder Leinsamenmehl (die Samen sind länger haltbar, aber das fertige Mehl erspart Ihnen das Mahlen).
- Kombu (eine Alge)
- Senf – verwenden wir in zahlreichen Rezepten. Dabei bevorzugen wir Senfsorten, die Apfelessig anstelle von Weißweinessig enthalten.
- Granatapfelmelasse ist konzentrierter Granatapfelsaft. Sie wird im Nahen Osten gern verwendet (nicht zu verwechseln mit Granatapfelpaste). Man kann sie für die saure Geschmacksnote wie Essig oder Zitronensaft benutzen. Ist ideal zum Abschmecken einer fertig gekochten Brühe. Verwenden Sie ein Produkt ohne Zuckerzusatz. Sie können sich diese Melasse auch selbst herstellen (siehe den Abschnitt über heilkräftige Gewürze und Aromen in Kapitel 5 Seite 123).
- Rohes Kakaopulver ist nicht so stark verarbeitet wie Kakaopulver oder Schokolade. Normalerweise nimmt man Kakaonibs, um Desserts Aroma und Substanz zu verleihen, aber rohes Kakaopulver lässt sich einfacher verwenden. Allerdings gibt es Studien, die nahelegen, dass die Verarbeitung von Kakao zu Pulver den Cadmium-Gehalt ansteigen lässt. Wenn Sie sich deswegen Sorgen ma-

chen, können Sie aus Kakaobohnen oder -nibs in einer Kaffeemühle oder einem Hochleistungsmixer selber Kakaopulver mahlen, das dann besonders frisch und intensiv duftet. Wir finden, dass selbst gemahlenes Pulver noch besser schmeckt! Für unsere Rezepte wird nur ungesüßtes rohes Kakaopulver verwendet.
- Rohe Kakaobutter. Dabei handelt es sich um das weiße Fett des Kakaos. Es duftet und schmeckt leicht nach Kakao und ist eine gute Grundlage für Desserts. Man kann es als Ersatz für weiße Schokolade nehmen, die von manchen Menschen nicht vertragen wird.
- Tamari – eine weizenfreie Sojasauce. Lesen Sie aber das Etikett, um sich zu vergewissern, dass wirklich kein Weizen enthalten ist.
- Tamarindenpaste – eine gute Quelle für Antioxidanzien, die angenehm süßsauer schmeckt.

Beispiele für Menüs

Wenn Sie Ihre Ernährung durch Kraftbrühe ergänzen, bedeutet das nicht, dass Sie den gesamten Speiseplan umstellen müssen. Für den Anfang genügt es, wenn Sie ein- bis zweimal täglich eine Tasse Brühe genießen. Der Körper wird es Ihnen danken und von innen zu leuchten beginnen! Kraftbrühe wird nicht umsonst »flüssiges Gold« genannt.

Im nächsten Schritt ergänzen Sie damit hier und da die täglichen Mahlzeiten. Eine unserer Freundinnen, die Kraftbrühen-Expertin Caroline Barringer, die inzwischen über eine vierzehnjährige Erfahrung auf diesem Gebiet verfügt, nutzt ihre Brühen täglich auf vielfältige Weise und wertet damit ihre Ernährung auf. Sie verwendet Brühe als Zutat für Suppen, Eintöpfe und Pasteten – sie friert Brühe sogar in Eiswürfelbereitern ein und lutscht während langer Telefonate diese Würfel. Das nennen wir einen echten Kraftbrühe-Profi! Hier ein paar Vorschläge:

Frühstück

- Eine Tasse Kraftbrühe oder Suppe
- Grüner Smoothie – extra cool
- Frucht-Smoothie mit viel Kollagen
- Lulus Trink-Salat
- Lammeintopf zum Frühstück
- Pancakes oder Waffeln (getreidefrei)
- Mayas finnisches Sauerteig-Roggenbrot mit Butter und Meersalz (oder Kokosöl und Meersalz)
- Getreidefreies Kräuterbrot mit Aioli und wahlweise Butter, Nuss- oder Samenmus oder Kokosöl
- Misslungenes, aber köstliches Pfannenbrot, geröstet in Rindertalg oder Kraftbrühe
- Lieblings-Eiersuppe oder Pürierte Bohnensuppe

Mittag- und Abendessen

- Chicken-Burger-Salat mit Aioli und Misslungenem, aber köstlichem Pfannenbrot
- Hähnchensalat in Aspik und Mayas finnisches Sauerteig-Roggenbrot
- Pâté Plus mit Suppe oder Salat
- Eier in Aspik mit Getreidefreiem Kräuterbrot
- Pastete vom Ochsenschwanz mit Buttersalat und Aioli
- Hummersalat Extravaganza
- Verführerischer Thunfischsalat auf Buttersalat oder gemischtem Salat
- Reinigende Koriandersuppe mit Pâté Plus in Römersalat-Wrap
- Herzhafte Hamburger-Suppe mit Getreidefreiem Kräuterbrot
- Ziegen-Gemüse-Eintopf

Desserts und Snacks – (alle Desserts lassen sich einfrieren)

Desserts:

- Nehmen Sie bei den Eis-Rezepten die doppelte Menge, dann können Sie einen Teil einfrieren.
- Die Tarte Tatin und der Vanillekuchen lassen sich gut mit Marokkanischer Vanille-Eiscreme kombinieren.
- Probieren Sie die Schoko-Cookies und machen Sie das in diesem Rezept enthaltene große Schokoladen-Experiment.

Snacks:

- Nehmen Sie Kraftbrühen, Suppen und Eintöpfe als Zwischenmahlzeit in einer Thermoskanne mit.
- Mayas finnisches Sauerteig-Roggenbrot
- Getreidefreies Kräuterbrot
- Köstlicher Lachssalat, Hummersalat Extravaganza oder Verführerischer Thunfischsalat, eingeschlagen in Buttersalat
- Alle Pasteten auf Getreidefreiem Kräuterbrot oder in Buttersalat oder Römersalat

Beispiele für Partymenüs

Hier folgen Vorschläge, wie Sie auf andere Art und Weise feiern können! Um dieses Buch so spielerisch schreiben zu können, wie Louise es liebt, veranstalteten wir an jedem Wochenende Partys mit unseren Freundinnen. Sie hätten ihre Gesichter sehen sollen, als wir ihnen sagten, dass es zum Nachtisch Kraftbrühenkuchen mit Eiskrem geben würde! Aber sie kamen trotzdem. Und sie liebten unser Essen! Ganz besonders gefiel ihnen, dass wir sagten, sie würden zum Essen zu uns kommen und mit schöner Haut wieder nach Hause gehen.

Herzhafte Hackfleisch-Cupcakes – ein unkompliziertes Partymenü

Diese wunderbaren »Cupcakes« werden aus Rinderhackfleisch mit einem Topping aus Selleriepüree zubereitet. Sie sehen sehr appe-

Verspielte Partys im »Louise-Stil«

Louise: Während meiner Ehe betätigte ich mich oft als Gourmet-Köchin. Mein Mann liebte meine Menüs. An meinem Geburtstag lud er mich in ein Restaurant ein, das ich frei auswählen durfte. Und an seinem Geburtstag wünschte er sich immer, dass ich etwas Köstliches für ihn kochte. In New York City, wo wir damals wohnten, waren die Küchen klein, aber ich kochte trotzdem leidenschaftlich gern. In dieser winzigen Küche bereitete ich die köstlichsten Speisen zu. Ich hatte meine Lieblingskochbücher und genoss es, immer wieder neue Gerichte auszuprobieren.
Für Partys bereitete ich mich folgendermaßen vor: Ich schminkte und frisierte mich und suchte den perfekten Hut aus – damals trugen alle Hüte. Dann badete ich. Das muss ein toller Anblick gewesen sein, fertig geschminkt, perfekt frisiert und mit einem Hut auf dem Kopf zu baden! Ich sagte mir, dass man, wenn man wenig Zeit hat, die wichtigsten Dinge zuerst erledigen soll!
Einmal fiel mir in der Eile ein Glas Honig herunter, sodass alles voller Scherben und Honig war. Aber an diesem Abend leistete mir mein System, alles flott und gut organisiert für die Party vorzubereiten, gute Dienste. Ich schaffte es, die ganze Sauerei zu beseitigen, und war trotzdem perfekt gestylt – Make-up, Frisur und Hut!
Heutzutage geht es viel lockerer zu. Oft wird das Essen gemeinsam vorbereitet. Ob Sie mit Freunden eine Party veranstalten oder die Gäste selbst etwas zu essen mitbringen, alles sollte locker und unkompliziert sein. Ich hoffe, Ihnen gefallen die einfachen Partymenüs, die wir hier vorstellen. Und wenn Sie möchten, können Sie ja vor der Party fertig frisiert und geschminkt (und vielleicht mit Hut auf dem Kopf) ein Bad nehmen!

titlich aus. Kinder lieben sie und natürlich auch unser inneres Kind. Lassen Sie sich von dem Menü aber nicht täuschen, es ist unkompliziert in der Zubereitung und von einer schlichten Eleganz. Es ist als Alltagsmahlzeit genauso geeignet wie für ein Festessen. Die einfache Zubereitung macht es so attraktiv. Alles geht leicht und spielerisch, der Geschmack ist überraschend nuancenreich und delikat. Testen Sie dieses unkomplizierte Partymenü und überraschen Sie Ihre Freunde oder Familie mit drei außergewöhnlichen Gängen. Wir sind sicher, dass Ihre Gäste begeistert sein werden.

Für 8 Personen

Vorspeisen

- Getreidefreies Kräuterbrot oder Mayas finnisches Sauerteig-Roggenbrot (siehe Seite 232) mit Biobutter oder Hummus
- Gemüserohkost (Endivie, geschnittene Zucchini, Möhren, Sellerie, Gurke, gelber Kürbis und so weiter)

Hauptgericht

- Herzhafte Hackfleisch-Cupcakes mit Selleriepüree-Topping (Seite 181)
- Einfacher gedünsteter Spargel (Seite 219)

Dessert

- Vanillekuchen mit Beeren und weißer Schokolade (Seite 303)

Stubenküken – einfaches, elegantes Partymenü

Wenn Sie ein elegantes Menü mit dem Flair eines französischen Landlebens servieren möchten, ist dieses Menü genau richtig. Die Zubereitung ist so einfach, dass Sie es sogar nach einem langen Arbeitstag zubereiten können, ohne abgehetzt zu sein, wenn die Gäste eintreffen.

Stubenküken sind in weniger als 10 Minuten vorbereitet und werden dann im Schongarer 6 Stunden gegart. Sie können die Küken also mittags aufsetzen und brauchen sich bis zum Abend nicht weiter um sie zu kümmern, ohne sich Sorgen machen zu müssen, dass das Fleisch anbrennt oder zu trocken wird.

Die Vorspeisen und Desserts können Sie schon ein paar Tage im Voraus zubereiten und am Vorabend oder am Morgen servierfähig machen.

Für 8 Personen

Vorspeisen

- Himmlische Leberpastete (dieses Rezept von Seite 260 können Sie schon am Vortag zubereiten)
- Aioli (Seite 172, kann bis zu fünf Tage vor der Party zubereitet werden)
- Getreidefreies Kräuterbrot (Seite 229, lässt sich gut einfrieren und ist lange haltbar. Wenn Sie es nicht einfrieren, bereiten Sie es bis zu zwei Tage vor der Party zu.)

Hauptgericht

- Stubenküken in Weißwein-Senf-Sauce (Seite 203, wird am besten am Tag der Party zubereitet. Wenn die Zeit knapp ist, können Sie es auch am Tag davor kochen und aufwärmen.)
- Karamellisierte Zwiebeln (Seite 213, können bis zu zwei Tage vor der Party zubereitet werden)
- Delikater Rosenkohl (Seite 209, kann am Vortag zubereitet werden)

Dessert

- Tarte Tatin (Seite 287, in dem Rezept finden Sie Vorschläge, wie Sie das Topping der Tarte einfrieren oder das gesamte Dessert mehrere Tage im Voraus zubereiten können.)
- Marokkanische Vanille-Eiscreme (Seite 299, können Sie schon Wochen vor der Party zubereiten)

Chinesischer Feuertopf (Fondue mit Brühe)

Das ist das einfachste Partymenü überhaupt! Der Vorbereitungsaufwand ist gering, und besonders schön dabei ist: Alle kochen gemeinsam!

Feuertopf-Essen ist sehr gesellig – ein wunderbar gemeinschaftliches Ess-Erlebnis! Man platziert eine oder zwei elektrische Kochplatten mitten auf dem Tisch und stellt Töpfe mit Brühe darauf. Die Gäste setzen sich an den Tisch und bereiten sich, wie bei einem Fondue, alles selbst zu. Dünn geschnittenes Fleisch, Garnelen und Hühnchen, Gemüse und Reisnudeln werden in der Brühe in 3 Minuten gar.

In kleinen Küchensieben, Schlitzlöffeln oder speziellen Fonduesieben hängt jeder Gast seine selbst vorbereiteten Portionen in die heiße Brühe. Gäste, für die der Feuertopf neu ist, werden staunen, wie leicht und schnell sich auf diese Weise köstliches Essen zubereiten lässt.

Für 10–12 Personen

Brühe

- 2,5 Liter Kraftbrühe (Sie können tiefgekühlte Brühe verwenden, die Sie ein oder zwei Tage vor der Party auftauen. Oder Sie bereiten ein bis zwei Tage vor der Party die Brühe frisch zu). Für den Feuertopf eignen sich Louises Lieblingsbrühe, Universal-Kraftbrühe, Heathers einfache Ochsenschwanzbrühe, Klassische Metzgerbrühe und Harmonische Rinderbrühe. Eine schwach gewürzte Hühnerbrühe eignet sich ebenfalls sehr gut. (Alle Rezepte in Kapitel 4.)

Gemüse

- 2 Tassen gelber Sommerkürbis und Zucchini, spiralförmig oder in dünne Scheiben geschnitten
- 6 junge Pak Choi oder 1 großer Pak Choi, längs in dünne Scheiben geschnitten
- 1 Brokkoli, gehackt (verwenden Sie die Röschen und heben Sie die Stiele für spätere Brühenzubereitungen auf)
- marinierter Ingwer (besonders gut, wenn Sie bei dem Rezept auf Seite 223 die optionalen Möhren verwenden)

Nudeln

- Bioreisnudeln (diese glutenfreien, schnell kochenden Nudeln gibt es in Asialäden oder Biomärkten)

Fleisch, Geflügel und Fisch

- 500 g Hühnerschenkel
- 500 g Schwanzrolle vom Rind
- 500 g Jumbo-Garnelen

Dips

(In der Regel reicht man 3 bis 4 Dips.)

- Stellen Sie die Dips selbst her: Artischocken-Tahin-Sauce (Seite 177) und Aioli (Seite 172) eignen sich sehr gut
- Coconut Aminos oder weizenfreie Tamarisauce
- Deutscher Biosenf (wird aus Senf und Meerrettich zubereitet – Sie können auch Dijon-Senf mit dafür vorbereitetem Meerrettich kombinieren)

Dessert

- Vanillekuchen mit Beeren und weißer Schokolade (Seite 303)
- Marokkanische Vanille-Eiscreme (Seite 299)
- Optional: Glückskekse (Wir essen diese Kekse zwar nicht, kaufen sie aber gerne, weil es Spaß macht, sie nach dem Essen gemeinsam aufzubrechen und die kleinen Orakelzettel zu lesen!)

Ausrüstung

Ein oder zwei elektrische Kochplatten. Wer möchte, stellt die Töpfe mit Brühe auf den Herd. Preiswerte elektrische Kochplatten gibt es im Haushaltswarengeschäft. Sie sind auch sehr praktisch für unterwegs. Heather hat stets eine Kochplatte im Gepäck, um sich auf Reisen im Hotelzimmer schnell eine Brühe oder andere gesunde Mahlzeiten aufzuwärmen. Das hat sich schon oft als sehr praktisch erwiesen!

- Einen Topf (mit 2 bis 2,5 Liter Füllmenge) für jede Kochplatte.
- Ein oder zwei Edelstahl-Küchensiebe.
- Optional: Küchenzangen, Schlitzlöffel oder Fonduesiebe, um kleinere Portionen aus der Brühe in die Brühe zu hängen, Ess-Stäbchen.

Aktionsplan für den Kraftbrühe-Genuss

Nachdem Sie nun schon einiges über Knochen-Kraftbrühe, Fleischbrühe und Gemüsebrühe erfahren haben, wird es Zeit, dass Sie endlich eine Brühe frisch zubereiten und genießen!

1. Entscheiden Sie, wie Sie beginnen möchten

- Wenn nötig, orientieren Sie sich an Ihren gesundheitlichen Beschwerden: In Kapitel 1 haben wir erläutert, wann Sie, je nach Gesundheitsproblem, mit Gemüsebrühe, Fleischbrühe oder gleich mit Kraftbrühe beginnen sollten.
- Wählen Sie Ihre persönlichen Lieblingsrezepte aus: Schauen Sie sich die Rezepte in diesem Buch an. Welche finden Sie be-

sonders verlockend? Wenn Sie entschieden haben, welche Rezepte Sie zuerst ausprobieren möchten, schauen Sie, welche Brühe Sie dafür benötigen, und erstellen Sie eine Zutatenliste. Fleisch- oder Hühnerbrühen eignen sich für fast jedes Rezept. Fischbrühen sind nicht so vielseitig, aber lassen Sie sich davon nicht abschrecken – Fischbrühen mit ihrem sanften Geschmack versorgen Sie mit Jod und sind eine gute Basis für viele köstliche Rezepte. Sehr praktisch ist es, Brühe portionsweise einzufrieren.

- Oft ist es einfacher, wenn Sie mit einer bestimmten Brühe beginnen und zunächst nur Rezepte kochen, die auf dieser Brühe basieren. Neutrale (also relativ geschmacklose) Brühe benötigen Sie lediglich für Desserts und Cocktails. Solange Sie noch keine neutrale Brühe zubereitet haben, verwenden Sie für Desserts nicht aromatisiertes Gelatinepulver.
- Wer gleich mit einer neutralen Brühe beginnt, kann damit alle Rezepte in diesem Buch zubereiten. Trotzdem ist es sinnvoll, zunächst mit einer aromatischen Brühe zu beginnen, weil Sie dann Fleischreste mitkochen können, statt alles Fleisch von den Knochen schaben und wegwerfen zu müssen. Dann können Sie, wenn Sie beispielsweise Hühnchen essen, einfach alle Reste (Flügel, Hals, Reste von Fleisch und Haut und so weiter) zusammen in einen Topf geben und Brühe daraus kochen.
- Selbstverständlich erklären wir Ihnen bei den Rezepten, wie Sie Gelatinepulver als Ersatz für neutrale Brühe einsetzen können.
- Heben Sie Knochen und Gemüsereste auf. Das Schöne an Kraftbrühe ist, dass Sie wunderbar Reste verwerten können und so Geld sparen! Stiele und Schalen von Gemüse und Obst, Knochen, Fleischreste und dergleichen aufheben und einfrieren, um alles später für die Zubereitung von Brühen zu verwenden. Wenn Sie jetzt gleich beginnen wollen, aber noch keine Reste gesammelt haben, kaufen Sie Knochen beim Metzger oder an der Fleischtheke im Supermarkt. Essen Sie Huhn oder Kotelett, heben Sie Knochen und andere Reste auf. Beim Huhn ist das besonders einfach – kochen Sie aus den Resten eine köstliche Hühnerbrühe!

2. Die nötige Küchenausstattung besorgen

- Haben Sie alle notwendigen Gerätschaften? Einen großen Topf besitzen Sie sicher schon und vielleicht auch einen Schongarer. Im Grunde brauchen Sie nichts weiter als einen Topf, einen großen Rührlöffel und ein feines Edelstahl-Küchensieb, um Kraftbrühe und Fleischbrühe zuzubereiten.
- Wie schaut es mit der Aufbewahrung aus? Im 2. Kapitel haben wir die nötigen Hilfsmittel genannt – Gefäße für Kühlschrank

und Tiefkühlfach, einen Trichter, um die Brühe in Gläser abzufüllen, eine Schöpfkelle und Eiswürfelbereiter. Entscheiden Sie, was für Sie am besten funktioniert. Wir finden Trichter und Schöpfkelle sehr praktisch, um Brühe aus dem Topf in Einmachgläser zu füllen. Doch man kann zum Umfüllen auch einfach eine kleine Tasse nehmen.
- Wir bewahren Brühen am liebsten in Einmachgläsern auf. Diese gibt es in jedem Supermarkt. Da sie oben eine große Öffnung haben, lässt sich die Fettschicht leicht abschöpfen. Und man kann die Brühe darin auch gut einfrieren. Selbstverständlich können Sie, statt neue Gläser zu kaufen, auch die wiederverwenden, die in der Küche sowieso anfallen: Marmeladengläser zum Beispiel oder Gläser für Nussmus.

3. Machen Sie sich einen Plan

Nachdem Sie sich einen Überblick verschafft haben, was an Zutaten und Küchenwerkzeugen bereits vorhanden ist und was Sie sonst noch anschaffen müssen, schreiben Sie einen Plan auf:

- Erstens: Sie beginnen etwas Neues und sollten sich dafür genug Zeit gönnen. Wenn Sie bisher selten gekocht haben und nun dieses faszinierende kulinarische Kapitel aufschlagen wollen, lassen Sie es langsam angehen und seien Sie geduldig und liebevoll mit sich. Wenn Sie möchten, lassen Sie sich ein oder zwei Wochen Zeit, um zunächst einmal in Ruhe alles zu beschaffen, was auf Ihrer Liste steht. Vielleicht haben Sie Dinge im Internet bestellt und müssen warten, bis die Lieferung eintrifft. Wer schon über viel Küchenroutine verfügt und entsprechend gut ausgestattet ist, kann natürlich schneller loslegen. Wenn Sie sich sofort ins Abenteuer stürzen möchten – nur zu!
- Welche Zutaten müssen Sie einkaufen? Erstellen Sie eine Einkaufsliste. Zwar bieten wir bei den meisten Rezepten alternative Zutaten an, auf die Sie ausweichen können, wenn eine bestimmte Zutat nicht erhältlich ist, aber in manchen Fällen werden Sie etwas über das Internet bestellen müssen. Denken Sie daran, dass es okay ist, Tierprodukte aus konventioneller Landwirtschaft zu kaufen, wenn Bioprodukte schwer zu beschaffen sind. Machen Sie das Beste aus dem, was verfügbar ist. Vertrauen Sie darauf, dass der Körper es Ihnen mit guter Gesundheit danken wird, wenn Sie möglichst viel vollwertige, ganzheitliche Nahrung zu sich nehmen.
- Planen Sie genug Zeit ein! Das ist wirklich wichtig, denn die meisten von uns sind heutzutage sehr beschäftigt. Betrachten Sie in Ruhe Ihren Terminkalender und überlegen Sie, wie Sie Platz fürs Einkaufen und Kochen schaffen können. Gibt es im Tagesablauf Aktivitäten, die das Leben nicht wirklich bereichern oder Ihren Zie-

len dienen? Dann streichen Sie diese aus dem Kalender! Beziehen Sie Ihre Familie in die neue Art zu kochen ein. Sie könnten zum Beispiel mit dem Partner und den Kindern einen wundervollen Sonntag in der Küche verbringen, gemeinsam Essen für die Woche vorbereiten und dazu coole Musik hören. Frieren Sie die gemeinsam zubereiteten Speisen ein, sodass Sie im Lauf der Woche schnell Mahlzeiten zum Auftauen zur Verfügung haben. Geben Sie jedem Kind einen eigenen Behälter, in dem es Essen mit in die Schule nehmen kann. Laden Sie Freunde zum gemeinsamen Kochen ein. Machen Sie aus der Zeit in der Küche schöne Stunden für sich selbst, Ihre Familie und Freunde, um mehr Freude in Ihr Leben zu bringen.

4. Die Zutaten einkaufen

Weiter vorne in diesem Kapitel haben wir eine allgemeine Einkaufsliste für Sie erstellt. Nehmen Sie diese Liste zusätzlich zu Ihrer jeweils aktuellen Liste zum Einkaufen mit, um die Vorräte jener Zutaten aufzufüllen, bei denen es gut ist, sie ständig im Haus zu haben.

Für den Einkauf gibt es viele Möglichkeiten. Manche unterstützen gerne die örtlichen Bauern oder Fischhändler. Andere haben keinen Zugang zur bäuerlichen Direktvermarktung und kaufen ausschließlich im Supermarkt oder Naturkostladen. Gehen Sie einen für Sie unkomplizierten Weg. Überfordern Sie sich nicht mit der aufwendigen Suche nach exotischen Zutaten. Machen Sie das Beste aus dem, was einfach und lokal verfügbar ist. Tauschen Sie in den Rezepten, wenn nötig, schwer zu beschaffende Zutaten gegen solche aus, die Sie problemlos vor Ort kaufen können. Wenn Sie aus gesundheitlichen Gründen bereits eine Diät einhalten, sind Sie möglicherweise schon daran gewöhnt, sich spezielle Zutaten zu besorgen, und kennen die passenden Bezugsquellen.

Nachfolgend einige zusätzliche Einkaufsmöglichkeiten:

- Erzeugermärkte und Hofläden (viele Bauernhöfe, vor allem Biohöfe, bieten außerdem inzwischen den Service an, frische Produkte wöchentlich direkt zu Ihnen nach Hause zu liefern – sogenannte »Abokisten«).
- Naturkostläden und Reformhäuser (hier finden Sie viele Produkte, die in normalen Supermärkten oft nicht erhältlich sind – obwohl auch dort das Angebot an Bioprodukten immer größer wird).
- Foodcoops und andere Initiativen solidarischer Landwirtschaft – hier schließen sich Verbraucher und Landwirte zu lokalen Initiativen zusammen, was den Bauern feste Abnehmer für ihre Produkte verschafft und den Verbrauchern frische lokale Produkte zu günstigen Preisen zugänglich macht.
- Internethandel – hier bieten inzwischen zahlreiche Anbieter Biolebensmittel und

andere gesunde Produkte an, die vor Ort mitunter schwer zu beschaffen sind.

5. Lassen Sie sich Zeit, seien Sie sanft und geduldig mit sich

Denken Sie an die alte Geschichte vom Hasen und der Schildkröte: Ungeduld und Hektik zahlen sich nicht aus. Geduld und Beharrlichkeit führen zum Ziel. Wenn Sie das Kochen ganz neu für sich entdecken und Nahrung auf traditionelle Weise zubereiten, gilt es, sich Zeit zu nehmen und die neuen Gewohnheiten in aller Ruhe zu entwickeln. Es geht um eine tief greifende Veränderung für Ihr ganzes weiteres Leben, sodass überhaupt kein Grund zu übertriebener Eile besteht. Gehen Sie Schritt für Schritt vor. Vielleicht besteht für Sie der erste Schritt darin, sich eine vegetarische Fertigsuppe zuzubereiten, die Sie mit Gelatine aufwerten. Oder Sie kaufen bei einem örtlichen Hofladen ein Glas mit fertigem Fond als Grundlage für die erste Brühe. Jeder kleine Schritt ist ein guter Anfang! Mit der Zeit entstehen aus diesen kleinen Schritten große dauerhafte Verbesserungen Ihrer Lebensqualität.

Wenn Sie in Ihrem Tagesablauf Raum schaffen für gesundes Kochen und sich damit Gutes tun, werden Sie merken, wie Sie nach und nach weitere gute Schritte hinzufügen. Von unseren Klienten hören wir immer wieder, dass sie sich, wenn sie erst einmal mit dem gesunden Kochen begonnen haben, rasch besser fühlen. Dadurch verbringen sie dann umso lieber Zeit in der Küche. Kochen ist eine wundervolle Möglichkeit, Selbstliebe zu praktizieren. Und das sollten Sie sich wert sein!

6. Das eigene Süppchen kochen

Machen Sie sich die Einstellung der berühmten amerikanischen Köchin Julia Child zu eigen: *Was kann schon schiefgehen?* Sie haben die Zutaten und nötigen Küchengeräte – also sind Sie startklar! Das Brühekochen mag Neuland für Sie sein, aber glauben Sie uns: Sie können es. Sie werden sehen, dass es viel einfacher ist, als Sie denken. Und wie immer das Resultat ausfällt: Sie können damit arbeiten. Ihre Kraftbrühe wird reich an gesunden Nährstoffen sein. Und wenn Sie, was die Brühe betrifft, einmal den Bogen heraus haben, können Sie rasch viele wunderbare Mahlzeiten zubereiten.

7. Brühe und Fett richtig aufbewahren

Überlegen Sie, wie viel Brühe Sie für die kommende Woche benötigen – für die Gerichte, die Sie kochen möchten, und für die gesunden Getränke zwischendurch. Stellen Sie diese Menge in den Kühlschrank. Wenn etwas übrig bleibt, frieren Sie den Rest ein. Und wenn der Wochenvorrat doch nicht reicht, können Sie immer noch ein Glas aus dem Tiefkühlfach nehmen und für den nächsten Tag auftauen lassen.

Die Brühe bleibt länger frisch, wenn Sie die Fettschicht erst unmittelbar vor dem Gebrauch entfernen. Denken Sie daran, sich auf Ihre Sinne zu verlassen – Geruch, Aussehen, Geschmack und Intuition werden Ihnen sagen, ob Brühe und Fett noch gut sind oder nicht mehr gegessen werden sollten.

8. Die Brühe verwenden

Jetzt ist die Brühe fertig und kann für die ausgewählten Gerichte verwendet werden. Manche Rezepte in diesem Buch sind in wenigen Minuten nachgekocht, andere brauchen etwas länger. Nehmen Sie sich für jedes Rezept genug Zeit und denken Sie daran, dass Sie diese Zeit in Ihr persönliches Wohlbefinden investieren.

9. Auf den Körper hören

Im 1. Kapitel haben wir Ihnen Tipps gegeben, wie Sie auf Ihren Körper hören und entscheiden können, ob eine Fleischbrühe besser für Sie ist als eine Kraftbrühe. Wenn Sie Kraftbrühe anfangs nicht gut vertragen, verdünnen Sie die Brühe mit Wasser. Sie haben dann immer noch den Geschmack und die Nährstoffe, aber in weniger konzentrierter Form. Wenn Sie so empfindlich sind, dass selbst verdünnte Kraftbrühe zu stark für Sie ist, frieren Sie die Kraftbrühe ein und essen stattdessen Fleischbrühe, bis Ihr Darm so weit geheilt ist, dass Sie die Kraftbrühe vertragen. Und dann haben Sie diese schon gebrauchsfertig parat!

10. Am Ball bleiben

Kochen Sie Brühe, sammeln Sie Knochen und Gemüsereste und frieren Sie alles für passende Gelegenheiten ein. Wenn Sie Lust haben, probieren Sie neue Rezepte aus und seien Sie offen für Entdeckungen und Abenteuer in der Küche!

Regelmäßig Kraftbrühe zu kochen und zu essen wird Ihrer Gesundheit guttun. Gleichzeitig reduzieren Sie damit Müll und stellen eine gute Verbindung zur Erde her. Das heimelige Gefühl der Küche unserer Vorfahren wird so wieder lebendig. Vor allem aber werden Sie sich an den köstlichen Gerichten erfreuen, die Sie mit diesem aromatischen »Geheimnis der Spitzenköche« zubereiten! Vielleicht werden Sie schon bald mutig und kreieren eigene Rezepte. Das ist das Wunder von Nahrung und Leben … der ewige Kreis.

Und jetzt wird gekocht!

Nach dieser Einführung sind Sie bereit für das Kochen von Brühe. Im nächsten Kapitel finden Sie Grundrezepte für Kraftbrühen und Fleischbrühen, die Sie pur genießen oder als Zutat für viele köstliche Gerichte verwenden können. Auf geht's! Der Suppentopf wartet!

Teil 2

REZEPTE
Köstliche Mahlzeiten und heilsame Zaubertränke

*

4. Kapitel

Die Grundlage: Basisrezepte für Knochen-Kraftbrühen und Fleischbrühen

Im 2. Kapitel haben wir für dieses Kochbuch drei Geschmacksrichtungen definiert: *neutral, aromatisch* oder *würzig*. Bei jedem Rezept geben wir den Geschmack für die benötigte Brühe an.

Eine kurze Wiederholung:

1. Neutrale Brühen besitzen einen sehr milden Eigengeschmack, sind aber nahezu geschmacksneutral. Sie werden in zahlreichen Rezepten verwendet, ohne dass das Gericht nach Fleisch schmeckt.
2. Aromatische Brühen haben durch Fleisch, Gemüse (zum Beispiel Zwiebeln und Knoblauch) und Kräuter einen deutlichen Eigengeschmack. Diese Brühen kann man als eigenständige Mahlzeit genießen oder als Grundlage für leckere Gerichte verwenden. Für Desserts eignen sie sich aber nicht.
3. Würzige Brühen schmecken besonders intensiv und würzig, weil ihnen kräftige Würzmittel hinzugefügt werden. Dabei kann es sich um Gewürze handeln, aber auch um Kräuterbitter oder Fischsauce. Mehr dazu im 5. Kapitel ab Seite 129.

Noch eine Anmerkung, ehe wir mit den Rezepten beginnen: Manche Rezepte stammen von Küchenchefs, Metzgern, Farmern und Heilern in Kalifornien (vor allem Südkalifornien). Der Grund dafür ist, dass wir beide hier leben und viele Freunde haben, mit denen wir Rezepte austauschen und über Kraftbrühen fachsimpeln. Damit wollen wir aber auf keinen Fall die vielen wunderbaren Brühenrezepte aus anderen Teilen der Welt abwerten.

Wir wissen, dass es auf der ganzen Welt viele Freunde artgerechter Tierhaltung und gesunder Ernährung gibt. Wenn Sie Hofläden und Erzeugermärkte aufsuchen, sich mit den Küchenchefs Ihrer Lieblingsrestaurants und den örtlichen Metzgern austauschen, werden Sie schon bald Ihren eigenen Kreis von gleichgesinnten Brühen-Liebhaberinnen und -Liebhabern finden. Und auch das Internet bietet viele Möglichkeiten.

LOUISES LIEBLINGS-KRAFTBRÜHE ODER -GEMÜSEBRÜHE

(neutral oder aromatisch)

Diese Methode eignet sich für alle Fleisch- oder Fischbrühen sowie für vegetarische Brühen. Wenn Sie bei den Fleisch- oder Fischbrühen zusätzlich Gemüse dazugeben, erhalten Sie eine aromatische Brühe. Ohne Gemüse, nur mit Knochen oder Gräten, wird die Brühe bei dieser Art der Zubereitung neutral.

Heather: *Louise ist eine brillante Köchin. Sie hat die Begabung, beim Kochen und generell im Leben, die Dinge einfach und unkompliziert zu gestalten. Wir beginnen dieses Kapitel mit Louises Brühenrezept, weil es so herrlich einfach ist. Sogar die Experten bestätigten uns, dass sie, seit sie es ausprobiert haben, Fans von Louises Rezept sind!*

Dieses Rezept ermöglicht es Ihnen, auf einfache Weise Küchenreste für die Brühen zu sammeln. Wenn Sie dann alles beisammenhaben, was Sie benötigen, geht die Zubereitung der Brühe leicht und schnell. So reduzieren Sie die Küchenabfälle fast auf null und kochen aus den Resten nahrhafte Brühen.

Sie können diese Brühen trinken oder für Rezepte verwenden, beispielsweise für Getreidegerichte oder Suppen.

Zutaten sammeln – in Ihrem eigenen Rhythmus

Stellen Sie eine große Einkaufstüte aus Papier in Ihr Tiefkühlgerät. Wenn das Tiefkühlgerät klein ist oder Sie nur ein Gefrierfach im Kühlschrank haben, verwenden Sie einen Zip-Gefrierbeutel. Beschriften Sie diese Beutel (zum Beispiel mit: »Brühengemüse«, »Knochen unbenutzt«, »Knochen einmal benutzt« und so weiter).

Sammeln Sie im Laufe einer Woche (oder mehrerer Wochen) alle Knochen und Fleischreste in der Tüte oder den Beuteln. Für neutrale Brühen sammeln Sie in einer separaten Tüte alle pflanzlichen Küchenabfälle – beispielsweise Schalen von Zwiebeln, Knoblauch oder Möhren, Salatreste, Artischockenspitzen, Kohlstrünke, harte Spargelenden und Erbsenhülsen. Wenn Sie Zutaten für eine aromatische Brühe sammeln, geben Sie Gemüseabfälle und Knochen in eine Tüte.

Wenn Sie Brühe kochen wollen, aber noch nicht genug Fleischreste und Knochen gesammelt haben, kaufen Sie Hals, Füße, Rücken und Flügel eines Huhns. Andere Optionen für eine Brühe mit viel Gelatine sind Lammhals, Schweinefüße, Rinderfüße oder Markknochen.

Wer möchte, gibt zusätzlich 1 bis 2 etwa 8 Zentimeter große Stücke von Braunalgen, zum Beispiel Wakame oder Digitata, in die Brühe, das erhöht den Mineraliengehalt.

Vegetarische Brühe: Verwenden Sie hierfür ausschließlich pflanzliche Küchenreste.

Die Brühe zubereiten

Geben Sie alle gewünschten Zutaten aus dem Gefrierbeutel in einen Edelstahlkochtopf. Noch einfacher geht es mit einem Schongarer.

Füllen Sie so viel Wasser in den Topf, dass der Inhalt nur gerade eben bedeckt ist. Geben Sie eine Vierteltasse Apfelessig dazu und lassen Sie das Ganze 1 Stunde ziehen.

Geben Sie 2 Teelöffel Meersalz und etwa 10 schwarze Pfefferkörner dazu. Später, beim Abschmecken, können Sie nach Belieben noch mehr Salz und Pfeffer beimischen.

Alles zugedeckt bei starker Hitze kurz aufkochen (oder Schongarer auf hohe Temperatur stellen). Sobald die Flüssigkeit kocht, die Temperatur auf kleine Hitze senken. Den Deckel leicht schräg auflegen, sodass ein klein wenig Luft entweichen kann. Die Brühe wie folgt simmern lassen (bzw. Schongarer auf niedrige Temperatur stellen):

- vegetarische Gemüsebrühe 1 Stunde
- Fleischbrühe 3 Stunden
- Knochen-Kraftbrühe bis 24 Stunden

Wenn die Brühe ein paar Stunden simmert, kann die Flüssigkeitsmenge so weit zurückgehen, dass die Knochen aus dem Wasser ragen. In diesem Fall füllen Sie einfach Wasser nach, bis alles wieder bedeckt ist.

Kochen Sie die Brühen im Schongarer und Topf immer mit Deckel. Achten Sie aber beim Topf darauf, dass durch leichte Schrägstellung des Deckels Luft entweichen kann. Manche Köche lassen die Brühe während der letzten Stunde gerne ohne Deckel simmern.

Wenn die Brühe fertig ist, passieren Sie diese durch ein feines Küchensieb. Füllen Sie die Brühe dann mit der Schöpfkelle in Gläser oder eine große Schüssel.

Wenn Sie möchten, können Sie die verwendeten Knochen, Fleischstücke und Gemüsereste für eine weitere Brühenzubereitung aufheben (Informationen zum mehrmaligen Gebrauch der Reste siehe 2. Kapitel Seite 55). Bei Knochen mit viel Fleisch können Sie das Fleisch anschließend für Pasteten, Eintöpfe oder Suppen verwenden.

Stellen Sie die Brühe in den Kühlschrank. Entfernen Sie die Fettschicht, die sich beim Abkühlen oben auf der Brühe absetzt. (Dieses Fett können Sie später für andere Gerichte verwenden.)

Beginnen Sie sofort wieder damit, Reste für eine neue Brühe zu sammeln. Der Körper wird es Ihnen danken, wenn Sie ihn auf diese Weise regelmäßig mit gesunder Nahrung versorgen.

HEATHERS EINFACHE OCHSENSCHWANZBRÜHE

(neutral)

Diese neutrale Brühe mit hohem Gelatinegehalt ist ideal für Desserts, aber auch für nahezu alle anderen Rezepte.

Die Zubereitung ist einfach, und es werden leicht erhältliche Zutaten verwendet. Markknochen und Ochsenschwanzfleisch gehören zu unseren Lieblings-Delikatessen.

Vorbereitung: 15 Minuten

Zubereitung insgesamt: 4–25 Stunden

Menge: ergibt 3–4 Liter (englische Maßangabe 3–4 Quart, 1 Quart = 960 ml)

Markknochen (ca. 18 cm lang), wenn möglich in der Mitte gespalten (verwenden Sie bei kleineren Knochen eine Menge, die zusammen etwa 18 cm Länge ergibt)

1,5–2 kg Ochsenschwanzknochen – in der Regel sind das 4–6 Knochen

½ Schweinefuß (oder auch einen ganzen Fuß, wenn Sie ihn nicht zerteilen möchten)

¼ Tasse Apfelessig

1. Den Backofen auf 180 °C vorheizen.
2. Markknochen mit der aufgespaltenen Mitte nach oben (wenn die Knochen gespalten sind; sonst einfach flach hinlegen), Ochsenschwanzknochen und Schweinefuß auf ein tiefes (um das geschmolzene Fett aufzufangen) Backblech legen.
3. Markknochen, Ochsenschwanzknochen und Schweinefuß 30–40 Minuten im Ofen rösten, bis das Ochsenschwanzfleisch leicht gebräunt ist. Nach Belieben Ochsenschwänze und Schweinefuß nach 15 Minuten wenden.
4. Nach dem Rösten das Mark aus den Markknochen lösen. Es ist eine Delikatesse, schmeckt angenehm leicht und süßlich und ist reich an gutem Fett. Servieren Sie es warm, mit Meersalz bestreut, als vollwertige Mahlzeit oder als Vorspeise. Sie können

es auch in ein Einmachglas oder anderes Gefäß füllen und für später aufheben. Aufgewärmt schmeckt es wunderbar zum Getreidefreien Kräuterbrot oder Mayas finnischem Sauerteig-Roggenbrot. Aber sicher werden Sie auch andere Rezepte entdecken, für die Sie dieses gesunde Fett nutzen können.

5. Die gerösteten Knochen in einen Topf geben. So viel Wasser dazugießen, dass Knochen und Fleisch gerade bedeckt sind. Den Apfelessig hinzufügen. Sie können einen Schongarer, einen Kochtopf auf dem Herd oder einen Bräter im Backofen verwenden:

   Schongarer: Auf niedrige Temperatur stellen und Fleischbrühe 1½–3 Stunden simmern lassen, Knochen-Kraftbrühe 24 Stunden. Sie müssen die Knochen vorher nicht 1 Stunde in Wasser und Apfelessig ziehen lassen, weil der Schongarer sich nur langsam erwärmt.
   Kochtopf: Vor dem Kochen Knochen, Wasser und Apfelessig 1 Stunde ziehen lassen. Anschließend alles bei mittlerer Hitze aufkochen, dann bei kleiner Hitze simmern lassen (Fleischbrühe 3 Stunden und Kraftbrühe bis 24 Stunden).
   Bräter: Brühezutaten und Apfelessig in den Bräter geben und abgedeckt in den Backofen stellen. Ofen auf niedrigste Temperatur stellen (oder auf etwa 70–100 °C). Fleischbrühe etwa 3 Stunden simmern lassen und eine konzentrierte Kraftbrühe bis 24 Stunden. Da der Backofen etwas Zeit zum Aufheizen benötigt, müssen die Knochen vorher nicht in Apfelessig ziehen.

6. Wenn sich nach einigen Stunden die Flüssigkeitsmenge verringert hat und die Knochen herausragen, dann Wasser nachfüllen, bis sie wieder bedeckt sind.
7. Brühe im Schongarer und Topf immer mit Deckel kochen. Achten Sie aber beim Topf darauf, dass durch leichte Schrägstellung des Deckels Luft entweichen kann. Manche Köche lassen die Brühe während der letzten Stunde gerne ohne Deckel simmern.
8. Bei allen drei Garmethoden können Sie, wenn Sie die Brühe 24 Stunden simmern lassen, nach 1½ Stunden Ochsenschwänze und Fleisch herausnehmen oder die ganze Zeit mitkochen, je nachdem, ob Sie das Fleisch schon früher für ein anderes Gericht benötigen.
9. Die Brühe nach dem Simmern abkühlen lassen. Danach durch ein feines Küchensieb in eine große Schüssel gießen. Stellen Sie das Sieb mit den Knochen darin für einen Moment beiseite.

10. Anschließend die Brühe zum Beispiel in Einmachgläser oder Eiswürfelbereiter füllen und in den Kühlschrank stellen oder einfrieren. Frieren Sie die Brühe erst ein, nachdem sie auf Zimmertemperatur abgekühlt ist, vor allem wenn Sie Glasgefäße verwenden. Schließlich soll Glasbruch durch zu große Temperaturunterschiede vermieden werden!
11. Heben Sie die Knochen auf, die Sie erneut verwenden möchten. Lösen Sie das Fleisch von den Ochsenschwanzknochen und bewahren Sie es in einem geeigneten Gefäß im Kühlschrank auf, um daraus zum Beispiel eine Pastete zuzubereiten (siehe unsere Ochsenschwanzpastete in Kapitel 10 Seite 255). Sie können das Fleisch auch einfrieren, um es später für Suppen und Eintöpfe zu verwenden.
12. Wenn die Knochen, die Sie wiederverwenden wollen, Zimmertemperatur haben, frieren Sie diese in einem Gefrierbeutel oder einem Behälter ein. Beschriften Sie den Beutel mit der Art der Knochen und vermerken Sie, dass sie »gebraucht« sind und wie oft sie schon verwendet wurden.

Heather: Drei Möglichkeiten, Ochsenschwanzfleisch zu genießen

1. À la Louise – wahrscheinlich die köstlichste Art: Nach dem Rösten der Ochsenschwänze und Markknochen den fettigen Innenteil des Marks aus den Knochen entfernen und sofort verzehren – er ist eine Delikatesse und reich an für unser Gehirn sehr gesundem Fett. Oder Sie bewahren das Mark für andere Rezepte auf. Lassen Sie die gereinigten Ochsenschwänze und Markknochen 1½ Stunden in Wasser simmern. Entfernen Sie dann das Fleisch von den Schwänzen. Nach dem Simmern haben Sie eine relativ klare und geschmacksneutrale Fleischbrühe. Alternativ können Sie die vom Fleisch befreiten Knochen wieder in die Brühe geben und das Ganze bis 24 oder sogar 48 Stunden simmern lassen. Das ergibt eine kräftige, goldgelbe Brühe mit neutralem Geschmack.
2. Diese »Faulenzer-Variante« benutze ich gerne. Nach dem Rösten der Knochen das Mark herauslösen. Dann einen großen gespaltenen Markknochen (ca. 18 cm lang), eine Schweinefußhälfte und 6–7 Ochsenschwänze im Schongarer 24 Stunden simmern lassen. Am nächsten Tag die Brühe durch ein Sieb gießen. Das Fleisch ablösen und während der folgenden Tage verzehren (mit etwas Meersalz bestreut). Oder ich stelle aus dem Fleisch eine Pastete her (siehe Kapitel 10 Seite 225).
3. Oder das Ochsenschwanzfleisch einfach einfrieren, um es später für Suppen, Eintöpfe und herzhafte Snacks zu verwenden.

KLASSISCHE METZGERBRÜHE

(neutral)

Von Aaron Rocchino, Besitzer des Local Butcher Shop in Berkeley, Kalifornien. Diese neutrale Brühe mit hohem Gelatinegehalt ist ideal für Desserts, aber auch für nahezu alle anderen Rezepte.

Vorbereitung: 10 Minuten

Zubereitung insgesamt: bis 48 Stunden

Menge: ergibt etwa 4 Liter Brühe

2 kg rohe Rinderknochen

1,5 kg rohe Schweineknochen und Schweinehaut (Die Haut des Schweins enthält viel Kollagen. Man bekommt sie beim Metzger; alternativ können Sie auch einen gespaltenen Schweinefuß verwenden.)

½ Tasse Apfelessig

1. Knochen und Haut in einen großen Topf (oder einen Schongarer) geben. So viel Wasser dazugießen, dass die Knochen etwa 2,5–5 cm hoch bedeckt sind.
2. Den Apfelessig hinzufügen.
3. Die Mischung 1–2 Stunden ziehen lassen, damit der Apfelessig Mineralien und Nährstoffe aus den Knochen löst.
4. Alles bei starker Hitze aufkochen, dann bei kleiner Hitze 2 Tage lang (48 Stunden) simmern lassen.
5. Wenn sich nach einigen Stunden die Flüssigkeitsmenge verringert hat und die Knochen herausragen, dann Wasser nachfüllen, bis sie wieder bedeckt sind.
6. Brühe im Schongarer und Topf immer mit Deckel kochen. Achten Sie aber beim Topf darauf, dass durch leichte Schrägstellung des Deckels Luft entweichen kann. Manche Köche lassen die Brühe während der letzten Stunde gerne ohne Deckel simmern.
7. Nach dem Kochen die Brühe durch ein feines Küchensieb in eine große Schüssel oder in Einmachgläser gießen.

8. Die Brühe abkühlen lassen (manche Profiköche verwenden hierfür ein Eisbad, aber zu Hause genügt es, die Brühe einfach lange genug stehen zu lassen).
9. Wenn die Brühe Zimmertemperatur hat, diese in den Kühlschrank stellen. Die Fettschicht abheben (wegwerfen oder für andere Gerichte verwenden). Wenn Sie die Fetthaube auf der Brühe lassen, hält sie sich im Kühlschrank doppelt so lange. Ohne Fettschicht bleibt die Brühe gekühlt 3–4 Tage frisch.
10. Sie können die Brühe auch einfrieren, dann hält sie sich 6 Monate.

UNIVERSAL-KRAFTBRÜHE

(neutral)

Ein Rezept von Brian Merkel, Chefmetzger bei der Belcampo Meat Co. in San Francisco. Diese neutrale Brühe mit hohem Gelatinegehalt ist ideal für Desserts, aber auch für nahezu alle anderen Rezepte. Bei Belcampo Meat, einer Metzgerei mit angeschlossenem Restaurant, wird diese Suppe täglich frisch zubereitet. Man verwendet dort nur Fleisch und Knochen aus artgerechter, kontrolliert biologischer Weidehaltung. Die Konsistenz der Brühe variiert, je nach Knochenart oder ob viel Fleisch und Sehnen dazugegeben wurden, was die Brühe dunkler und geschmacklich kräftiger macht. Experimentieren auch Sie bei der Zubereitung der Brühen mit unterschiedlichen Knochenarten und der Intensität des Röstens.

Vorbereitung: 30 Minuten

Zubereitung insgesamt: 25½–49½ Stunden

Menge: ergibt etwa 4 Liter Brühe

1 gespaltener Schweinefuß (sie werden typischerweise in zwei Hälften gespalten verkauft)

1,5 kg fleischige Rinderknochen, in 2,5–5 cm große Stücke geschnitten (fragen Sie nach Rinderknöcheln mit Sehnen und/oder Kniescheiben)

1 kg fleischige Schweineknochen, in 2,5–5 cm große Stücke geschnitten (Halsknochen eignen sich gut, aber auch alle anderen Schweineknochen)

500 g fleischige Hühnerknochen (Rücken, Flügelspitzen, ganzes Gerippe)

8 Hühnerfüße (wenn es keine Füße gibt, nehmen Sie Hühnerknochen)

Optional: Schweinehaut, wenn erhältlich (für die Brühe vorher am besten das Fett abschaben)

1. Den Backofen auf 200 °C vorheizen.
2. *Blanchieren:* Zum Reinigen die Schweinefußhälften in kochendem Wasser 20 Minuten blanchieren. Das Wasser anschließend wegschütten.

3. Knochen und Schweinefüße auf ein Backblech legen und im heißen Backofen 45–60 Minuten rösten, bis sie schön gebräunt, aber nicht verbrannt sind.
4. Die Knochen in einen Schongarer oder großen Topf legen, dann so viel Wasser dazugießen, dass sie gerade bedeckt sind. Alles bei kleiner Hitze sanft simmern lassen – nicht kochen! Mindestens 24 oder bis 48 Stunden simmern lassen. Zwischendurch ab und zu das Fett abschöpfen.
5. Wasser nachfüllen, wenn die Knochen nach längerem Simmern herausragen.
6. Brühe im Schongarer und Topf immer mit Deckel kochen. Achten Sie aber beim Topf darauf, dass durch leichte Schrägstellung des Deckels Luft entweichen kann. Manche Köche lassen die Brühe während der letzten Stunde gerne ohne Deckel simmern.
7. Die Brühe 1- bis 3-mal durch ein feines Küchensieb gießen, bis die Brühe schön bernsteingelb ist und keine Fleischstückchen mehr darin schweben.
8. Über Nacht abkühlen lassen, dann unmittelbar vor Verwendung der Brühe die Fettschicht entfernen (wer möchte, verwendet das Fett zum Kochen).

HARMONISCHE RINDERBRÜHE

(neutral)

Diese einzigartige Kraftbrühe von Quinn Wilson ist der große Hit in San Diego! In *Carnitas Snack Shack Del Mar* stehen die Kunden Schlange und kaufen literweise diese heilsame Brühe, die Quinn in ihrer eigenen Firma *Balanced & Bright Bone Broth* herstellt.

Vorbereitung: 20 Minuten

Zubereitung insgesamt: 37½–48½ Stunden

Menge: ergibt 4–5 Liter Brühe

1,5 kg Oberschenkelknochen und Knöchel vom Rind (Fragen Sie nach geschnittenen Knochen, damit sie kleiner sind. Sie sollten in den Schongarer passen.)

1 Stück frischer Ingwer (2,5–3 cm)

2 Sternanise

1 EL Apfelessig

1 TL gemahlener Kardamom

1. Den Backofen auf 220 °C vorheizen. Ein Backblech einfetten.
2. Die Knochen auf das Backblech legen und im Ofen dunkelbraun rösten. Je nach Backofen dauert das in der Regel 35–40 Minuten.
3. Inzwischen den Ingwer in Scheiben schneiden und mit dem Sternanis in den Schongarer geben. Die Knochen nach dem Rösten 10–15 Minuten abkühlen lassen, danach ebenfalls in den Schongarer geben. Dann so viel Wasser dazugießen, dass die Knochen gerade bedeckt sind.
4. Den Apfelessig dazugeben und alles 15–20 Minuten ziehen lassen.
5. Den Schongarer ganz mit Wasser füllen, alles bei kleiner Hitze 36–48 Stunden simmern lassen.
6. Wasser nachfüllen, wenn die Knochen nach längerem Simmern herausragen.
7. Brühe im Schongarer und Topf immer mit Deckel kochen. Achten Sie aber beim Topf

darauf, dass durch leichte Schrägstellung des Deckels Luft entweichen kann. Manche Köche lassen die Brühe während der letzten Stunde gerne ohne Deckel simmern.

8. In der letzten Stunde der Garzeit den Kardamom hinzufügen.
9. Am Ende der Garzeit den Schongarer ausschalten und die Brühe 1 Stunde im Topf abkühlen lassen.
10. Die Knochen herausnehmen und die Brühe sorgfältig abseihen. In Gläser füllen und über Nacht im Kühlschrank abkühlen lassen.
11. Auf der Oberfläche der Brühe wird sich eine mehr oder weniger dicke Fettschicht absetzen. Durch diese Fettschicht hält sich die Brühe im Kühlschrank länger. Entfernen Sie das Fett erst, wenn Sie die Brühe verwenden möchten – lösen Sie es mit einem Messer vorsichtig an den Rändern und heben Sie es ab. (Sie können es für andere Rezepte verwenden, siehe die Anweisungen in Kapitel 2 Seite 50.)
12. Wer die Brühe gleich verwenden möchte, wärmt sie im Topf auf – nur sanft simmern lassen, nicht aufkochen, bis sie gut erhitzt ist.
13. Die Brühe nach Wunsch abschmecken und servieren.

FARMER LESLIES KRAFTBRÜHE

(neutral oder aromatisch)

Dieses Rezept von Leslie Pesic und Dave Heafner von der Da-Le Ranch Farm in Lake Elsinore, Kalifornien, besteht aus zwei Schritten. Im ersten Schritt entsteht eine neutrale Brühe. Wenn Sie dann noch den zweiten Schritt tun, wird die Brühe aromatisch. Es handelt sich zwar um ein Rezept für Rinderbrühe, aber es funktioniert auch mit Lamm, Schwein und Huhn.

Vorbereitung: 30–40 Minuten

Zubereitung insgesamt: 37–49 Stunden

Menge: ergibt 4–5 Liter sehr konzentrierte Brühe

Je etwa 500 g:

Markknochen

Knöchel

Halsknochen

Oberschenkelknochen (Fragen Sie nach geschnittenen Knochen, dann lassen sie sich leichter verarbeiten.)

Fußknochen (z. B. 1 Rinderfuß)

Nach Wahl folgende rohe Fleischstücke für zusätzliches Aroma:

Fleischiger Unterschenkel

Querrippe

1 Tasse Apfelessig

Optionale Zutaten (für Schritt 2):

Nur mit den Knochen erhalten Sie eine neutrale Kraftbrühe. Mit den nachfolgenden Zutaten wird die Brühe kräftig und aromatisch und ist ideal für schnell zubereitete, delikate Suppen und Eintöpfe:

1 große Zwiebel, ungeschält (keine süße Zwiebel verwenden)

2 große Knoblauchzehen, ungeschält

5 Stangen Staudensellerie

4 mittelgroße Möhren

2 EL Knoblauchpulver

½ TL gemahlenes Selleriesalz

2 getrocknete Lorbeerblätter

Kochtipps von der Farm:

- Verwenden Sie das vorgeschlagene Gemüse ganz nach Geschmack und Vorliebe. Experimentieren Sie damit. Wenn Sie eine der Zutaten nicht vertragen, lassen Sie diese einfach weg.
- Da das Gemüse nach dem Kochen entfernt wird, müssen Sie es nicht klein schneiden, es sei denn, Sie möchten das gerne.

Anweisungen für Schritt 1 – Kraftbrühe aus fleischigen Knochen:

1. Knochen und Apfelessig in den Topf geben. So viel Wasser dazugießen, bis die Knochen gerade bedeckt sind.
2. Alles kurz aufkochen, dabei sollte die Brühe möglichst nicht überkochen (das passiert in unserer Küche manchmal!). Danach die Brühe abgedeckt bei kleiner Hitze etwa 36 Stunden simmern lassen.
3. Wenn sich nach einigen Stunden die Flüssigkeitsmenge verringert hat und die Knochen herausragen, dann Wasser nachfüllen, bis sie wieder bedeckt sind.
4. Brühe im Schongarer und Topf immer mit Deckel kochen. Achten Sie aber beim Topf darauf, dass durch leichte Schrägstellung des Deckels Luft entweichen kann. Manche Köche lassen die Brühe während der letzten Stunde gerne ohne Deckel simmern.
5. Wenn Sie möchten, können Sie gelegentlich umrühren. Schöpfen Sie nach jedem Umrühren den Schaum von der Oberfläche ab.
6. Wenn sich (nach 6–8 Stunden) das Fleisch von dem Schenkelknochen gelöst hat und die Knochen aus den Rippenstücken gefallen sind, das Fleisch mithilfe eines Schlitzlöffels entfernen. Wer möchte, isst es oder verwendet es für ein anderes Gericht, zum Beispiel als Garnitur für Salat. Oder Sie geben es Ihren Hunden als Leckerbissen … ganz wie Sie möchten.
7. Nach 36 Stunden die Knochen herausnehmen und die Brühe durch ein Sieb in eine große Edelstahlschüssel oder einen anderen Topf gießen.
8. Die Brühe bei Zimmertemperatur abkühlen lassen und danach in den Kühlschrank stellen, damit sie über Nacht eindickt.

Optional: Wenn Sie mit den Knochen eine zweite Brühe kochen wollen, den Topf nicht ausspülen. Die Knochen einfach noch einmal hineinlegen, Wasser und Apfelessig hinzufügen, und dann kann es gleich wieder losgehen! Sie sollten einen neuen Rinderfuß dazugeben, um den Gelatinegehalt der neuen Brühe zu erhöhen.

Im ersten Schritt entsteht eine neutrale bis schwach aromatische Brühe, die sich für viele Gerichte verwenden lässt.

Anweisungen für Schritt 2 – Kräftige, aromatische Brühe:

In diesem Schritt erhalten Sie eine nährstoffreiche und kräftige Brühe für aromatische Suppen und Eintöpfe.

1. Die dickflüssige Brühe aus dem Kühlschrank nehmen und die Fettschicht entfernen. Das Fett für andere Speisen aufheben oder entsorgen (Tipps zur Verwendung des abgeschöpften Fetts siehe 2. Kapitel Seite 53).
2. Die Brühe in den Topf füllen. Ungeschälte Zwiebel, Knoblauch, Staudensellerie, Möhren, Knoblauchpulver, Selleriesalz und Lorbeerblätter dazugeben.
3. Alles bei starker Hitze kurz aufkochen, dann bei kleiner Hitze über Nacht simmern lassen oder bis das Gemüse sehr weich wird.
4. Die Brühe abkühlen lassen, danach durch ein feines Sieb in Einmachgläser gießen. Im Kühlschrank oder Tiefkühlfach aufbewahren. Das Gemüse entsorgen, es sei denn, dass Sie es für ein anderes Rezept verwenden wollen – es besitzt zwar kaum noch Geschmack und Nährwert, ist aber immer noch eine Quelle für Ballaststoffe.

KRÄFTIGE RINDERBRÜHE MIT AROMATISCHEN GEWÜRZEN

(aromatisch)

Dieses Rezept stammt von Nick Brune, Chefkoch des Restaurants Local Habit in San Diego und Betreiber einer Cateringfirma, wo man ganz auf hausgemachte Biogerichte setzt, für die ausschließlich frische Zutaten verwendet werden. Diese aromatische Brühe enthält köstliche Gewürze, die sich wohltuend auf die Gesundheit auswirken, die Verdauung anregen und für eine schöne Haut und einen gesunden Schlaf sorgen.

Nick, der aus Louisiana stammt, ist viel gereist, um zu sehen, wie man in anderen Ländern leckere Speisen zubereitet. Als er nach Kalifornien zog, faszinierte ihn, wie viel Wert hier auf ökologische Landwirtschaft und frisches, vitaminreiches Essen gelegt wird. Seinen Kochstil nennt er kalifornisch-kreolisch, weil er darin seine Liebe zum Kulturmix Louisianas mit der kalifornischen Lust an vitaminreicher Frische kombiniert. Und was er auf den Tisch zaubert, schmeckt einfach himmlisch!

Vorbereitung: 30 Minuten

Zubereitung insgesamt: bis 8 Stunden

Menge: ergibt 3–4 Liter Brühe

2,5 kg Rinderknochen mit Fleisch (z. B. Knöchel und Ochsenschwanz)

360 g Schalotten

1 Knoblauchzehe

8 Pimentkörner

2 Kapseln Kardamom

¼ Tasse Koriandersamen

½ Tasse Fischsauce

½ Tasse weizenfreie Tamari oder Coconut Aminos (Wenn Sie weder Tamari noch Coconut Aminos vertragen, verwenden Sie stattdessen ½ Tasse Apfelessig und 1 EL schwarze Melasse.)

1. Den Backofen auf 190 °C vorheizen. Die Knochen auf ein Backblech legen und im Ofen 45 Minuten rösten, bis sie schön braun sind.

2. Schalotten und Knoblauch ungeschält auf Backpapier legen und im heißen Ofen bei 190 °C 15 Minuten backen. Den Knoblauch herausnehmen und die Schalotten weitere 10–15 Minuten backen. Herausnehmen, wenn die Schalotten weich sind.
3. Knoblauch und Schalotten schälen. Die Schalen wegwerfen oder für eine Brühe aufheben. Knoblauch und Schalotten in einen großen Topf oder Schongarer geben.
4. Pimentkörner, Kardamom und Koriandersamen in einer trockenen Pfanne so lange rösten, bis sie zu duften beginnen. Die gerösteten Gewürze zu den Schalotten und dem Knoblauch geben.
5. Die gerösteten Knochen ebenfalls in den Topf geben, dann so viel Wasser einfüllen, dass die Knochen und anderen Zutaten etwa 5 cm hoch bedeckt sind. Fischsauce und entweder Tamari, Coconut Aminos oder die Mischung aus Apfelessig und Melasse dazugeben.
6. Alles bei kleiner Hitze 4–6 Stunden simmern lassen, dabei alle 20–30 Minuten den Schaum abschöpfen. (Sie können mit dem Abschöpfen auch bis zum Ende der Garzeit warten.)
7. Brühe im Schongarer und Topf immer mit Deckel kochen. Achten Sie aber beim Topf darauf, dass durch leichte Schrägstellung des Deckels Luft entweichen kann. Manche Köche lassen die Brühe während der letzten Stunde gerne ohne Deckel simmern.
8. Die Brühe vom Herd nehmen und 1 Stunde bei Zimmertemperatur stehen lassen.
9. Danach die Brühe durch ein mit einem Passiertuch ausgelegtes feines Küchensieb gießen und 3 Tage in den Kühlschrank stellen. Wenn Sie den Schaum nicht abgeschöpft haben, lässt sich die Fettschicht entfernen, wenn die Brühe abgekühlt ist. (Auch wenn Sie vorher den Schaum abgeschöpft haben, kann sich immer noch eine dünne Fettschicht absetzen.) Tiefgekühlt hält sich die Brühe etwa 2 Monate.

BRÜHE VON HUHN UND SCHWEIN

(aromatisch)

Dieses Rezept stammt ebenfalls von Nick Brune. Die Brühe ist sehr aromatisch und eignet sich hervorragend als Grundlage für Suppen, Eintöpfe und andere Gerichte. Aber man kann sie auch wunderbar pur genießen oder zum Beispiel mit Ei. Lassen Sie Ihrer Kreativität freien Lauf!

Vorbereitung: 45 Minuten

Zubereitung insgesamt: 19 Stunden

Menge: ergibt etwa 4 Liter Brühe

2,5 kg Schweineknochen

1–2 Hühnerrücken (je nach Größe des Topfs)

1 große Zwiebel

1½ EL Korianderkörner

1 Knoblauchzehe

6 Pimentkörner

2 Lorbeerblätter

¼ Tasse Bragg Liquid Aminos (Wer diese Art Sojasauce nicht verträgt, nimmt stattdessen Apfelessig.)

½ Tasse Bonitoflocken

Meersalz

1. Den Backofen auf 200 °C vorheizen.
2. Schweineknochen und Hühnerrücken auf zwei Backbleche verteilen und im Ofen etwa 30 Minuten rösten, bis sie schön braun sind. Bei den Schweineknochen kann es etwas länger dauern.
3. Die Knochen aus dem Backofen nehmen. Das Fett, das sich auf den Backblechen abgesetzt hat, aufheben und für andere Gerichte verwenden. Die gerösteten Knochen in einen großen Topf mit Deckel legen. Dann so viel kaltes Wasser dazugießen, bis die Knochen gerade bedeckt sind. (Man kann diese Brühe aber auch gut im Schongarer zubereiten.)
4. Alles bei mittlerer Hitze erwärmen, bis die Brühe schwach simmert.

5. Dann den Deckel auflegen und bei kleiner Hitze etwa 12 Stunden simmern lassen. Den Deckel so auflegen, dass ein etwa 2 cm großer Spalt bleibt, damit die Luft entweichen kann.
6. Wenn sich nach einigen Stunden die Flüssigkeitsmenge verringert hat und die Knochen herausragen, dann Wasser nachfüllen, bis sie wieder bedeckt sind.
7. Brühe im Schongarer und Topf immer mit Deckel kochen. Achten Sie aber beim Topf darauf, dass durch leichte Schrägstellung des Deckels Luft entweichen kann. Manche Köche lassen die Brühe während der letzten Stunde gerne ohne Deckel simmern.
8. Nach 12 Stunden die Zwiebel vorbereiten: Den Backofen auf 180 °C vorheizen. Die Zwiebel ungeschält halbieren, die Hälften mit der Schnittfläche auf ein tiefes Backblech legen und im Ofen 30 Minuten rösten. Aus dem Backofen nehmen und abkühlen lassen, dann schälen.
9. Während die Zwiebeln im Backofen sind, die Korianderkörner in einer trockenen Pfanne bei kleiner Hitze 2–3 Minuten rösten, bis sie zu duften beginnen.
10. Knoblauch schälen und halbieren. Zwiebelhälften, Knoblauch, Piment, Koriander, Lorbeerblätter, Bragg Liquid Aminos (oder Apfelessig) und Bonitoflocken in die Brühe geben. Wenn nötig, Wasser nachfüllen, damit die Knochen weiterhin bedeckt sind.
11. Alles offen weitere 6 Stunden simmern lassen. Anschließend die Brühe mit Meersalz abschmecken.
12. Den Topf vom Herd nehmen und die Brühe 1 Stunde abkühlen lassen.
13. Danach die Brühe durch ein mit einem Passiertuch ausgelegtes feines Küchensieb in eine große Schüssel gießen und auf Zimmertemperatur abkühlen lassen. Dann in den Kühlschrank stellen. Im Kühlschrank hält sich die Brühe bis 3 Tage. Tiefgekühlt hält sie sich bis 2 Monate.

HEILKRÄFTIGER GEMÜSE-ZAUBERTRANK

(vegan, mild aromatisch)

Die medial begabte Rhonda Lenair hat dieses Rezept kreiert. Da es sich um eine vegane Brühe handelt, enthält sie keine Gelatine. Man kann sie pur trinken oder für alle Rezepte mit Brühe als Zutat verwenden. Wir haben dieses Rezept ausgewählt, weil es sich für jene eignet, die Fleischbrühe oder Knochen-Kraftbrühe noch nicht vertragen. Oder für diejenigen, die regelmäßig auf sanfte Weise eine Reinigung und Entgiftung vornehmen möchten. Diese Brühe ist nämlich ganz besonders mild und übrigens eine gute Alternative zu Smoothies aus grünem Pulver.

Vorbereitung: 20 Minuten

Zubereitung insgesamt: 80 Minuten

Menge: ergibt 3–4 Liter Brühe

Kombinieren Sie das Gemüse so, wie es verfügbar ist. Sie müssen nicht alle auf einmal nehmen. Der Topf sollte zu einem Drittel oder bis zur Hälfte damit gefüllt sein.

Grünkohl

Blumenkohl

etwas aus der Zwiebelfamilie: Lauch, Schalotten oder Zwiebeln

Möhren

10–20 Knoblauchzehen, ungeschält und halbiert

1–2 Rote Beten, ganz oder halbiert

¼ Tasse frischer Ingwer, in große Stücke geschnitten

½ Kopf Rotkohl

rote oder süße Zwiebeln, nach Belieben gehackt

3–6 Tassen Petersilie und/oder Korianderblätter oder frisches Basilikum, fein gehackt

Brunnenkresse (Nur bei jedem dritten Mal verwenden, sie wirkt harntreibend und sollte nicht jedes Mal in die Brühe gegeben werden.)

Löwenzahnblätter

Mangoldblätter, geschnitten (Sie liefern Elektrolyte.)

Optional: gehackte Avocado (Nur verwenden, wenn keine Empfindlichkeit gegenüber Nachtschattengewächsen besteht. Avocado wirkt krebshemmend, weshalb sie durchaus hilfreich sein kann.)

Optional: 1 Stück Kombu-Seetang (ca. 2,5 cm)

Nehmen Sie von den verfügbaren Gemüsesorten so viel, wie es gerade passt – hier kommt es nicht auf exakte Mengen an! Auch wie Sie das Gemüse schneiden, bleibt Ihnen überlassen. Denn bei diesem Rezept geht es ausschließlich um die Brühe. Das Gemüse wird nach dem Kochen entsorgt.

1. Die Gemüsemischung in einen 6-Liter-Suppentopf geben, dann so viel Wasser dazugießen, bis das Gemüse bedeckt ist.
2. Alles bei starker Hitze aufkochen, dann abgedeckt bei mittlerer oder kleiner Hitze 1 Stunde simmern lassen.
3. Danach die Brühe durch ein feines Küchensieb in eine Glasschüssel oder in Einmachgläser gießen.
4. Das Gemüse in den Kompost geben. Nach dem einstündigen Simmern befinden sich alle Nährstoffe in der Brühe, nur die Pflanzenfasern sind noch übrig. Manche Menschen werfen die Reste nicht gerne weg und fragen uns, ob sie das Gemüse nicht essen können. Das können Sie selbstverständlich, allerdings schmeckt es wahrscheinlich nicht besonders gut.

Serviervorschläge:

- Die Brühe als Energiespender am Morgen oder Nachmittag trinken.
- Die Brühe als Grundlage für eine Suppe verwenden. Dazu die Brühe erwärmen und folgende Zutaten dazugeben:
  - Blattgemüse (Grünkohl, Blattkohl, Pak Choi, Mangold, Löwenzahnblätter, ein paar Basilikumblätter und so weiter)
  - Lieblingsgewürze (z. B. Meersalz, Pfeffer, Thymian, Rosmarin oder Kurkuma). Am besten erst mit 1 Messerspitze beginnen, dann kosten und bei Bedarf mehr hinzufügen.
- Die Suppe in Schalen mit etwas geröstetem Sesamöl beträufelt servieren.

LAMMBRÜHE[1]

(mild aromatisch)

Diese mild aromatische Brühe von der Price-Pottenger Ernährungsstiftung kann man sehr gut pur genießen oder als Grundlage für Suppen, Saucen und Eintöpfe verwenden.

Rotes Fleisch ist die beste natürliche Quelle für Zink und Eisen. Unter den roten Fleischsorten ist Lamm einfach unschlagbar, was Geschmack und Nährwert angeht. Lammfleisch ist reich an Mineralien und B-Vitaminen, vor allem B_6 und B_{12}. Auch ist es die beste natürliche Quelle für die Aminosäure Carnitin, die der Körper nutzt, um Fettsäuren zur Energiegewinnung durch die Membranen der Mitochondrien zu transportieren. Diese Aminosäure ist besonders wichtig für das Herz. Essen Sie Lammfleisch immer mit dem Fett. Entfernen Sie das Fett nicht. Lammfett ist stabil und nahrhaft. Es ist eine gute Quelle für Palmitoleinsäure, eine Fettsäure mit starken antimikrobischen Eigenschaften.

Kaufen Sie möglichst Lammfleisch aus ökologischer Tierhaltung oder aus Neuseeland (wo die Schafe auf saftig grünen Weiden grasen) oder aus Island (wo sie mineralstoffreiche Moose und Flechten fressen). Zarte Lammstücke sollten roh, blutig oder englisch verzehrt werden. Feste Stücke kann man in Brühe dünsten und für Eintöpfe verwenden. Lammrippchen schmecken besonders aromatisch.

Vorbereitung: 30 Minuten

Zubereitung insgesamt: 4½–8½ Stunden

Menge: ergibt 3–4 Liter Brühe

- ca. 1 kg Lammrippchen
- 2 EL Essig oder frisch gepresster Zitronensaft
- 1 Zwiebel, grob gehackt
- einige Zweige Thymian, zusammengebunden
- 1 TL Pfefferkörner

1. Den Backofen auf 180 °C vorheizen.
2. Die Lammrippchen in ein tiefes Edelstahlblech legen und im Ofen 20–30 Minuten backen, bis sie schön braun sind.

3. Die Rippchen herausnehmen und in einen Topf geben. Mit gefiltertem Wasser auffüllen, bis sie gerade bedeckt sind. Heißes Wasser auf das Backblech gießen und umrühren, um das Fett abzulösen. Dieses Fett ist eine tolle Geschmacksquelle!
4. Das Fett ebenfalls in den Topf geben. Alles aufkochen und den Schaum (Fett) von der Oberfläche abschöpfen.
5. Restliche Zutaten dazugeben und alles bei kleiner Hitze 4–8 Stunden simmern lassen.
6. Wenn sich nach einigen Stunden die Flüssigkeitsmenge verringert hat und die Knochen herausragen, dann Wasser nachfüllen, bis sie wieder bedeckt sind.
7. Brühe im Schongarer und Topf immer mit Deckel kochen. Achten Sie aber beim Topf darauf, dass durch leichte Schrägstellung des Deckels Luft entweichen kann. Manche Köche lassen die Brühe während der letzten Stunde gerne ohne Deckel simmern.
8. Die Brühe durch ein Sieb in eine Schüssel oder in Einmachgläser gießen und abkühlen lassen. Wer möchte, kann das Fleisch für Salate oder Eintöpfe verwenden.

RIND ODER LAMM – FLEISCH- ODER KNOCHENBRÜHE

(mild aromatisch)

Dieses Brühenrezept verdanken wir der Ernährungsexpertin Kim Schuette. Die Kräuter, Gewürze und Gemüse sorgen für aromatische Akzente und liefern viele gesunde Nährstoffe. Die Brühe ist als Grundlage für Suppen, Eintöpfe und andere Gerichte ideal.

Vorbereitung: 45 Minuten

Zubereitung insgesamt: 3½–48½ Stunden

Menge: ergibt 3–4 Liter Brühe

2–2,5 kg Markknochen und Knöchel

1,5 kg fleischige Rippen oder Halsknochen

1 Kalbs- oder Rinderfuß, wenn erhältlich, in Stücke geschnitten (optional)

2 TL keltisches Meersalz (Celtic Sea Salt)

½ Tasse roher Apfelessig

Gemüse nach Geschmack (dabei kohlenhydratreiches Gemüse wie Kohlrabi, Winterkürbis, Kartoffeln, Süßkartoffeln und Yams vermeiden):

1–2 mittelgroße Zwiebeln

2–4 Möhren

1 TL schwarze Pfefferkörner

1 Bouquet garni (auch Kräutersträußchen genannt, frische Kräuter mit Küchengarn zusammenbinden und mitkochen):

2 frische Lorbeerblätter

je 3 Zweige Thymian, Rosmarin und Salbei

Wenn keine frischen Kräuter zur Hand sind, getrocknete nehmen. Dafür 1 Lorbeerblatt und 1–2 TL von jedem der getrockneten Kräuter in ein kleines Passiertuch legen. Das Tuch mit Küchengarn zu einem Beutel verschnüren.

3 Stängel Petersilie (oder 1 EL getrocknete Petersilie)

Optionale Zutaten für mehr Vielfalt:

Knoblauch

frischer Ingwer

Zitronenschale

2–3 Stangen Staudensellerie, in Scheiben geschnitten (kann man weglassen, wenn es aus Diätgründen nötig ist, z. B. bei der GAPS-Diät)

Anleitung für Fleischbrühe:

1. *Optionaler Schritt für intensiveren Geschmack:* Die fleischigen Knochen im Backofen bei 180 °C rösten, bis sie schön gebräunt sind.
2. Knochen, Fleisch und Knöchel in einen großen Topf oder Schongarer geben.
3. Die übrigen Zutaten hinzufügen, dann so viel gefiltertes Wasser einfüllen, dass Knochen und Gemüse gerade bedeckt sind.
4. Alles 1 Stunde ziehen lassen, damit der rohe Apfelessig die Mineralien aus den Knochen lösen kann.
5. Danach alles aufkochen und bei kleiner Hitze 3–4 Stunden simmern lassen (wenn Sie Knochen-Kraftbrühe zubereiten wollen, überspringen Sie die nächsten drei Schritte und machen mit der Anleitung für Kraftbrühe weiter).
6. In den letzten 10 Minuten der Garzeit die Petersilie hinzufügen.
7. Die Brühe durch ein feines Küchensieb in Einmachgläser abfüllen.
8. Das Fleisch von den Knochen lösen und essen. Es schmeckt köstlich und ist zart!

Anleitung für Knochen-Kraftbrühe:

1. Wenn die Brühe 3–4 Stunden gesimmert hat, die fleischigen Knochen mit einer großen Gabel oder Zange herausnehmen. Das Fleisch von den Knochen lösen, sofort essen oder für eine andere Mahlzeit verwenden. Die Knochen wieder in den Topf legen. Wenn nötig, so viel Wasser nachfüllen, dass die Knochen bedeckt sind, dann alles weitere 36–48 Stunden simmern lassen.
2. Wenn sich nach einigen Stunden die Flüssigkeitsmenge verringert hat und die Knochen herausragen, dann Wasser nachfüllen, bis sie wieder bedeckt sind.
3. Brühe im Schongarer und Topf immer mit Deckel kochen. Achten Sie aber beim Topf darauf, dass durch leichte Schrägstellung des Deckels Luft entweichen kann. Manche Köche lassen die Brühe während der letzten Stunde gerne ohne Deckel simmern. In den letzten 10 Minuten der Garzeit die Petersilie hinzufügen.

HUHN, FASAN ODER TRUTHAHN – FLEISCH- ODER KNOCHENBRÜHE

(aromatisch)

Auch dieses Rezept stammt von Kim Schuette. Man kann die Brühe pur genießen oder damit köstliche Geflügelsuppen und Eintöpfe zubereiten.

Vorbereitung: 30 Minuten

Zubereitung insgesamt: 3–25½ Stunden

Menge: ergibt 3–4 Liter Brühe

1 Huhn, Fasan oder Truthahn

2–4 Hühner-, Fasanen- oder Truthahnfüße *(optional)*

1–2 Hühner-, Fasanen- oder Truthahnköpfe *(optional)*

2 EL roher Apfelessig

Gemüseauswahl nach Geschmack (dabei kohlenhydratreiches Gemüse wie Kohlrabi, Winterkürbis, Kartoffeln, Süßkartoffeln und Yams vermeiden):

1–2 mittelgroße Zwiebeln

2–4 Möhren

1 Bouquet garni (auch Kräutersträußchen genannt, frische Kräuter mit Küchengarn zusammenbinden und mitkochen):

- 2 frische Lorbeerblätter
- je 3 Zweige Thymian, Rosmarin und Salbei
- Wenn keine frischen Kräuter zur Hand sind, getrocknete nehmen. Dafür 1 Lorbeerblatt und 1–2 TL von jedem der getrockneten Kräuter in ein kleines Passiertuch legen. Das Tuch mit Küchengarn zu einem Beutel verschnüren.

3 Stängel Petersilie (oder 1 EL getrocknete Petersilie)

Optionale Zutaten für mehr Vielfalt:

- Knoblauch
- frischer Ingwer
- Zitronenschale
- 2–3 Stangen Staudensellerie, in Scheiben geschnitten (kann man weglassen, wenn es aus Diätgründen nötig ist, z. B. bei der GAPS-Diät)

1–2 TL Meersalz

Anleitung für Fleischbrühe:

1. Huhn, Fasan oder Truthahn, Füße und Köpfe mit gefiltertem Wasser abspülen. Huhn, Fasan oder Truthahn längs in zwei Hälften schneiden. Alles in einen Topf oder Schongarer legen.
2. Die übrigen Zutaten hinzufügen, außer Petersilie und Meersalz. Dann gefiltertes Wasser einfüllen.
3. Alles 1 Stunde ziehen lassen, damit der rohe Apfelessig die Mineralien aus den Knochen lösen kann. Danach alles aufkochen und bei kleiner Hitze 1½–2 Stunden simmern lassen.
4. In den letzten 10 Minuten der Garzeit die Petersilie und das Meersalz hinzufügen.
5. Alle großen Teile herausnehmen. Das Fleisch von den Knochen lösen und essen – es schmeckt köstlich und ist zart!
6. Die Brühe durch ein feines Küchensieb in eine große Schüssel gießen oder in Einmachgläser abfüllen.

Anleitung für Knochen-Kraftbrühe:

1. Wenn die Brühe 1½–2 Stunden gesimmert hat, die fleischigen Knochen mit einer großen Gabel oder Zange herausnehmen. Das Fleisch von den Knochen lösen und essen oder für eine andere Mahlzeit verwenden. Die Knochen wieder in den Topf legen. Wenn nötig, so viel Wasser nachfüllen, dass die Knochen bedeckt sind, dann weitere 25 Stunden simmern lassen.
2. Wenn sich nach einigen Stunden die Flüssigkeitsmenge verringert hat und die Knochen herausragen, dann Wasser nachfüllen, bis sie wieder bedeckt sind.
3. Brühe im Schongarer und Topf immer mit Deckel kochen. Achten Sie aber beim Topf darauf, dass durch leichte Schrägstellung des Deckels Luft entweichen kann. Manche Köche lassen die Brühe während der letzten Stunde gerne ohne Deckel simmern.
4. In den letzten 10 Minuten der Garzeit die Petersilie und das Meersalz hinzufügen.

FISCHBRÜHE

(aromatisch)

Auch dieses Rezept verdanken wir der wunderbaren Ernährungsberaterin Kim Schuette.

Louise: *Meine erste Fischbrühe erschien mir, ehrlich gesagt, als ziemliche Herausforderung. Ich ging zum Fischmarkt und fragte nach Gräten. Ich hatte keine Ahnung, was mich erwartete, und zu meiner Überraschung bot man mir ein Fischskelett an, das fast einen Meter lang war! Ich dachte: Louise, worauf hast du dich da eingelassen? Aber dann nahm ich kurz entschlossen das Paket und trug es nach Hause. Dort angekommen, starrte ich ratlos auf den Riesenfischrest. Er war viel zu groß für meinen Kochtopf! Was nun? Ich durchforstete meinen Schrank, fand einen Hammer und legte den Fisch in die Spüle. Mit ein paar kräftigen Schlägen gelang es mir, das Skelett so weit zu zerkleinern, dass die Knochen in den Topf passten. Nicht übel!, dachte ich. Vier Stunden später hatte ich die kräftigste, gelatinereichste Fischbrühe, die man sich nur wünschen kann! Ich war sehr stolz auf mich, denn ich hatte mich an etwas völlig Neues herangewagt. Falls Sie noch nie eine Fischbrühe zubereitet haben, empfehle ich Ihnen folgende Affirmation:* Das Leben liebt mich, und ich bin immer bereit, etwas Neues zu lernen. *Das funktioniert für mich, und ich weiß, es wird auch für Sie funktionieren!*

Vorbereitung: 30 Minuten

Zubereitung insgesamt: 2–4½ Stunden

Menge: ergibt 3–4 Liter Brühe

2 mittelgroße nicht-ölige Fische, zum Beispiel Scholle oder Seebarsch (alternativ nur die Gräten oder ein gesäubertes Fischskelett verwenden oder, um den Nährwert zu erhöhen, ein paar Fischköpfe dazugeben).

2 EL roher Apfelessig

Gemüse nach Geschmack (dabei kohlenhydratreiches Gemüse wie Kohlrabi, Winterkürbis, Kartoffeln, Süßkartoffeln und Yams vermeiden):

- 1–2 mittelgroße Zwiebeln
- 2–4 Möhren

1 Bouquet garni (auch Kräutersträußchen genannt, frische Kräuter mit Küchengarn zusammenbinden und mitkochen):

2 frische Lorbeerblätter

je 3 Zweige Thymian, Rosmarin und Salbei

Wenn keine frischen Kräuter zur Hand sind, getrocknete nehmen. Dafür 1 Lorbeerblatt und 1–2 TL von jedem der getrockneten Kräuter in ein kleines Passiertuch legen. Das Tuch mit Küchengarn zu einem Beutel verschnüren.

3 Stängel Petersilie (oder 1 EL getrocknete Petersilie)

1–2 TL keltisches Meersalz (Celtic Sea Salt)

Optionale Zutaten für mehr Vielfalt:

Knoblauch

frischer Ingwer

Zitronenschale

2–3 Stangen Staudensellerie, in Scheiben geschnitten (kann man weggelassen, wenn es aus Diätgründen nötig ist, z. B. bei der GAPS-Diät)

Anleitung für eine Fischbrühe:

1. Den Fisch in Wasser waschen. Wenn Sie einen ganzen Fisch verwenden, das Fleisch von den Gräten lösen und für ein anderes Gericht verwenden.
2. Die Gräten und auch Flossen, Schwänze, Haut und Köpfe in einen Topf legen.
3. Die anderen Zutaten dazugeben, dann gefiltertes Wasser (maximal 4 Liter) einfüllen, bis die Fischteile gerade bedeckt sind.
4. Alles 1 Stunde ziehen lassen, damit der rohe Apfelessig die Mineralien aus den Fischgräten lösen kann. Danach alles aufkochen und bei kleiner Hitze 1–1½ Stunden simmern lassen.
5. In den letzten 10 Minuten der Garzeit die Petersilie und das Salz hinzufügen.
6. Die Fischgräten und anderen großen Teile aus dem Topf nehmen.
7. Die Brühe durch ein Küchensieb in eine große Schüssel gießen.

Anleitung für eine Kraftbrühe aus Fischgräten:

1. Gehen Sie wie bei der ersten Methode vor, aber lassen Sie die Brühe 4 Stunden simmern.
2. Wenn sich nach einigen Stunden die Flüssigkeitsmenge verringert hat und die Gräten herausragen, dann Wasser nachfüllen, bis sie wieder bedeckt sind.
3. Brühe im Schongarer und Topf immer mit Deckel kochen. Achten Sie aber beim Topf darauf, dass durch leichte Schrägstellung des Deckels Luft entweichen kann. Manche Köche lassen die Brühe während der letzten Stunde gerne ohne Deckel simmern.

DASHI-FISCHBRÜHE

(aromatisch)

Dieses Rezept von Robert Ruiz, Chefkoch und Eigentümer des Restaurants *Land & Water Co.* in Carlsbad, Kalifornien, haben wir in die Sammlung aufgenommen, weil es so herrlich einfach zuzubereiten ist, auch wenn es sich nicht um eine Kraftbrühe im eigentlichen Sinne handelt. Robert kennt die Dashi-Brühe aus Hawaii und sagt, dass die Hawaiianer glauben, diese Brühe könne Krebs heilen. Man bereitet sie mit echtem Bonito zu, der getrocknet, fermentiert und geräuchert wurde. Der Kombu-Seetang ist sehr aromatisch und enthält viel Jod – gut für die Schilddrüse.

Vorbereitung: 15 Minuten
Zubereitung insgesamt: 2 Stunden
Menge: ergibt 3–4 Liter Brühe

1 Stück Kombu-Alge
2 Tassen Bonitoflocken (Katsuobushi)

1. 6 Tassen Wasser in einen Topf geben und die Kombu-Alge darin 30 Minuten einweichen.
2. Nach 30 Minuten das Wasser bei mittlerer Hitze zum Simmern bringen. Kurz bevor es zu kochen anfängt, die Kombu-Alge herausnehmen und das Wasser bei starker Hitze aufkochen, dann das Wasser 5 Minuten kochen lassen. *Hinweis:* Wenn Sie die Kombu-Alge in der Brühe lassen, kann die Alge schleimig und bitter werden. Deswegen wird die Alge entfernt, nachdem das Wasser die wertvollen Nährstoffe aus der Alge aufgenommen hat. Sie können die Kombu-Alge in den Kompost geben. Wer mag, kann dieses zähe Seegemüse essen.
3. Die Bonitoflocken ins kochende Wasser geben. Den Herd sofort ausschalten und den Topf 30 Minuten auf der ausgeschalteten Herdplatte stehen lassen.
4. Danach die Brühe durch ein Sieb in eine Schüssel oder in Einmachgläser füllen.
5. Die Dashi-Brühe ist eine gute Grundlage für Suppen, Saucen und Gemüsepfannen.

5. Kapitel

Die Zauber-Elixiere: Heilkräftige Gewürze und Aromen

In diesem Kapitel stellen wir Ihnen köstliche Heiltränke vor, die Ihnen helfen, gesund zu bleiben oder gesund zu werden. Wir beginnen mit heilkräftigen Würzzutaten, gefolgt von einigen Rezepten für wohlschmeckende Brühen, mit denen Sie Ihrer Gesundheit Gutes tun können.

Gesunde Geschmacksbomben für Kraftbrühe!

Wie bereits erwähnt, können Sie einer einfachen Kraftbrühe durch sehr aromatische und/oder würzige Zutaten Geschmack und Pfiff verleihen. Dabei geht es nicht darum, durch Zugabe von Gemüse oder Fleisch aus der Brühe eine Suppe zu machen. Vielmehr soll die Brühe durch Kräuter, Gewürze und andere natürliche Würzmittel optimal verfeinert werden.

Wenn Sie in Kalifornien in einem Imbiss eine Brühe zum Mitnehmen kaufen, haben Sie die Möglichkeit, die Brühe nach Belieben selbst nachzuwürzen. Dazu stehen üblicherweise Meersalz, Kräuter, Gewürze und Fischsauce bereit.

In diesem Kapitel werden wir uns einer zusätzlichen Eigenschaft dieser köstlichen Würzmittel widmen: ihren bemerkenswerten gesundheitlichen Wirkungen. Auch möchten wir Sie dazu ermuntern, eigene Gewürzmischungen und Würzsaucen zu entwickeln. Das macht viel Freude! Weitere Anregungen dazu finden Sie unter *Kräuter und Gewürze richtig einsetzen* im Anhang Seite 334.

Tipps

- Neutrale Brühen sind ideal, um mit Aromen und Gewürzen zu experimentieren. Eine aromatische Brühe sollten Sie erst einmal probieren. Oft ist zusätzliches Würzen unnötig, oder man gibt nur etwas Meersalz und Pfeffer dazu.
- Getrocknete Kräuter und Gewürze vor dem Gebrauch mahlen, das intensiviert deren Duft und Geschmack.
- Für die meisten Rezepte empfehlen wir getrocknete Kräuter und Gewürze, weil

das einfach praktischer ist. Sie halten sich länger, sodass Sie seltener nachkaufen müssen. Aber selbstverständlich können Sie auch gerne mit frischen Kräutern und Gewürzen experimentieren, wenn Sie möchten!

- Wenn Sie am Morgen wenig Zeit haben, stellen Sie sich die bevorzugten Gewürzmischungen auf Vorrat her, sodass Sie diese nur kurz in die Brühe rühren müssen. Oder füllen Sie Ihre Lieblingsmischung in einen Streuer, den Sie zur Arbeit mitnehmen, um damit Ihre »Brühe für zwischendurch« zu würzen.
- Gönnen Sie sich unterwegs oder im Büro einen gesunden Schluck Brühe aus der Thermoskanne.
- Wenn Sie mit eigenen Gewürzmischungen experimentieren, gehen Sie je Gewürz in Schritten von einer halben Messerspitze vor und probieren Sie jedes Mal, bevor Sie mehr dazugeben. So finden Sie die Zusammensetzung, die Ihnen schmeckt. Riechen Sie an den Gewürzen. Das wird Ihnen helfen herauszufinden, welche gut zusammenpassen.

REZEPTE FÜR WÜRZIGE HEILBRÜHEN

Für diese Rezepte können Sie jede Art von Fleisch- oder Kraftbrühe verwenden oder unseren heilkräftigen Gemüse-Zaubertrank von Seite 118. Beachten Sie, dass neutrale Brühen sich am besten eignen, während Sie bei aromatischen Brühen etwas experimentieren müssen, um ein wohlschmeckendes Resultat zu erzielen.

Bei der Auswahl der Gewürze für diese Rezepte haben wir mit dem Wissenschaftler und Akupunkteur Eyton Shalom zusammengearbeitet, der uns über die Eigenschaften der Gewürze aus Sicht der chinesischen und ayurvedischen Medizin beriet. Auch konsultierten wir unser bevorzugtes Gewürzbuch *Heilende Gewürze: 50 alltägliche und exotische Gewürze zur Gesunderhaltung und Heilung von Krankheiten* von Bharat B. Aggarwal.

Zubereitung: 5–20 Minuten, je nach Rezept

Menge: Jedes Rezept ergibt 1 Tasse Brühe (240 ml, so weit nicht anders angegeben)

1. 1 Tasse Brühe (so weit nicht anders angegeben) in einem Topf bei kleiner Hitze erwärmen. Wer mehr als 1 Tasse zubereiten möchte, muss die Gewürzmengen entsprechend erhöhen.
2. Kräuter und Gewürze und eventuell andere Zutaten dazugeben und alles 3–5 Minuten simmern lassen.
3. Die Brühe sofort genießen oder in eine Thermoskanne füllen und mitnehmen. Man kann die Gewürze auch nach dem Simmern einrühren.
4. Bei manchen Rezepten gibt es andere Zubereitungsschritte, die dann jeweils angegeben sind.

Energie für den ganzen Tag

Option 1: Belebende heiße Chai-Schokolade oder Latte

2 Tassen Kraftbrühe, 2–3 EL rohes Kakaopulver, 1 EL rohe Butter, 2–3 TL Honig, 1½ TL gemahlener Zimt, 1 Messerspitze gemahlener Kardamom. *Optional:* ½ TL Vanilleextrakt (für intensiveren Geschmack).

1. Zutaten in einem Stieltopf unter Rühren erwärmen. Dann im Mixer gut durchmixen. Sie können auch mit der Hand rühren, aber mit dem Mixer geht es besser. (*Sicherheitshinweis:* Entfernen Sie den Mitteldeckel des Mixers und decken Sie die Öffnung mit einem gefalteten Geschirrtuch ab, bevor Sie den Mixer einschalten. Dann kann die Luft entweichen, sodass die heiße Flüssigkeit nicht den Deckel des Mixers hochschleudert.) Wenn Sie möchten, dass der Geschmack an einen Chai-Latte erinnert, geben Sie etwas Mandelmilch oder Reismilch dazu.

Option 2

1 TL Granatapfelmelasse und 1 Messerspitze Ingwerpulver.

1. Granatapfelmelasse bekommen Sie beispielsweise im Reformhaus. Sie können sie auch selber herstellen: Dafür 4 Tassen Granatapfelsaft, ½ Tasse Honig und 1 EL Zitronensaft in einem Topf bei kleiner Hitze in etwa 1 Stunde sirupartig einkochen lassen. Zwischendurch mehrmals umrühren.

Option 3: Safrantee

1. Kraftbrühe bei mittlerer Hitze erwärmen, bis sie simmert. 5 Safranfäden unterrühren und abgedeckt bei kleiner Hitze 15 Minuten köcheln lassen. Danach den Topf vom Herd nehmen und den Tee offen ein paar Minuten abkühlen lassen, dann abseihen und trinken.

Option 4: Raketen-Brühe

Rezept siehe Seite 139.

Sodbrennen und Reflux

Option 1

1. 20 Kümmelsamen 3–5 Minuten in Kraftbrühe ziehen lassen (Sie können die Samen kauen oder abseihen und nur die Brühe trinken).

Option 2

Siehe die Kurkumasauce auf Seite 137.

Allergien und erhöhter Histaminwert (einschließlich nächtliches Hautjucken und andere Hautprobleme)

1. Einer Fleischbrühe oder dem Heilkräftigen Gemüse-Zaubertrank ½ TL gemahlenen Kardamom und ½ TL gemahlenen Bockshornklee hinzufügen.

Stress, Unruhe, erhöhte Cholesterinwerte, Stärkung des Herzens

Option 1

½ TL Oregano, ½ TL Basilikum, je 1 Messerspitze Meersalz und schwarzer Pfeffer.

Option 2

1 Messerspitze Zitronengras, ½ TL Kardamom, 1 Messerspitze gemahlener Ingwer und ½ Messerspitze Fenchelsamen.

Option 3: Heiße Schokolade mit Kraftbrühe

1½ Tassen neutrale Kraftbrühe, 2–3 EL rohes Kakaopulver, 1½ EL Kokosöl, 2–3 TL Honig, 1 TL Zimt und 1 Messerspitze Kardamom.

1. Dieses köstliche, gesunde Getränk gelingt noch besser, wenn Sie es in den Mixer geben und für ein paar Minuten mixen. (*Sicherheitshinweis:* Entfernen Sie den Mitteldeckel des Mixers und decken Sie die Öffnung mit einem gefalteten Geschirrtuch ab, bevor Sie den Mixer einschalten. Dann kann die Luft entweichen, sodass die heiße Flüssigkeit nicht den Deckel des Mixers hochschleudert.) Wenn Sie eine cremigere Konsistenz wünschen, können Sie etwas Mandelmilch oder Reismilch dazugeben.

Option 4: Safrantee

Siehe Seite 132.

Gute Verdauung, Regulierung des Blutzuckerspiegels und Reduktion von Übergewicht

Option 1

½ TL Zimt, ½ Messerspitze Rotalge (gemahlen), ½ Messerspitze gemahlener Bockshornklee, ½ Messerspitze gemahlener Kardamom.

Option 2

1 EL Kokosnussöl, 1 TL kalt geschleuderter Honig, 1 TL gemahlener Zimt, 1 Messerspitze Piment, ½ Messerspitze gemahlene Wacholderbeeren, ½ Messerspitze gemahlene Gewürznelken, 1 Prise Meersalz.

1. Wenn möglich im Mixer mixen. (*Sicherheitshinweis:* Entfernen Sie den Mitteldeckel des Mixers und decken Sie die

Öffnung mit einem gefalteten Geschirrtuch ab, bevor Sie den Mixer einschalten. Dann kann die Luft entweichen, sodass die heiße Flüssigkeit nicht den Deckel des Mixers hochschleudert.)

Option 3

½ Messerspitze Fenchelsamen, ½ Messerspitze Bockshornklee, 1 Messerspitze gemahlener Piment, ½ Messerspitze schwarzer Pfeffer und 1 Prise Meersalz.

Option 4

1. 1 Beutel Ingwertee in Kraftbrühe ziehen lassen.

Option 5

1 TL gemahlene Gojibeeren, ½ Messerspitze Fenchel, ½ Messerspitze Fünf-Gewürze-Pulver, 1 Prise gemahlener weißer Pfeffer, 1 Prise schwarzer Pfeffer, 1–2 Tropfen Fischsauce und ½ Messerspitze gemahlener Ingwer.

Option 6: Kraft-Chai

1 Tasse Kokosmilch, 1 TL gemahlener Zimt, ½ TL gemahlener Kardamom, 1 Messerspitze gemahlener Ingwer und ½ Messerspitze gemahlene Gewürznelken. *Optional:* 1 Messerspitze abgeriebene Orangenschale oder 1 Tropfen Urban Moonshine Citrus Bitters.

1. Alles im Mixer mixen, dann im Topf bei kleiner Hitze einige Minuten simmern lassen. Vor dem Trinken eine Weile in einer Thermoskanne ziehen lassen.

Reinigend, entzündungshemmend und entgiftend

Option 1

1 TL Meersalz, 1 TL schwarzer oder weißer Pfeffer und 1 TL Kurkumapulver.

Option 2

1 Messerspitze Knoblauchpulver, 1 TL Meersalz, 1 TL schwarze Pfefferkörner und ½ TL Paprikapulver.

Option 3

Siehe Kurkumasauce auf Seite 137.

Blähungen und Reizdarm

Die folgenden Optionen helfen bei einer Bakterienfehlbesiedlung im Darm oder bei Candida:

Option 1

1. 1 TL Koriandersamen in einem trockenen Topf bei kleiner Hitze rösten, bis sie zu duften beginnen. Dann die Kraftbrühe und 1 Prise Asant (Asafoetida), ½ Messerspitze Tamarindenpaste, ½ Messerspitze Kurkumapulver und ½ Messerspitze gemahlenen Ingwer dazugeben.

Option 2

1. 20 Fenchelsamen in Mörser oder Gewürzmühle leicht zerreiben (oder die Samen mit der Rückseite eines Löffels auf einem Schneidebrett etwas zerdrücken) und in Kraftbrühe 10 Minuten ziehen lassen. Anschließend abseihen oder die Samen kauen, während Sie die Brühe in kleinen Schlucken trinken. Oder in der Thermoskanne ziehen lassen.

Stimmungsaufhellung und leistungsfähigeres Gedächtnis

Option 1

2 TL Thymian, 1 TL Rosmarin, 1 TL Meersalz und 1 TL schwarze Pfefferkörner.

Option 2

8 Safranfäden, ½ Messerspitze gemahlener Zimt, ½ Messerspitze gemahlener Ingwer (oder 2 dicke Scheiben frischer Ingwer), ½ Messerspitze Muskatnuss, ½ Messerspitze schwarzer Pfeffer und ½ TL Honig.

1. Kraftbrühe mit den Zutaten bei kleiner Hitze zugedeckt 15 Minuten erwärmen, danach die Brühe offen ein paar Minuten abkühlen lassen.

Erfinden Sie eigene Elixiere

Brian Merkel von der Belcampo Meat Co. in San Francisco bietet seinen Gästen zum Beispiel folgende Möglichkeiten an, um Brühen selbst nachzuwürzen:

- Basis-Würzmittel wie Meersalz und Fischsauce.
- Vorgemischte Kräuterkombinationen oder Würzsaucen:
  - Kalabrischer Chili (die in Öl eingelegten Schoten werden mit frischem Rosmarin und Zitronensaft zu einer Paste verarbeitet). Verleiht der Kraftbrühe prickelnde Schärfe und aromatischen Geschmack.
  - Korianderblätter, Knoblauch, Ingwer und Zitronensaft.

Eigene Gewürz- und Kräutermischungen, Würzpasten und -saucen herzustellen macht Spaß! Es ist eine gute Gelegenheit, kreativ zu werden und seiner Intuition zu folgen. Auf den folgenden Seiten stellen wir Ihnen weitere gesunde Würzrezepturen und Elixiere vor und geben Anregungen für eigene Kreationen, die sich leicht umsetzen lassen.

KURKUMASAUCE

Dieses Rezept stammt von Brian Merkel, Chefmetzger bei der Belcampo Meat Co. in San Francisco. Eine damit gewürzte Kraftbrühe ist sehr gesund und schmeckt köstlich. Auch Suppen, Eintöpfe, Saucen und Sülzen kann man mit Brians Kurkumasauce ausgezeichnet würzen. Sie harmoniert gut mit Kokosmilch und eignet sich hervorragend zum Marinieren von Schweine- und Hühnerfleisch.

Die Kurkuma besitzt so viele gesundheitliche Vorteile, dass sie geradezu als Allheilmittel gilt. In seinem Buch *Heilende Gewürze* nennt der Biochemiker und Autor Bharat B. Aggarwal die Kurkumapflanze die »führende Kämpferin gegen Krankheiten«, weil sie nachweislich jedes Organ im menschlichen Körper schützt und kräftigt.[1] Wenn Sie sich ein entzündungshemmendes, vor Krebs schützendes Gewürz wünschen, das außerdem eine gute Verdauung fördert, den Cholesterinspiegel reguliert, stimmungsaufhellend wirkt, die Haut schön und gesund macht sowie Leber und Gallenblase wohltut, empfehlen wir Ihnen Kurkuma![2]

Vorbereitung: 25 Minuten

Zubereitung insgesamt: 2 Wochen für die Fermentierung

Menge: ergibt 2 Tassen Kurkumapaste

2 l (exakt: 2 Quarts = 1920 ml) gefiltertes Wasser

6 EL Meersalz

2 Tassen frische Biokurkuma, geschält und in ca. 1 cm lange Stücke geschnitten

1 Tasse frischer Ingwer, geschält und in ca. 1 cm lange Stücke geschnitten

¼ Tasse kalt geschleuderter Honig

2 TL schwarzer Pfeffer

2 EL frisch gepresster Zitronensaft

1. Für die Salzlake das gefilterte Wasser und Salz in einen Topf geben und bei kleiner Hitze erwärmen, bis das Salz aufgelöst ist.
2. Kurkuma und Ingwer gleichmäßig auf zwei 1-Liter-Einmachgläser verteilen, sodass jedes Glas 1 Tasse Kurkuma und ½ Tasse Ingwer enthält. So viel von der Salzlake in die Gläser füllen, dass darüber mehrere Zentimeter frei bleiben.
3. Jedes Glas mit einem Passiertuch oder Geschirrtuch abdecken und mit einem Gummi befestigen. Zum Fermentieren für 2 Wochen an einen kühlen dunklen Ort stellen (15–20 °C sind ideal).
4. Nach 2 Wochen die Wurzeln aus den Gläsern nehmen und die Salzlake beiseitestellen. Ingwer und Kurkuma in der Küchenmaschine oder im Mixer zu einer Paste pürieren. Eine kleine Menge Salzlake dazugeben, damit eine angenehm flüssige Konsistenz entsteht. Die restliche Lake können Sie für weitere Fermentierungen aufheben.
5. Honig, Pfeffer und Zitronensaft dazugeben und alles glatt verrühren.

Serviervorschläge:

- Die Kurkumasauce als Würzmittel in Ihre Lieblingsbrühe geben. Versuchen Sie es mit 1–2 Teelöffeln pro Tasse.
- Die Sauce lässt sich auch sehr gut dazu verwenden, Suppen, Eintöpfen oder Sülzen mehr Geschmack und Nährwert zu verleihen.

RAKETEN-BRÜHE

Hierbei handelt es sich um die Kraftbrühen-Version des »Bulletproof Coffee«, des »kugelsicheren Kaffees«, den Dave Asprey erfunden hat. Dieses Getränk ist besonders bei Fans der Paleo-Diät sehr beliebt. Für diesen Kaffee nimmt man schimmelfreie, hochwertige Kaffeebohnen. Nach dem Aufbrühen wird der Kaffee mit Butter und MCT-Öl vermischt. (MCT steht für »medium chain triglyceride«, zu deutsch: mittelkettige Triglyceride, MKT.) Es handelt sich also um eine Power-Alternative zum Milchkaffee.
Dave Aspreys optimierter Kaffee beruht auf dem Tee mit Yakbutter, den er in Nepal kennenlernte. Und wir haben gehört, dass die Holzfäller in Vermont schon seit Jahrzehnten Kaffee mit Butter trinken. Die Idee ist also keineswegs neu, aber Asprey hat einer vergessenen Tradition neues Leben eingehaucht, und die Leute begeistern sich für diese andere Form des Koffeingenusses, bei der gesunde Fette eine wohltuende Wirkung entfalten sollen. Unsere Freundin Caroline Barringer, kompetente Ernährungsexpertin, hat für dieses Buch eine unserer Meinung nach verbesserte Version des »Bulletproof Coffee« kreiert: Als sie zusah, wie Passanten in New York an Imbissständen Brühe zum Mitnehmen kauften, die in Kaffeebecher abgefüllt wurde, überlegte Caroline: *Warum nicht durch ein paar gesunde Fette noch mehr Power in die »Brühe-to-go« packen?*
Bei dem MCT-Öl, von dem Anhänger des »Bulletproof Coffee« schwärmen, handelt es sich um eine raffinierte Variante des Kokosöls. Das heißt, es wurde industriell verändert und ist kein vollwertiges Lebensmittel mehr. Da raffinierte Fette durch diesen industriellen Prozess viele ihrer gesunden Eigenschaften verloren haben und die Leber belasten können, empfehlen wir, wie in Carolines Rezept, stattdessen natives Kokosöl zu verwenden.

Zubereitungszeit: 5 Minuten
Menge: ergibt 1–2 Tassen

- 1–2 Tassen Kraftbrühe nach Wahl
- Meersalz nach Bedarf
- 1 EL Butter (oder Ghee)
- 1 EL natives Kokosöl

1. Die Brühe erwärmen und im Mixer mit Meersalz, Butter und Kokosöl verrühren. (*Sicherheitshinweis:* Entfernen Sie den Mitteldeckel des Mixers und decken Sie die Öffnung mit einem gefalteten Geschirrtuch ab, bevor Sie den Mixer einschalten. Dann kann die Luft entweichen, sodass die heiße Flüssigkeit nicht den Deckel des Mixers hochschleudert.)
2. Alles auf höchster Stufe 1–2 Minuten mixen. Die Mischung sollte anschließend leicht schaumig und gut emulgiert sein.
3. Das Power-Getränk in Ihre Lieblingstasse gießen und genießen!

Variante: Noch nahrhafter wird die Raketen-Brühe, wenn Sie nach dem Mixen 1 oder 2 Esslöffel Gelatine oder Kollagen-Peptide mit dem Schneebesen einrühren.

Heil-Elixiere

Der Wissenschaftler und Akupunkteur Eyton Shalom sagt, dass Brühe in der chinesischen Medizin als wärmend und leicht verdaulich gilt. Wenn Sie Brühe zubereiten, wandeln Sie die Essenz schwer verdaulicher Zutaten wie Knochen und Fleisch in eine flüssige Form um, die vom Körper sehr leicht aufgenommen werden kann. Brühe ist sehr heilkräftig.

Knochen enthalten außerdem *Jing*, das in der chinesischen Medizin als höchste Form körperlicher Energie angesehen wird. In der chinesischen Medizin gilt es als wichtigstes Ziel »das Leben zu nähren«, was man dadurch erreicht, dass das Jing bewahrt und nicht vergeudet wird. Was die Ernährung angeht, nähren wir das Leben am besten, wenn wir die Gesetze der Verdauung beachten. Verdauung ist ein warmer Prozess, bei dem Materie in Energie umgewandelt wird. Bei der Kraftbrühe wurde die Arbeit der Verdauung bereits außerhalb des Körpers durch das Kochen erledigt.

Nachfolgend einige Ratschläge, welche Brühe zur jeweiligen Jahreszeit und zu bestimmten Gesundheitsbeschwerden passt:

Hühnerbrühe: Huhn ist leicht verdaulich und stärkt die Energie. Dabei handelt es sich um eine aufmunternde, anspornende Energie. (Stellen Sie sich Hühner vor, die lebhaft herumhüpfen und -flattern.) Hühnerbrühe eignet sich für jede Jahreszeit, auch für den Sommer. Sie wirkt besonders gut gegen Erkältungen. Bei Ekzemen ist sie weniger zu empfehlen, weil sie diese stärker an die Oberfläche bringen kann.

Rinder-, Schweine-, Lamm- und Ziegenbrühe: In der chinesischen Medizin betrachtet man diese Fleisch- und Kraftbrühen als nährend für das Leben. Sie sind ideal für den Spätherbst und frühen Winter. Im Winter essen wir oft schwere Speisen, um Energie zu speichern. In dieser Zeit ist unser Verdauungsfeuer stärker, was uns die Verdauung dieser Speisen erleichtert. Stellen Sie sich vor, dass Sie damit das Drüsensystem und den ganzen Körper stärken. Während des Winters bauen Sie Jing auf, um sich auf den Frühling vorzubereiten.

Rinderbrühe wirkt das ganze Jahr über heilend, weil sie als neutral gilt. Sie ist sehr zu empfehlen bei von Geburt an schwacher Konstitution, Unfruchtbarkeit, Libidostörungen, während der Menopause und Andropause (Wechseljahre des Mannes) sowie in der Schwangerschaft.

HEILKRÄFTIGE HÜHNERSUPPE

Bei diesem Rezept von Eyton Shalom handelt es sich um ein wahres Heil-Elixier! Wir wissen aus eigener Erfahrung und wissenschaftlichen Studien, dass Hühnersuppe überaus heilend wirkt. Als Eyton während seiner Ausbildung zum Akupunkteur an einer wandernden Pneumonie und geschwollenen Lymphknoten litt, half ihm dieses Rezept bei der Genesung.

Aus Sicht der chinesischen Medizin, so Eyton, wirkt diese Suppe besonders gut gegen Krankheiten, bei denen Schwellungen und starke Schleimbildung auftreten. Sie wirkt auch gut bei einer »Hitze-Krankheit«, die sich gemäß der chinesischen Medizin durch Symptome wie Fieber, chronische Nebenhöhlenentzündung, Kopfschmerzen, chronische Hautprobleme, Schwitzen oder Unruhe äußert.

Die Meeresalgen Kombu und Wakame wirken abschwellend, sollten aber weggelassen werden, wenn ein Patient Kältesymptome zeigt (Neigung zum Frieren, kalte Hände und Füße), eine schwache Verdauung hat, unter Durchfall oder chronischer Erschöpfung leidet.

Vorbereitung: 30 Minuten

Zubereitung insgesamt: 6½ Stunden

Menge: ergibt 8–10 Portionen

1 ganzes Huhn oder Hühnerteile (z. B. Hühnerbeine, Brust mit Haut)

6 Scheiben frische Astragalus-Wurzel (Huang Qi) oder 1 EL getrocknete und gemahlene Wurzel

7 Dangshen-Wurzeln (Codonopsis pilosula oder etwa 1 EL gemahlenes Dangshen)

1 EL getrocknetes, gemahlenes Dioscorea (Shan Yao)

1 Messerspitze gemahlene Schisandrabeeren

2 EL ganze Gojibeeren, mit einer Gewürzmühle gemahlen

2 TL getrocknete, gemahlene Schlangenbartwurzel (*Ophiopogonis Radix,* Mai Dong)

1 Stück Kombu (ca. 5 cm) (s. o. wann die Alge weggelassen werden soll)

¼ Tasse getrocknete Wakame (s. o. wann die Alge weggelassen werden soll)

1 EL getrocknete Taglilienknospen (oder frische Lilienknospen, unter fließendem Wasser abgespült, trocken getupft, Blütenblätter entfernt); nicht bei Durchfall verwenden!

10 ganze Koriandersamen (oder 2 TL gemahlener Koriander)

1 Birne, in kleine Stücke gehackt (nährt die Lunge)

2 TL Meersalz

schwarzer Pfeffer

Optional: Reis oder Quinoa

1. Das ganze Huhn in Stücke zerteilen, mit kaltem Wasser abwaschen und mit Küchenpapier trocken tupfen.
2. Die Hühnerteile in einen großen Topf oder Schongarer legen. So viel kaltes Wasser einfüllen, bis die Knochen gerade bedeckt sind.
3. Alles bei starker Hitze aufkochen, dann bei kleiner Hitze 4–6 Stunden simmern lassen. So wird das Hühnerfleisch saftig und zart.
4. Danach alle anderen Zutaten hinzufügen, außer Koriandersamen und Birnenstücke. Getrocknete Lilienknospen erst 45 Minuten vor dem Ende der Garzeit hinzufügen. Zu diesem Zeitpunkt auch Koriander und Birnenstücke dazugeben.
5. *Optional:* Wenn Sie möchten, geben Sie in der letzten Stunde der Garzeit 1 Tasse ungekochten Reis oder Quinoa (die Körner vorher einweichen, siehe Anfang 9. Kapitel Seite 226) dazu und bei Bedarf noch Wasser. Die Körner saugen das Wasser auf, was eine an Porridge erinnernde Konsistenz ergibt.
6. Die Brühe mit Meersalz und Pfeffer abschmecken.

Serviervorschläge:

- Wenn Sie nur die heilkräftige Brühe genießen wollen, trinken Sie die Flüssigkeit und verwenden das Huhn für eine andere Mahlzeit. Oder Sie essen die ganze Suppe so, wie sie ist.

HÜHNERSUPPE DONG QUAI

Ein weiteres Heilrezept von Eyton Shalom: Dong Quai und die Astragalus-Wurzel (Huang Qi) schützen den Körper vor Stress. Diese Kombination hilft besonders gut bei Anämie, chronischer Erschöpfung, Störungen des Hormonhaushalts und anderen unerwünschten Schwächezuständen.

Vorbereitung: 30 Minuten

Zubereitung insgesamt: 6½ Stunden

Menge: ergibt 8–10 Portionen

1 ganzes Huhn oder Hühnerteile (z. B. Hühnerbeine, Brust mit Haut)

1 EL getrocknete Dong-Quai-Wurzel (oder 2–4 frische Knollen); nicht in der Schwangerschaft, bei Durchfall oder Bauchschmerzen verwenden

1 EL getrocknete und gemahlene Astragalus-Wurzel (Huang Qi) (oder 6 Scheiben frische Wurzel)

1 Tasse frische oder 2 EL getrocknete Shiitake-Pilze

Meersalz und schwarzer Pfeffer nach Belieben

Optional: Honig nach Belieben

geröstetes Sesamöl nach Belieben

Frühlingszwiebeln, in dünne Ringe geschnitten, nach Belieben

1. Das ganze Huhn in Stücke zerteilen, mit kaltem Wasser abwaschen und mit Küchenpapier trocken tupfen.
2. Die Hühnerteile in einen großen Topf oder Schongarer legen. So viel kaltes Wasser auffüllen, bis die Knochen gerade bedeckt sind. Dong-Quai-, Astragalus-Wurzel und Shiitake-Pilze dazugeben.
3. Alles bei starker Hitze aufkochen, dann bei kleiner Hitze 4–6 Stunden simmern lassen. So wird das Hühnerfleisch saftig und zart.
4. Die Brühe mit Meersalz und Pfeffer abschmecken. Wenn Sie möchten, können Sie der Suppe mit etwas Honig eine süße Note verleihen, um den Geschmack der Heilkräuter auszugleichen.

Serviervorschlag:

- Die Suppe in Schalen füllen, nach Belieben mit etwas geröstetem Sesamöl beträufelt und mit Frühlingszwiebeln bestreut servieren.

LORBEERBRÜHE FÜR GUTE VERDAUUNG UND GESUNDE GELENKE

Kraftbrühe und Lorbeerblätter sind sehr wohltuend für die Verdauung und die Gelenke. Dieses Rezept, für das Sie jede Kraft- oder Fleischbrühe verwenden können, ist eine Teezubereitung, die sehr gut bei Gelenkbeschwerden durch Arthritis oder Gicht hilft. Bei Verdauungsbeschwerden wirkt sie ebenfalls lindernd und wohltuend.

Beachten Sie aber, dass dieser Heiltee eine leicht reinigende und entgiftende Wirkung hat. Der Körper wird dazu angeregt, sich von überflüssigem Ballast zu befreien. Bei dieser inneren Reinigung können Symptome auftreten. Deshalb ist es empfehlenswert, zum Beispiel am Wochenende damit zu beginnen. Der Tee hilft dem Körper, Salze auszuscheiden, die sich in den Gelenken angesammelt haben. Wenn die Salze sich auflösen und ausgeschieden werden, kann es zu vermehrtem Harndrang kommen. Dennoch handelt es sich hierbei um eine sehr sanfte Reinigungskur.

Vorbereitung: 5 Minuten
Zubereitung insgesamt: 8–12 Stunden
Menge: ergibt 1 Portion

1 Tasse Hühnerbrühe (oder Heilkräftiger Gemüse-Zaubertrank Seite 118, Fleischbrühe, Gemüsebrühe)

1 EL getrocknete Lorbeerblätter, zerstoßen

Optional: ½ Messerspitze gemahlene Wacholderbeeren

1. Die Hühnerbrühe in einen Topf füllen. Die zerstoßenen Lorbeerblätter und eventuell die gemahlenen Wacholderbeeren hinzufügen. Die Brühe aufkochen und 5 Minuten simmern lassen.
2. Die Brühe über Nacht in einer Thermoskanne ziehen lassen. Am Morgen abseihen, die Lorbeerblätter wegwerfen und die Flüssigkeit in eine Tasse gießen.

- Am Abend vor dem 1. Tag:
  Den Lorbeerbrühen-Tee zubereiten und über Nacht ziehen lassen.
- 1. Tag:
  Den Tee langsam über den Tag verteilt trinken. Abends die Portion für den nächsten Tag zubereiten und über Nacht ziehen lassen.
- 2. Tag:
  Den Tee langsam über den Tag verteilt trinken. Abends die Portion für den nächsten Tag zubereiten und über Nacht ziehen lassen.
- 3. Tag:
  Den Tee langsam über den Tag verteilt trinken. (Keinen weiteren Tee zubereiten.)
- 4.–10. Tag:
  Trinken Sie an diesen Tagen den Tee nicht.
- Am Abend des 10. Tages:
  Den Lorbeerbrühen-Tee wieder zubereiten und über Nacht ziehen lassen.
- 11.–13. Tag:
  So vorgehen wie am 1.–3. Tag.

Wenn Sie möchten, können Sie nach einer Pause vom 14.–20. Tag den Prozess wiederholen.

PROBIOTISCHES TONIKUM

Dieses Rezept stammt von Ariane Resnick, der Autorin des Buches *Superfood Knochenbrühe: Gesundheitselixier, Heiltrunk und Faltenkiller aus dem Suppentopf.*[3] Man nimmt dafür wahlweise neutrale oder aromatische Brühe.

Als Arianes Familie in den 1980er-Jahren damit begann, Probiotika zu verwenden, hielten Freunde und Nachbarn sie für verrückt. Damals war die Zeit noch nicht reif dafür, über die »gesunden Mikroben« zu sprechen, die im Darm eines jeden Menschen leben. Das hat sich dankenswerterweise geändert. Heute verbreitet sich das Wissen immer mehr, dass Probiotika ein unverzichtbarer Bestandteil des Lebens sind. Sei es, dass Sie unter Darmbeschwerden oder einer Autoimmunerkrankung leiden oder einfach nur dauerhaft gesund bleiben möchten, Ihr Bauch benötigt in jedem Fall eine große Menge gesunder Bakterien. Eine Kombination aus Probiotika und den darmgesunden Eigenschaften der Kraftbrühe ist ein wunderbares Rezept für dauerhaftes inneres Wohlbefinden!

Vorbereitung: 3–5 Minuten

Menge: ergibt 1 Portion

½ Tasse Kraftbrühe

½ Tasse flüssige Probiotika (z. B. Kefir oder Kombucha, nicht aromatisiert, oder fermentierter Gemüsesaft)

1 TL Misopaste

1. Die Brühe erwärmen. Den Topf vom Herd nehmen und die Misopaste mit dem Schneebesen unter die Brühe rühren.
2. Flüssiges Probiotikum dazugeben und kurz umrühren. Die Brühe sollte warm, aber nicht heiß sein, denn eine zu große Hitze würde die gesunden Bakterien im Probiotikum abtöten.

6. Kapitel

Gutes für Körper und Seele: Suppen, Eintöpfe, Saucen, Dips und Dressings

REINIGENDE KORIANDERSUPPE

(leicht und schnell zubereitet – ideal zum Mitnehmen)

Für dieses Rezept eignet sich jede Brühe, auch eine vegane Gemüsebrühe. Die Suppe unterstützt wunderbar die innere Reinigung, zum Beispiel nach ein paar Tagen allzu üppigem Essen. Sie schmeckt vorzüglich und ist eine Wohltat für Magen und Darm!

Vorbereitung: 20 Minuten

Menge: ergibt 2–4 Portionen

1 EL Kokosöl (Ghee oder Butter)

1 EL Kräuter der Provence.
Wer keine Fertigmischung hat, nimmt:
- 2 TL getrockneter Thymian
- 1 TL getrockneter Majoran
- ½ TL getrockneter Rosmarin
- ½ TL gemahlner Fenchel

2 Tassen Lauch, in Scheiben geschnitten

3 Tassen Korianderblätter, gehackt

2 Tassen Brühe (auch vegane Gemüsebrühe; je aromatischer die Brühe ist, desto weniger Gewürze werden benötigt)

1 Möhre, in Scheiben geschnitten

2 Zucchini, in Scheiben geschnitten

1 TL Meersalz

schwarzer Pfeffer

1. Kokosöl in einem Stieltopf erwärmen, Kräuter der Provence und Lauch dazugeben und bei kleiner Hitze 2–3 Minuten dünsten.
2. Koriander hinzufügen und bei kleiner Hitze 2 Minuten mitdünsten, dann den Topf vom Herd nehmen.
3. Brühe und Möhren in einem Topf aufkochen, dann 5 Minuten simmern lassen,

bis die Möhren weich sind. Zucchinischeiben dazugeben und alles noch 1 Minute simmern lassen.

4. Brühe, Zucchini und Möhren in den Topf mit Kokosöl, Lauch, Gewürzen und Koriander füllen. Alles mit einem Stabmixer oder in der Küchenmaschine (mit S-Klinge) pürieren, bis das Gemüse schön glatt ist. Mit Meersalz und Pfeffer abschmecken und servieren.
5. *Zum Mitnehmen in der Thermoskanne:* Kokosöl und Gewürze in einem Topf andünsten, mit Brühe und Meersalz aufkochen. Inzwischen Möhren, Zucchini und Lauch in einer Küchenmaschine (mit S-Klinge) glatt pürieren. Das Gemüsepüree unter die Brühe rühren, die Brühe in eine Thermoskanne gießen und für unterwegs mitnehmen. Das Gemüse wird dann in der Thermoskanne gar. Vor dem Essen mit Meersalz und Pfeffer abschmecken.

Serviervorschläge:

- Für die innere Reinigung die Suppe einfach pur essen.
- Wenn Sie eine herzhaftere Suppe wünschen, können Sie Fleisch, Eier oder gekochtes Getreide dazugeben.
- Servieren Sie die Suppe mit Mayas finnischem Sauerteig-Roggenbrot oder dem Getreidefreien Kräuterbrot.

HAUSGEMACHTE TOMATENSAUCE

(einfach)

Dieses Rezept kann mit jeder Fleisch- oder Knochen-Kraftbrühe zubereitet werden (neutral oder aromatisch), auch mit veganer Gemüsebrühe. Die Sauce ist supereinfach in der Zubereitung und schmeckt köstlich!

Tomatensauce ist praktisch unverzichtbar, vor allem wenn Sie Cacciatore (ein italienisches Geflügelrezept), Hackbraten oder Pizza mögen. Diese Sauce ist eine gesunde Alternative zu den Fertigsaucen aus der Dose.

Beachten Sie, dass es sich bei Tomaten um ein Nachtschattengewächs handelt. Wenn Sie unter Arthritis-Symptomen leiden oder aus anderen Gründen Nachtschattengewächse meiden müssen, ist dieses Rezept für Sie ungeeignet, jedenfalls bis die Symptome sich gebessert haben.

Vorbereitung: 20 Minuten

Zubereitung insgesamt: 50 Minuten

Menge: ergibt 4 Tassen

4 große Tomaten (etwa 4 Tassen pürierte Tomaten)

1 EL Butter (Ghee oder Kokosöl)

½ Tasse Brühe (aromatisch oder neutral)

2 Knoblauchzehen, gehackt oder durchgepresst

1 EL getrockneter Oregano

2 TL getrockneter Thymian

2 TL getrocknetes Basilikum

1 TL schwarzer Pfeffer

1 TL Meersalz

1 Lorbeerblatt

1. 4 Tassen Wasser in einem Topf aufkochen.
2. Inzwischen 4 Tassen kaltes Wasser in eine große Schüssel gießen.
3. Die Tomaten an der Unterseite kreuzweise einschneiden (dann lässt sich die Haut leichter abziehen). Die Tomaten in das kochende Wasser legen und etwa 1 Minute kochen lassen, bis die Haut sich abzulösen beginnt.

4. Wenn die Haut sich löst, die Tomaten mit einem Schlitzlöffel aus dem kochenden Wasser nehmen und kurz in das kalte Wasser legen. (Im kalten Wasser lassen sie sich leichter enthäuten.) Die Tomaten herausnehmen und die Haut abziehen.
5. Wer möchte, drückt die Tomaten aus, um die Kerne zu entfernen. Für eine wirklich glatte Sauce oder für Menschen, die unter Divertikulitis oder anderen Darmproblemen leiden, ist das empfehlenswert. Ansonsten lassen Sie diesen Schritt weg.
6. Die Tomaten in einer Küchenmaschine (mit S-Klinge) oder in einem Hochleistungsmixer pürieren. Alternativ lassen sich die Tomaten auch mit einer großen Gabel oder einem Kartoffelstampfer zerdrücken.
7. Butter in einer mittelgroßen Pfanne mit Deckel erhitzen. Knoblauch, Oregano, Thymian, Basilikum und schwarzen Pfeffer dazugeben und bei kleiner Hitze etwa 2 Minuten rösten, bis die Gewürze zu duften beginnen. So werden die Heilkräfte der Kräuter und Gewürze aktiviert.
8. Die pürierten Tomaten, Meersalz und Lorbeerblatt in die Pfanne zu den Gewürzen geben. Alles aufkochen und zugedeckt bei kleiner Hitze mindestens 30 Minuten simmern lassen. Dann das Lorbeerblatt entfernen und die Sauce warm servieren.

Serviervorschläge:

- Als aromatische Sauce ist sie vielseitig einsetzbar.
- Mit Geflügel können Sie daraus Cacciatore zubereiten.
- Oder Sie servieren die Sauce mit Hackfleisch oder Hackbällchen.
- Wenn Sie glutenfreie Pasta essen möchten, servieren Sie die Sauce mit japanischen Soba-Nudeln (Buchweizennudeln). Achten Sie aber darauf, dass es sich wirklich um 100-Prozent-Buchweizennudeln handelt, manche Hersteller fügen nämlich noch andere Zutaten hinzu.

LIEBLINGS-EIERSUPPE

In fast allen Kulturen aß und isst man gerne Suppe mit Eiern. Sei es mit pochierten Eiern, hart gekochten Eiern oder mit Rührei – die Menschen lieben Eiersuppe! Das gilt auch für uns! Eine Brühe mit Ei ist eine leichte und zugleich sehr befriedigende Mahlzeit. Kreieren Sie Ihre ganz persönliche Lieblings-Eiersuppe, denn für dieses Rezept können Sie jede neutrale oder aromatische Brühe verwenden.

Vorbereitung: 5–7 Minuten
Menge: ergibt 2 Portionen

1½ Tassen Brühe (aromatisch oder neutral)
4–6 Eier

Optionale Gewürze: Alle unten genannten Gewürze passen zusammen. Sie können also alle auf einmal verwenden oder nur einige kombinieren, ganz wie Sie wollen. Wenn Sie eine aromatische Brühe verwenden, probieren Sie zuerst, bevor Sie noch Gewürze hinzufügen. Manchmal ist kein zusätzliches Gewürz nötig, oder es genügen etwas Salz und gemahlener Pfeffer. Diese Gewürze eignen sich sehr gut für eine neutrale oder eine nur schwach aromatische Brühe, zum Beispiel Hühnerkraftbrühe:

1 TL getrockneter Thymian
½ TL Paprikapulver
½ TL schwarzer Pfeffer
1 TL Meersalz

1. Die Brühe und Gewürze in einen mittelgroßen Topf geben.
2. Die Brühe aufkochen, dann bei mittlerer Hitze ein paar Minuten simmern lassen.
3. Dann bei kleiner Hitze die Eier hinzufügen. Dieses Rezept ergibt 2 Portionen. Nehmen Sie also so viele Eier, wie Sie für 2 Portionen für angemessen halten.
4. Wie Sie die Eier zubereiten, können Sie selbst entscheiden. Sie können sie pochieren

oder einfach so in die Suppe einrühren. Wenn Sie möchten, können Sie auch zuerst Rührei zubereiten und dieses dann in die Suppe geben. Wer mag, kann auch bereits hart gekochte Eierhälften aus dem Kühlschrank in die Suppe geben. Probieren Sie einfach verschiedene Varianten aus!

5. Zum Pochieren der Eier die Brühe bei kleiner Hitze simmern lassen. Die Eier vorsichtig aufschlagen, sodass das Eigelb unversehrt bleibt. Die Eier so lange in der Brühe simmern lassen, bis das Eiweiß gar ist und das Eigelb so ist, wie Sie es haben wollen (wir mögen es weich, aber nicht flüssig). Sie können es aber auch länger kochen, bis das Eigelb hart gekocht ist.
6. Für eine Eierflockensuppe die rohen Eier in die Suppe geben und dabei für ein paar Minuten rühren. Die Suppe ist fertig, wenn das Eiweiß milchig weiß wird.

Serviervorschläge:

- Die Eiersuppe in Suppenschalen servieren und genießen.
- Als Beilage eignet sich eingelegtes Gemüse sehr gut, zum Beispiel Sauerkraut oder Kimchi.

HERZHAFTE HAMBURGER-SUPPE

Für dieses Rezept können Sie jede Art von Brühe verwenden, auch Gemüsebrühe. Die Suppe ist in wenigen Minuten zubereitet und eignet sich daher gut für eine schnelle Mahlzeit. Kurkuma verleiht der Suppe einen reichen, würzigen Geschmack, ohne übermäßige Schärfe. Sie wirkt wärmend im Herbst und Winter sowie im beginnenden Frühling. Wenn Sie sich erschöpft fühlen oder Ihr Blutzuckerspiegel zu niedrig ist, spendet Ihnen die Suppe neue Energie. Sie gibt Ihnen ein Gefühl gut geerdeter Befriedigung und neue Kraft.

Vorbereitung: 5 Minuten

Menge: ergibt 2–4 Portionen

2 EL Kokosöl (Ghee oder Butter)

2 TL Kurkumapulver

2 TL schwarzer Pfeffer

3 Tassen Knochen-Kraftbrühe, Fleischbrühe oder Gemüsebrühe (alternativ 2 Tassen Brühe und 1 Tasse Wasser)

2 TL Meersalz

250 g Rinderhackfleisch (oder Hackfleisch von Schwein, Lamm oder Geflügel)

Optional: 1 Tasse klein gehackter Pak Choi (oder gelber Sommerkürbis und Zucchini, beides in dünne Scheiben geschnitten)

1. Kokosöl in einem Topf bei kleiner Hitze erwärmen.
2. Die Gewürze hinzufügen, bis auf das Meersalz. Die Gewürze im Kokosöl 2 Minuten erwärmen, bis sie zu duften beginnen.
3. Dann die Brühe und das Meersalz dazugeben und 1 Minute simmern lassen.
4. Das Hackfleisch in kleinen Bröckchen in die Brühe geben. Nach Belieben noch zusätzlich das gehackte oder geschnittene Gemüse in den Topf geben. Dann die Brühe mit dem Fleisch (und dem Gemüse) mindestens 3 Minuten simmern lassen, bis das Fleisch die Farbe ändert und gar ist. In der Brühe werden Hackfleisch, Pak Choi und gelber Kürbis sehr schnell gar.

5. Zum Mitnehmen für unterwegs die Brühe aufkochen. Anschließend den Herd ausschalten. Das Hackfleisch in kleinen Bröckchen und nach Belieben das Gemüse hinzufügen. Dann die Brühe in eine Thermoskanne füllen und die Kanne verschließen. Fleisch und Gemüse werden in der Brühe gar und sind fertig, wenn Sie später die Suppe essen möchten.
6. Probieren Sie die Brühe. Wer möchte, kann sie mit Wasser verdünnen. Wenn Sie sich dagegen viel Kraft und Energie zuführen möchten, ist die unverdünnte, kräftige Brühe genau richtig. Wenn Sie aber ein leichteres Gefühl wünschen, verdünnen Sie die Suppe ein wenig. Beginnen Sie mit ¼ Tasse Wasser und probieren Sie. Wie fühlt es sich an? Möchten Sie die Suppe noch leichter? Fügen Sie noch ¼ Tasse Wasser hinzu und probieren Sie wieder. Machen Sie das so lange, bis die Suppe sich für Ihren Geschmackssinn und Körper richtig anfühlt.
7. Bei Bedarf können Sie auch mehr Salz und Pfeffer nehmen.

Serviervorschläge:

- Einfach als Suppe servieren. Oder einen Hamburger auf ein Bett aus fein gehacktem Salat und eingelegtem Gemüse legen und mit der Suppe übergießen.
- Zu dieser Suppe passt das Getreidefreie Kräuterbrot sehr gut.

LOUISES HEILENDE SPARGELSUPPE

Für dieses Rezept eignet sich jede Brühe mit Fleisch oder Geflügel oder der Heilkräftige Gemüse-Zaubertrank von Seite 118. Die Suppe schmeckt nicht nur köstlich, sie ist außerdem sehr gesund! Sie glänzt mit entzündungs- und krebshemmenden Eigenschaften, regt den Stoffwechsel an und fördert eine gesunde Verdauung.
Louise machte dieses Rezept nach ihrer Krebsdiagnose zum festen Bestandteil ihrer Heildiät – mit ausgezeichneten Resultaten: Gesunde Gedanken und eine gesunde Ernährung bewirkten, dass der Krebs auf natürliche Weise aufgelöst wurde!

Louise: *Als bei mir vor vielen Jahren Krebs diagnostiziert wurde, empfahl mir mein Ernährungsberater, dreimal täglich 60 Milliliter pürierten Spargel zu essen. Ich füllte die Spargelportionen in kleine Filmdosen, um sie überallhin mitnehmen zu können, denn damals gab es keine anderen geeigneten Behälter in dieser Größe. Spargel liebe ich bis heute und esse ihn mehrmals in der Woche. Mit dieser Suppe können Sie die Heilkraft des Spargels wunderbar in Ihre Ernährung integrieren, ergänzt durch einige heilkräftige Gewürze.*

Vorbereitung: 5–10 Minuten

Menge: ergibt 4 Tassen

2 EL Butter (Ghee oder Kokosöl)
1 TL schwarzer Pfeffer
2 TL Kurkumapulver
½ TL gemahlene Kreuzkümmelsamen
1 Knoblauchzehe, gehackt
3 Tassen Knochenbrühe, Fleischbrühe oder Heilkräftiger Gemüse-Zaubertrank
2 Tassen Spargel, in Stücke geschnitten
1 TL Meersalz

1. Butter in einem 3-Liter-Topf bei kleiner Hitze erwärmen. Pfeffer, Kurkumapulver und Kreuzkümmel dazugeben und bei kleiner Hitze 2 Minuten erwärmen, um das Aroma und die Heilkräfte der Gewürze freizusetzen. Den Knoblauch hinzufügen und 2 Minuten mit erwärmen.

2. Die Brühe in einen Topf gießen und aufkochen. Den Spargel hinzufügen und bei kleiner Hitze mindestens 5 Minuten simmern lassen, bis der Spargel weich ist.
3. Das Meersalz dazugeben und die Suppe mit einem Stabmixer, in einer Küchenmaschine oder im Mixer pürieren, bis die Suppe schön glatt und cremig ist. Sie können den Spargel auch mit einem Kartoffelstampfer zerdrücken und mit der Suppe vermischen.
4. Die Suppe in Suppenschalen servieren. Reichen Sie dazu Meersalz, Pfeffer, Butter, Sesamöl oder Avocadoscheiben, damit jeder seine Suppe nach Belieben selbst abschmecken kann.

Serviervorschläge:

- Servieren Sie zu der Suppe Ihr Lieblingsgericht mit Fleisch, Geflügel oder Fisch.
- Reichen Sie zu der Suppe das Getreidefreie Kräuterbrot oder Mayas finnisches Sauerteig-Roggenbrot.

MAORI PUHA[1]

Dieses Rezept stammt von Nick Polizzi, Autor des Buches *The Sacred Cookbook: Forgotten Healing Recipes of the Ancients*. Sie benötigen dafür keine Brühe als Grundlage, weil das Kochen einer Hühnerbrühe Bestandteil der Zubereitung ist.

Vor Jahrhunderten kamen die Maori aus Polynesien nach Neuseeland. Dort entwickelten sie, isoliert von anderen Einflüssen, ihre einzigartige Kultur. Die Maori waren nicht nur Jäger und Sammler, sondern legten auch große Gemeinschaftsgärten an, in denen sie zahlreiche Gemüsesorten anbauten, unter anderem Süßkartoffeln und Taro-Knollen. Ehe die europäischen Siedler ihnen eine andere Lebensweise aufzwangen, kannten die Maori keinen Privatbesitz. Vielmehr beruhte ihre spirituelle Philosophie auf der Verantwortung, die Erde zum Wohle aller zu schützen.

Zwar sorgten ein stetiger Einwandererstrom und jahrzehntelange Konflikte im 19. Jahrhundert für einen starken Rückgang der Maori-Bevölkerung, doch in jüngster Zeit erfährt die traditionelle Kultur der Maori eine Wiederbelebung. Ihre Lebensweise und Kochkunst stößt auf großes Interesse.

Die traditionelle Methode der Maori zur Zubereitung von Eintöpfen hat sich im Lauf der Jahre kaum verändert. Gemüse wie Süßkartoffeln, Spinat und Brunnenkresse werden dafür in Fleisch- oder Gemüsebrühe gekocht.

Vorbereitung: 1 Stunde

Zubereitung insgesamt: 3 Stunden

1 ganzes Huhn aus Freilandhaltung

2 EL Meersalz

1 Bund Puha (alternativ Brunnenkresse)

1 Bund Lauch, in ca. 1 cm dicke Stücke geschnitten

1 Süßkartoffel, geschält und gewürfelt

½ weiße Zwiebel, geschält und gehackt

6 Tomaten, gehackt

1 kleiner Kürbis, entkernt, geschält und gewürfelt

3 Frühlingszwiebeln, in dünne Ringe geschnitten

1. Das Huhn unter fließendem Wasser abspülen und mit knapp 2 l Wasser und Meersalz in einen Kochtopf geben. Alles aufkochen und bei kleiner Hitze etwa 1 Stunde simmern lassen, bis sich das Fleisch von den Knochen löst.
2. Puha (oder Brunnenkresse) in kaltem Wasser 5 Minuten ziehen lassen. Dann in einer Salatschleuder trocken schleudern oder mit Küchenpapier trocken tupfen. Mit dem Lauch genauso verfahren.
3. Das Huhn aus dem Topf nehmen und abkühlen lassen. Süßkartoffel, weiße Zwiebel, Tomaten, Kürbis und Lauch in die Hühnerbrühe geben und 15 Minuten simmern lassen.
4. Das Hühnerfleisch von Haut und Knochen befreien (die Knochen für eine Knochen-Kraftbrühe aufheben). Das Fleisch in große Stücke zerteilen und mit den Frühlingszwiebeln wieder in die Brühe geben und alles weitere 15 Minuten simmern lassen.
5. Puha (oder Brunnenkresse) hinzufügen und die Suppe in Suppenschalen servieren.

Serviervorschlag:

- Rühren Sie in jede Portion einen Löffel Quinoa oder Wildreis (gegart) ein. Beides passt sehr gut zu dieser Suppe.

TOM-YUM-SUPPE[2]

Dieses Rezept verdanken wir ebenfalls Nick Polizzi. Verwenden Sie dafür Hühnerbrühe oder Gemüsebrühe. Sie können aber auch jede andere neutrale Kraftbrühe nehmen.
Die in Thailand besonders beliebte Tom-Yum-Suppe ist eine wahre »Wundersuppe«, was auf eine besonders gesunde Kombination von Kräutern und Gewürzen zurückzuführen ist. Jüngste wissenschaftliche Studien zu diesem traditionellen asiatischen Gericht verblüfften die Experten: Offenbar vermag diese Suppe hundertmal stärker als jede andere Speise das Wachstum von Tumoren zu hemmen! Auch stärkt sie das Immunsystem und ist ein wirksames natürliches Heilmittel gegen Grippe- und Schnupfenviren.
Vor allem aber schmeckt sie köstlich und ist die perfekte Suppe für einen ungemütlichen und sehr kalten Wintertag!

Vorbereitung: etwa 50 Minuten

Menge: ergibt 2 Portionen

3–4 Tassen Hühner- oder Gemüsebrühe

1 Stängel Zitronengras, fein gehackt (nur das untere Drittel des Stängels verwenden, den Rest wegwerfen)

3 Knoblauchzehen, fein gehackt

½ TL rote Chilipaste (je nach Geschmack)

Saft von ½ Limette

½ Tasse frische Shiitake-Pilze, in dünne Scheiben geschnitten

12–15 Riesengarnelen, geschält und entdarmt (Schalen einfrieren und für die nächste Fischbrühe verwenden)

1 grüne Paprikaschote, in Streifen geschnitten

1 rote Paprikaschote, in Streifen geschnitten

½ Tasse Kirschtomaten, halbiert

½ Dose Kokosmilch (oder ½ Tasse Wasser und 1½ EL Kokosbutter im Mixer gründlich mixen)

2 EL Fischsauce

1 EL Meersalz

1 TL Honig

⅓ Tasse frische Korianderblätter (oder 2 EL gemahlener Koriander)

1. Die Brühe in einen Topf gießen und bei mittlerer Hitze aufkochen. Das Zitronengras dazugeben und alles 5–6 Minuten kochen lassen, bis das Zitronengras duftet.
2. Knoblauch, Chilipaste, Limettensaft und Pilze hinzufügen und alles bei kleiner Hitze 5 Minuten simmern lassen.
3. Garnelen, rote und grüne Paprikaschoten und Kirschtomaten dazugeben. Dann alles 2–3 Minuten simmern lassen, bis die Garnelen rosa und prall sind.
4. Kokosmilch, Fischsauce, Meersalz und Honig hinzufügen und die Suppe noch ein paar Minuten simmern lassen.
5. Die Suppe in Schalen mit frischem Koriander bestreut (oder mit etwas gemahlenem Koriander abschmecken) servieren. Das schmeckt einfach köstlich!

Serviervorschläge:

- Reichen Sie dazu Aioli und das Getreidefreie Kräuterbrot oder Mayas finnisches Sauerteig-Roggenbrot.

MANGOLDSUPPE[3]

Dieses Rezept von der Price-Pottenger Nutrition Foundation passt zu jeder Art von Brühe, einschließlich Gemüsebrühe. Diese Suppe trägt dazu bei, die basischen Reserven des Körpers wieder aufzufüllen.

Vorbereitung: 5–7 Minuten
Menge: ergibt 4 Portionen

1 Tasse gekochter Mangold, am besten gedünstet

3 Tassen Brühe

1 EL Pfeilwurzelmehl

1 EL Butter

1 Messerspitze gemahlene Muskatnuss

1. Den gedünsteten Mangold mit Brühe und Pfeilwurzelmehl gut durchmischen und erwärmen, bis die Suppe dicklich wird.
2. Butter und Muskatnuss hinzufügen und die Butter schmelzen lassen. Die Suppe gut umrühren und in Schalen oder großen Tassen servieren.

Serviervorschläge:

- Genießen Sie dazu das Getreidefreie Kräuterbrot oder Mayas finnisches Sauerteig-Roggenbrot.

PÜRIERTE BOHNENSUPPE

Diese Suppe können Sie mit allen Arten von Fleisch- und Geflügelbrühe und mit dem Heilkräftigen Gemüse-Zaubertrank (Seite 118) zubereiten.
Sie schmeckt so köstlich, dass sie bei unseren Gästen immer wieder Begeisterungsstürme auslöst! Sie lässt sich einfach und schnell zubereiten, steckt voller gesunder Vitamine und Mineralien und bietet zahlreiche Variationsmöglichkeiten.

Vorbereitung: 7–10 Minuten

Menge: ergibt 4 Portionen

1 EL Butter

2 TL Kurkumapulver

1 TL schwarzer oder weißer Pfeffer

2 Tassen aromatische Rinderbrühe (oder jede andere Brühe)

1 TL Meersalz

3 Tassen grüne Bohnen

1. Die Butter in einem Topf bei kleiner Hitze zerlassen.
2. Kurkumapulver und Pfeffer dazugeben und 2 Minuten erwärmen, sodass die Gewürze ihr Aroma und ihre Heilkraft entfalten.
3. Die Brühe dazugießen und bei starker Hitze aufkochen. Das Meersalz dazugeben.
4. Die Bohnen waschen und die Enden abschneiden (eventuell für andere Brühenzubereitungen verwenden). Die Bohnen in die Brühe geben und offen bei kleiner Hitze 3–5 Minuten simmern lassen, bis sie weich sind.
5. Den Topf vom Herd nehmen und die Bohnen mit einem Stabmixer oder in einer Küchenmaschine oder in einem Mixer cremig pürieren.

Optional: Fügen Sie eine der folgenden Zutaten hinzu:

- Ein paar Stückchen vom Misslungenen, aber köstlichen Pfannenbrot. Macht die Suppe kräftiger und gehaltvoller.
- 2–4 Eier
- Etwas Ochsenschwanzfleisch von Heathers Einfacher Ochsenschwanzbrühe
- Etwas Hackfleisch

Serviervorschläge:

- Die Suppe mit Meersalz und Pfeffer abschmecken. In Suppenschalen warm servieren und ein Stück Butter oder etwas Kokosöl daraufgeben.

ZIEGEN-GEMÜSE-EINTOPF

Für dieses Rezept von Eyton Shalom benötigen Sie Lammbrühe, aber es funktioniert auch mit jeder anderen neutralen Brühe und mit dem Heilkräftigen Gemüse-Zaubertrank (Seite 118).

Vorbereitung: 20 Minuten

Zubereitung insgesamt: 2–4 Stunden

Menge: ergibt 4–6 Portionen

500 g Ziegenfleisch (Wenn Sie keine Bezugsquelle für hochwertiges Ziegenfleisch haben, nehmen Sie stattdessen Rinderbrust oder Lammbrust.)

3 Knoblauchzehen

2 EL Ghee (Butter oder Kokosöl)

2½ TL Kreuzkümmelsamen

12 Kardamomkapseln (oder 2 TL gemahlener Kardamom)

1½ TL schwarze Pfefferkörner

1½ TL Kurkumapulver

1 große oder 2 kleine Zwiebeln, geschält und gewürfelt (etwa 1½ Tassen)

2 Tassen Brühe

2 TL Meersalz

2 große Möhren, in große Stücke geschnitten (Sind die Stücke zu klein, besteht die Gefahr, dass die Möhren zerkocht werden.)

2 Tassen Weißkohl, gehackt

1. Das Ziegenfleisch unter fließendem Wasser abspülen und mit einem Küchentuch trocken tupfen.
2. Den Knoblauch schälen und hacken.
3. Das Ghee in einer großen Schmorpfanne (oder einem Bräter) mit Deckel bei kleiner Hitze zerlassen. Kreuzkümmel, Kardamom, schwarze Pfefferkörner und Kurkumapulver dazugeben und etwa 1 Minute erhitzen.
4. Das Ziegenfleisch dazugeben und bei mittlerer Hitze in 5 Minuten rundum braun anbraten. Zwiebelwürfel und Knoblauch hinzufügen und 2–3 Minuten mitbraten.

5. Die Brühe dazugießen, Meersalz und Möhren hinzufügen. Eventuell zusätzlich Wasser dazugeben, bis das Fleisch etwa 10 Zentimeter hoch bedeckt ist.
6. Alles bei starker Hitze aufkochen, dann bei kleiner Hitze 2 bis maximal 4 Stunden simmern lassen.
7. Etwa 45 Minuten vor dem Ende der Garzeit den Weißkohl dazugeben.

Serviervorschläge:

- Den Eintopf in Suppenschalen auf Selleriepüree, gekochtem Quinoa oder Reis anrichten und servieren.
- Genießen Sie dazu das Getreidefreie Kräuterbrot oder Mayas finnisches Sauerteig-Roggenbrot.

SCHNELLE PHO-SUPPE

Für dieses Rezept der populären Köchin Quinn Wilson eignen sich alle Fleisch- und Gemüsebrühen.
Diese Suppe ist ein fantastisches, einfaches Mittagessen – ideal fürs Büro oder unterwegs. Füllen Sie einfach alle Zutaten, auf die Sie Lust haben, in ein Weckglas (½ Liter oder 1 Liter, ganz wie Sie wollen). Gießen Sie heiße Brühe dazu, die dann die Zutaten zu einer köstlichen Suppe für unterwegs erwärmt.
Wenn Sie mehrere Stunden unterwegs sind, können Sie die Brühe morgens, ehe Sie aufbrechen, zubereiten und in einer Thermoskanne mit großer Öffnung mitnehmen. Dann haben Sie später ein tolles Mittagessen oder eine nährende, wärmende Zwischenmahlzeit.

Vorbereitung: 5–10 Minuten

Menge: ergibt 1 Portion

Alle Zutaten sind frei wählbar: Vertrauen Sie dabei auf ihre Imagination. Sie können Zutaten wählen, die zu einem bestimmten Thema passen. Oder Sie nehmen einfach Ihre Lieblingszutaten.

Gemüse nach Geschmack (Zucchini, Möhren, Zwiebeln, Radieschen, Tomaten, Kohl, Brokkoli- oder Blumenkohlröschen und so weiter), in dünne Scheiben geschnitten

Fleisch jeder Art (oder Garnelen), gegart und in dünne Scheiben geschnitten

fermentiertes Gemüse und scharfe Saucen (z. B. Kimchi, Sauerkaut, Rote Bete oder Sambal Oelek)

frische Kräuter (z. B. Basilikum, Schnittlauch, Petersilie, Koriander). Nehmen Sie pro Tasse Suppe jeweils etwa 1 Messerspitze.

Reisnudeln

Brühe (für ein Halbliter- oder Einliter-Einmachglas mit Deckel, zum Auffüllen)

Meersalz und Pfeffer

1. Am Vorabend Gemüse, Fleisch und die anderen Zutaten vorbereiten (Gewürze, Nudeln und dergleichen). Alles in das Einmachglas füllen, aber nur so viel, dass noch Platz genug für die Brühe und die Reisnudeln ist.

2. Wenn Sie die Suppe essen möchten, die Brühe auf dem Herd erhitzen. Dann die heiße Brühe vorsichtig in das Glas gießen und die Reisnudeln hinzufügen. Wenn die Reisnudeln weich geworden sind, das Glas mit dem Deckel verschließen und die Mischung 5–7 Minuten ziehen lassen.
3. Nach Wunsch mit Meersalz und Pfeffer abschmecken.

AIOLI – GESÜNDERE VARIANTE

Für dieses Rezept benötigen Sie neutrale oder schwach aromatische Brühe. (Wenn die Brühe zu dünn ist, geben Sie 1 Esslöffel nicht aromatisiertes Gelatinepulver pro Liter dazu. Das macht sie angenehm dickflüssig.)
Mayonnaise aus industrieller Produktion wird häufig mit ungesunden raffinierten Ölen hergestellt. Die Erhitzung und chemische Behandlung dieser Öle führt zur Bildung von schädlichen freien Radikalen. Wenn Sie Aioli (Knoblauch-Mayonnaise) selbst zubereiten, was sehr einfach ist, verwenden Sie ein gesundes, unraffiniertes Öl. Von Rapsöl raten wir ab, da es oft stark industriell verarbeitet ist. Kalt gepresstes Olivenöl (extra vergine) ist eine gute Grundlage für ein wohlschmeckendes Aioli und muss nicht mit anderen Ölen gemischt werden.
Selbst gemachtes Aioli hält sich im Kühlschrank mehrere Wochen. Und Sie wissen, dass es reich an gesunden Fetten ist, mit denen Sie dem Gehirn und Körper Gutes tun.

Vorbereitung: etwa 10 Minuten

Menge: ergibt 3 Tassen

2 große Knoblauchzehen

1 EL Apfelessig

Meersalz (oder Himalajasalz)

1 frisches Ei

2 frische Eigelb

1 EL Dijon-Senf (wählen Sie einen, der mit Apfelessig hergestellt wurde)

3 EL Knochen-Kraftbrühe (neutral oder schwach aromatisch)

2 Tassen Olivenöl (extra vergine)

Optional: Gewürze für mehr Geschmack oder zum Abrunden:

- 1 TL schwarzer Pfeffer
- 1 TL getrocknetes Basilikum
- 1 TL Thymian, getrocknet oder frisch

1. Knoblauch schälen und längs halbieren. Mit kaltem Wasser in einen kleinen Topf geben und aufkochen. Das Wasser abgießen und den Knoblauch wieder in den Topf legen.
2. Etwa ½ Tasse Wasser zum Knoblauch gießen. Apfelessig und 1 Prise Meersalz dazugeben und alles aufkochen. Das ganze Ei hinzufügen. Das Eiweiß soll ganz weiß werden, das Eigelb aber flüssig bleiben. Das dauert etwa 1–2 Minuten.
3. Den Topf vom Herd nehmen. Ei und Knoblauch mit einem Schlitzlöffel aus dem Topf nehmen. Das Wasser wegschütten.
4. Ei und Knoblauch in eine Küchenmaschine (mit S-Klinge) oder einen Mixer geben. Eigelbe, Senf, Brühe und 1 TL Meersalz hinzufügen und alles auf niedriger oder mittlerer Stufe aufschlagen.
5. Das Olivenöl sehr langsam dazugießen. Das langsame Gießen ist wichtig, denn sonst dickt das Aioli nicht richtig ein (emulgiert). Das Eingießen des Öls in die Küchen-

maschine oder den Mixer sollte etwa 2 Minuten dauern. Das ist eine gute Gelegenheit, um währenddessen zu meditieren, beten oder affirmieren! Wenn Sie langsam genug gießen, wird das Aioli sehr schön eindicken – wie Mayonnaise oder Pudding.

6. Anschließend das Aioli probieren. Wenn Sie eine aromatisierte Brühe verwendet haben, probieren Sie, ob Ihnen der Geschmack bereits zusagt. Wenn nicht, geben Sie etwas schwarzen Pfeffer, getrocknetes Basilikum und/oder getrockneten Thymian dazu. Vielleicht fehlt auch noch etwas Meersalz. Die Gewürze untermixen, aber nicht zu stark mixen und nur so lange, bis die Zutaten gut verrührt sind.

Wichtiger Hinweis: Wenn Sie zum ersten Mal Aioli zubereiten, kann der Knoblauch bitter schmecken. Dieser bittere Nachgeschmack verschwindet, wenn Sie das Aioli 24 Stunden in den Kühlschrank stellen. Manche Köche entfernen deshalb den Keim in der Mitte des Knoblauchs. Doch wenn der Knoblauch gekocht wird, macht das unserer Erfahrung nach keinen großen Unterschied. Aber probieren Sie einfach aus, was Ihnen am besten schmeckt. (Falls eine Knoblauchzehe einen grünen Keim enthält, entfernen Sie ihn vorsichtshalber, weil er bitter schmecken kann.)

Serviervorschläge:

- Verwenden Sie Aioli anstelle von Mayonnaise.
- Aioli eignet sich gut als Dip für Gemüse, Fisch, Fleisch oder Geflügel und als Sauce für einen Krabbencocktail.
- Reichen Sie dazu das Getreidefreie Kräuterbrot.
- Bereiten Sie damit den Verführerischen Thunfischsalat, den Köstlichen Lachssalat und den Hummersalat Extravaganza zu.

LOUISES FRANZÖSISCHE REMOULADE MIT AIOLI

Diese Remoulade basiert auf Aioli oder Mayonnaise. Die Sauce passt wunderbar zu Fleisch, Gemüse, Fisch oder Meeresfrüchten. Verwenden Sie für dieses Rezept unser Aioli und fügen noch einige Gewürze hinzu.

Louise: *Ich liebe Remoulade! Einmal kaufte ich eine fertige Remoulade in einem Naturkostladen, ohne auf die Zutatenliste zu schauen. Erst als ich davon probierte, merkte ich, dass sie auf Cajun-Art zubereitet und sehr scharf war! Ich bin eine Liebhaberin von Gewürzen, aber sehr scharfe Gewürze schätze ich weniger. So beschloss ich, meine eigene französische Remoulade herzustellen. Wenn Sie es aber scharf mögen, probieren Sie doch einfach die Cajun-Version aus und ersetzen Sie Dillgurken und Kapern durch Ihren Lieblings-Cajun-Senf und scharfe Gewürze.*

Vorbereitung: etwa 10 Minuten

Menge: ergibt 1¼ Tassen

1¼ Tassen Aioli (Rezept Seite 172)

1 TL frischer Estragon (oder 1 Messerspitze getrockneter Estragon)

1 EL Kapern, gewaschen und abgetropft

1 EL gehackte Dillgurken

1 EL gehackte Sardellen (oder Sardellenpaste)

1 TL Kurkumapulver

1 TL Paprikapulver

2 TL Meerrettich (frisch gerieben oder aus dem Glas)

1. Alle Zutaten in eine Küchenmaschine oder einen Mixer geben und alles gut durchmixen. Lassen Sie einfach weg, was Sie nicht mögen, zum Beispiel Sardellen, Kapern oder Dillgurken. Die Remoulade ist etwas dünnflüssiger als Aioli.
2. Die Remoulade probieren. Eventuell nach Belieben noch etwas Salz und Pfeffer hinzufügen.

Serviervorschläge:

- Sie können die Remoulade anstelle von Aioli verwenden.
- Sie schmeckt als Sauce zu Gemüse, Fisch, Fleisch oder Geflügel. Auch für Krabbencocktails eignet sie sich sehr gut.
- Servieren Sie die Remoulade als Dip zum Getreidefreien Kräuterbrot.
- Verwenden Sie die Sauce als Salatdressing.

Artischocken-Tahin-Sauce

Verwenden Sie für dieses Rezept neutrale Brühe. Diese Sauce schmeckt köstlich zu grünen Bohnen und anderem gedünsteten Gemüse oder als Dip.

Vorbereitung: etwa 25 Minuten (1 Stunde mehr, wenn die Artischocken in Wasser gelegt werden)

Menge: ergibt 1½ Tassen

2 EL Ghee (oder rohe Butter)

¼ Tasse Kraftbrühe (neutral)

½ Tasse gewürfelte rote Zwiebeln

2 TL getrockneter Dill

2 TL getrockneter Oregano

2 TL gemahlener Rosmarin

1 TL Meersalz (oder Herbamare Kräuter-Meersalz)

1 TL schwarzer Pfeffer

360 g in Wasser eingelegte Artischockenherzen (*Optional:* Einlegewasser abgießen. Die Herzen in eine Schüssel legen, mit etwas Wasser bedecken und 1 Stunde ziehen lassen. Dadurch wird die Zitronensäure aus den Artischockenherzen entfernt. Anschließend abtropfen lassen.)

2 EL Tahin (ersatzweise Mandelmus oder Mus aus Sonnenblumenkernen)

¼ Tasse Öl, das sich oben in dem Tahinglas absetzt (oder Sesamöl)

1. Das Ghee in einer Pfanne bei kleiner Hitze zerlassen. Brühe, Zwiebeln, Dill, Oregano, Rosmarin, Meersalz (oder Kräutersalz) und schwarzen Pfeffer dazugeben und bei kleiner Hitze dünsten, bis die Zwiebeln glasig sind.
2. Die Pfanne vom Herd nehmen und die Mischung abkühlen lassen. Dann die Mischung in eine Küchenmaschine (mit S-Klinge) geben. Artischockenherzen, Tahin und Tahinöl (oder Sesamöl) hinzufügen.
3. Alles gründlich durchmixen und die Sauce bei Bedarf mit Salz abschmecken.

Serviervorschläge:

- Diese Sauce schmeckt warm und kalt. Sie können sie kalt als Dressing oder Dip und warm für Gemüse, Geflügel und weißen Fisch verwenden.
- Wer die Sauce als Dip zu rohem Gemüse oder dem Getreidefreien Kräuterbrot servieren möchte, stellt sie zuvor mindestens 1 Stunde in den Kühlschrank.

SALATDRESSING – GANZ NACH WUNSCH

Für dieses Rezept wird Kollagen-Hydrolysat (oder Kollagen-Peptide) verwendet. Wenn Sie kein Hydrolysat vorrätig haben, lassen Sie es einfach weg oder verwenden stattdessen neutrale oder aromatische Brühe.
Ein großer Teil der im Handel erhältlichen Salatsaucen steckt voller raffinierter Fette und Transfette, die nicht gerade gesund für das Gehirn sind. Dabei ist es so einfach, gesunde Salatdressings zuzubereiten! Es dauert nur ein paar Minuten.

Vorbereitung: 5 Minuten
Menge: ergibt etwa 1 Tasse Dressing

1 Tasse Olivenöl (extra vergine)

⅓ Tasse roher Apfelessig

1 EL Kollagen-Hydrolysat (Kollagen-Peptide) oder Brühe (Wenn Sie eine aromatische Brühe verwenden, probieren Sie vorher, um ein Gefühl für den Geschmack zu bekommen. Da es sich um eine kleine Menge Brühe handelt, sollte sie dem Dressing nur eine zarte Geschmacksnote geben.)

1 TL Meersalz

1 TL schwarzer Pfeffer

1. Alle Zutaten mit einem Schneebesen gut verrühren oder im Mixer gründlich durchmischen. Das ergibt eine leichte, köstliche Vinaigrette!

Varianten:

- Honig-Dijon: 1 EL Dijon-Senf und 2 TL Honig (probieren Sie – wenn das Dressing süßer sein soll, geben Sie noch 1 TL Honig dazu) unter die Vinaigrette rühren.
- Kräuter-Vinaigrette: ½ TL getrockneten Thymian und ½ TL getrocknetes Basilikum hinzufügen.
- Zitronen-Vinaigrette: Die Vinaigrette mit 1 EL Zitronensaft verrühren.
- Balsamico-Vinaigrette: Ersetzen Sie den Apfelessig durch ⅓ Tasse Aceto balsamico.

WEISSWEIN-SENF-SAUCE

Zu diesem Rezept passt Geflügelbrühe oder jede andere mild aromatische Brühe. Diese rasch zubereitete Gourmetsauce passt hervorragend zu Geflügel, Kaninchen, Fisch, Lamm und Gemüse. Man kann sie aber auch sehr gut als Salatdressing verwenden oder Suppen, Brühen und Eintöpfe damit geschmacklich aufpeppen. Sie lässt sich gut einfrieren, sodass sie für eine schnelle Mahlzeit oder eine spontane Party gebrauchsfertig ist.

Vorbereitung: 10 Minuten

Zubereitung insgesamt: 20 Minuten

Menge: ergibt 3 Tassen

2 EL frisch zerdrückter Knoblauch (ersatzweise 2 gewürfelte Schalotten oder ½ Tasse gewürfelte rote Zwiebeln)

1 Tasse Weißwein

½ Tasse Dijon-Senf

½ Tasse Kokosbutter

1 Tasse Brühe (Jede Brühe ist geeignet, aber wir empfehlen eine neutrale oder mild aromatische Geflügelbrühe.)

2 EL gemahlener Rosmarin

2 TL getrockneter Thymian

1 TL getrocknetes Basilikum

1 TL schwarzer Pfeffer

1 TL Meersalz

1. Alle Zutaten, bis auf Meersalz, und 1 Tasse Wasser in einen Topf oder eine Pfanne geben und gründlich umrühren. Das Meersalz hinzufügen und alles bei kleiner Hitze 10 Minuten simmern lassen.
2. Die Sauce probieren. Eventuell nach Belieben mit Salz und Pfeffer abschmecken.
3. Die Sauce vom Herd nehmen und zur Seite stellen, bis das Hauptgericht fertig ist.

Serviervorschläge:

- Servieren Sie die Sauce zu Gemüse, Lamm, Geflügel, Burgern oder Salaten oder in Suppen und Eintöpfen.
- Sie passt sehr gut zu pochierten Eiern und Rührei oder als Alternative zu Aioli.

7. Kapitel

Die Kraftspender: Fleisch- und Fischgerichte

HERZHAFTE HACKFLEISCH-CUPCAKES MIT SELLERIEPÜREE-TOPPING

Für dieses Rezept benötigen Sie Fleischbrühe aus rotem Fleisch, es funktioniert aber auch mit Geflügelbrühe oder dem Heilkräftigen Gemüse-Zaubertrank (Seite 118).
Die Cupcakes schmecken schon für sich allein hervorragend, noch mehr Spaß machen sie aber mit Selleriepüree-Topping, denn dann sehen sie wirklich wie glasierte süße Cupcakes aus! (Das Rezept für Selleriepüree finden Sie auf Seite 217.) Und sie lassen sich rasch und unkompliziert zubereiten, sind also ideal für spontane Partys.

Zubereitungsdauer: 15–60 Minuten

Menge: ergibt 10–12 Cupcakes

1 große rote Zwiebel, gewürfelt (etwa 1½ Tassen)

1 Tasse Fenchelknolle, klein gewürfelt

½ Tasse Kokosöl (oder Butter)

1 EL gemahlener Rosmarin

2 TL Kurkumapulver

2 TL Bockshornklee

2 TL gemahlener Piment

2 TL schwarzer Pfeffer

2 TL Knoblauchpulver

2 TL Meersalz

1 Tasse Madeira

2 Tassen Brühe (vorzugsweise Fleischbrühe aus rotem Fleisch; Sie können aber auch Geflügelbrühe oder den Heilkräftigen Gemüse-Zaubertrank verwenden)

1 kg Rinderhackfleisch

1. Den Backofen auf 180 °C vorheizen.
2. Zwiebeln und Fenchelknolle würfeln.
3. Zwiebeln, Fenchel und alle Gewürze (außer Meersalz) in einem 3-Liter-Topf bei kleiner Hitze in 1 Esslöffel Kokosöl 5 Minuten anbraten. Brühe und Madeira dazugeben und 10 Minuten bei kleiner Hitze simmern lassen.
4. Den Topf vom Herd nehmen, Hackfleisch und Meersalz untermischen. Das restliche Kokosöl dazugeben und gründlich verrühren.
5. 12 Cupcake-Formen einfetten. Wenn Sie zu wenige Cupcake-Backformen haben, nehmen Sie zusätzlich eine Brotbackform. Fühlen Sie das Gehackte in die Formen, aber nur so viel, dass es die Form ausfüllt, ohne oben herauszuragen.
6. Wenn Sie Silikonformen verwenden, stellen Sie diese auf ein Backblech, um sie einfacher in den Backofen schieben und herausholen zu können. 7–12 Minuten backen, bis das Fleisch so gar ist, wie Sie es wünschen.
7. Während die Hackfleisch-Cupcakes im Ofen sind, bereiten Sie das Selleriepüree von Seite 217 zu.
8. Wenn das Hackfleisch gar und das Selleriepüree zubereitet ist, können Sie Ihre »Cupcakes« anrichten. Krönen Sie die Fleisch-Küchlein mit etwas Selleriepüree. Sie können dazu auch eine Glasur-Spritze verwenden, um die Hackfleisch-Cupcakes mit schönen Ornamenten zu schmücken, sodass sie süßen Cupcakes zum Verwechseln ähnlich sehen.

Serviervorschläge:

- Servieren Sie die Hackfleisch-Cupcakes ohne weitere Zutaten. Sie schmecken auch für sich allein köstlich! Oder verwenden Sie das Selleriepüree als Topping, sodass es aussieht wie glasierte süße Cupcakes.
- Reichen Sie dazu: Einfach gedünsteter Spargel, Delikater Rosenkohl oder Ihre Lieblingssuppe.

KNUSPRIGE SHORT RIBS MIT LIMETTE, KORIANDER UND MINZE

Dieses Rezept verdanken wir Nick Brune, Chefkoch des Restaurants Local Habit in San Diego. Nehmen Sie dafür Rinderbrühe oder eine andere Brühe Ihrer Wahl, neutral oder aromatisch.

Es ist ein ziemlich anspruchsvolles Rezept, aber dieses großartige, von einem absoluten Ausnahmekoch kreierte Gericht lohnt den Zeitaufwand! Wenn Sie die Zubereitungszeit verkürzen wollen, können Sie aufhören, nachdem die Rippen in der Brühe gesimmert haben. Wenn Sie aber ein wirkliches Küchenabenteuer erleben wollen, ziehen Sie die Sache bis zum Ende durch. Ein einmaliges Geschmackserlebnis wartet auf Sie!

Vorbereitung: Beginnen Sie 2 Tage im Voraus – die Rippen werden über Nacht mariniert und dann wieder in den Kühlschrank gelegt, um noch einmal 5 Stunden lang oder über Nacht Aroma zu entwickeln.

Unmittelbare Vorbereitung: 2 Stunden

Zubereitung insgesamt: 26 Stunden

Menge: ergibt 10–12 Portionen

3 kg Short Ribs ohne Knochen (*Hinweis:* Bei deutschen Grillfreunden bürgern sich die amerikanischen Bezeichnungen immer mehr ein, aber für Metzger im deutschsprachigen Raum ist die »Short Rib« die Querrippe des Rindes.)

⅔ Tasse Fischsauce

1 Tasse gehackte Schalotte

¼ Tasse gehackter Knoblauch

¼ Tasse Olivenöl (extra vergine)

1 EL schwarzer Pfeffer

4 EL Chiliflocken

1 Schweinefuß, gespalten

2,5 l Rinderbrühe

Butter oder Rindertalg

Frühlingszwiebeln

Bohnensprossen

14 Stängel Minze

1 Tasse Koriandergrün

5 Limetten

Optional: scharfer Thai-Chili

1. Die Short Ribs in einen tiefen Glasbräter oder eine Kasserolle legen.
2. Fischsauce, Schalotte, Knoblauch, Olivenöl, schwarzen Pfeffer und Chiliflocken in eine Schüssel geben. Mit einem Schneebesen zu einer Marinade verrühren und über die Short Ribs gießen.
3. Die Short Ribs mit den Händen mit der Marinade einreiben, dabei sollten die Zutaten gleichmäßig auf dem Fleisch verteilt sein. Die Short Ribs mit Frischhaltefolie abdecken und über Nacht im Kühlschrank marinieren.
4. Am nächsten Tag den Backofen auf 150 °C vorheizen.
5. Die Short Ribs aus dem Kühlschrank nehmen und in 30 Minuten Zimmertemperatur annehmen lassen. (Wenn Sie einen Schongarer benutzen, können Sie diesen Schritt überspringen.)
6. Im Schongarer werden die Rippen und der Schweinefuß gegart, bis das Fleisch weich und zart ist, was in der Regel etwa 8 Stunden dauert.
7. Für die Zubereitung im Backofen Short Ribs, Schweinefuß und Brühe in einen großen Bräter mit Deckel legen. (Ein toller Trick besteht darin, ein Stück Backpapier in Größe des Bräters zuzuschneiden und über die Öffnung zu legen, dann eine Lage Alufolie darauflegen und den Deckel aufsetzen. So bleibt der Dampf im Bratentopf, und zugleich schützt das Backpapier das Fleisch vor der Folie.) Alles 2½–3 Stunden im Backofen simmern lassen, bis das Fleisch gar und zart ist. Den Bräter aus dem Ofen nehmen. Fleisch und Brühe im Bräter zugedeckt abkühlen lassen.
8. Fleisch und Schweinefuß aus dem Bräter nehmen. Die Brühe durch ein feines Küchensieb in eine Schüssel abgießen.
9. Das etwas abgekühlte Fleisch in kleine Stücke zerteilen. Dafür das Fleisch in einem niedrigen Topf oder einer flachen Schüssel mit zwei Gabeln auseinanderziehen.
10. Brühe und Schweinefuß wieder in den Topf geben und bei mittlerer Hitze weitere 30 Minuten simmern lassen. Danach die Brühe wieder durch das Sieb abgießen.
11. Die Fleischstücke in eine große Schüssel geben. Vorsichtig etwas Brühe darübergießen, sodass alle Stücke gut mit der Brühe befeuchtet sind. Es reichen 1½–2 Tassen (restliche Brühe für andere Mahlzeiten aufheben). Dann das Fleisch auf einem großen Backblech ausbreiten, mit Backpapier abdecken und ein zweites Backblech daraufsetzen.
12. Die Backbleche mit einem möglichst gleichmäßig auf dem oberen Blech verteilten Gewicht von 2,25–2,5 Kilogramm beschweren und für mindestens 4 Stunden in den Kühlschrank (am besten über Nacht) stellen.

13. Vor dem Servieren eine Pfanne aus Gusseisen oder Edelstahl bei starker Hitze in 1 Minute heiß werden lassen. Etwas Butter oder Rindertalg darin zerlassen, sodass der Pfannenboden leicht damit überzogen ist.
14. Das Fleisch dazugeben und auf beiden Seite etwa 1½ Minuten braten, bis es goldbraun ist.
15. Das Fleisch auf einem Teller mit Frühlingszwiebeln, Bohnensprossen, Minze, Koriandergrün, scharfem Thai-Chili anrichten und nach Belieben mit einem Schuss Brühe übergießen.
16. Den Saft der Limetten auspressen und das Fleisch damit beträufeln, das verleiht ihm ein zusätzliches Aroma.

Serviervorschläge:

- Reichen Sie zu den Short Ribs Blattsalate. Auch Selleriepüree oder Delikater Rosenkohl passen sehr gut dazu.

BRATEN VON DER SCHWANZROLLE – EINFACH UND GUT

Für dieses Rezept benötigen Sie Brühe von Rind, Schwein oder Lamm. Vielleicht wurde Ihnen gesagt, Schwanzrolle vom Rind sei preiswert, könne aber ziemlich zäh sein. Doch mit unserer Art der Zubereitung gelingt Ihnen die Schwanzrolle wunderbar zart!
Wir verwenden gern einen Schongarer oder eine andere langsame Garmethode. Das hat mehrere Gründe, unter anderem den, dass es so wunderbar einfach ist! Ein weiterer Grund ist, dass Fleisch von Rindern aus Weidehaltung magerer ist, weswegen es etwas schwieriger sein kann, es schön zart zuzubereiten. Wenn Sie also auf einfache Art (und wer will das nicht?) ein gutes Resultat erzielen möchten, ist der Schongarer hier ideal. Für den Fall, dass Sie keinen Schongarer besitzen, stellen wir Ihnen aber auch alternative Zubereitungsarten vor.

Vorbereitung: 20 Minuten

Zubereitung insgesamt: 8 ½–16 Stunden

Menge: ergibt 4–6 Portionen

1 Tasse Madeira (Wenn Sie keinen Alkohol verwenden möchten, nehmen Sie stattdessen ¼ Tasse Apfelessig. Dann sollten Sie zum Marinieren zusätzlich eine ¾ Tasse Olivenöl beigeben.)

2 EL Kokosöl (rohe Butter, Ghee oder Rindertalg)

5 Knoblauchzehen, gehackt oder halbiert (Wer möchte, kann die Zehen schälen und halbieren oder vierteln und in die Schnitte stecken, die vor dem Backen im Fleisch angebracht werden.)

1 Tasse rote Zwiebeln, in dünne Ringe geschnitten oder gewürfelt

½–1 kg Schwanzrolle

2 Tassen Brühe (Lamm, Ochsenschwanz oder jede andere Fleischsorte nach Wahl)

2 Lorbeerblätter

1 EL getrockneter Thymian

1 EL gemahlener Rosmarin (oder Rosmarinnadeln)

1 EL schwarzer Pfeffer

1 EL Meersalz

½ TL gemahlene Gewürznelken

Optional – Fleisch marinieren für mehr Geschmack:

1. Madeira (oder Apfelessig und Olivenöl), Knoblauch und Zwiebeln im Mixer vermischen. Wer keinen Mixer hat, verwendet einen Schneebesen.
2. Stechen Sie mit einem Steakmesser auf allen Seiten ein paar Löcher in den Braten, etwa 2½ Zentimeter tief. Dann die Madeira-Marinade über das Fleisch gießen und das Fleisch über Nacht in den Kühlschrank stellen. Wenn Sie nicht so lange Zeit haben, ist das kein Problem. Stellen Sie dann den marinierten Braten einfach 30 Minuten auf die Anrichte. Wenn Sie möchten, stecken Sie Knoblauch in die Löcher. Der Knoblauch sorgt für ein noch intensiveres Aroma.
3. Jetzt ist alles vorbereitet, um das Fleisch entweder im Schongarer zuzubereiten oder es zunächst anzubraten.

Optional – Fleisch anbraten für einen herzhafteren Geschmack

1. Das Fleisch vorher anzubraten ist nicht notwendig, kann ihm aber eine zusätzliche herzhafte Geschmacksnote verleihen. Wenn Sie es ausprobieren möchten, geben Sie Kokosöl, Butter, Ghee oder Rindertalg in eine Pfanne oder einen Bräter. Stellen Sie die Herdplatte auf kleine Hitze.
2. Haben Sie das Fleisch mariniert? Wenn ja, geben Sie das Fleisch und zusätzlich etwas von der Marinade in die Pfanne.
3. Wenn das Fleisch nicht mariniert wurde, geben Sie Madeira, Fett (Kokosöl, Butter, Ghee oder Rindertalg), Knoblauch und Zwiebeln in die Pfanne. Wenn Sie keinen Wein verwenden wollen, stellen Sie den Apfelessig bereit. Gießen Sie ihn aber erst dazu, wenn Sie dafür bereit sind, den Braten in der Brühe zu kochen.
4. Bei kleiner Hitze ein paar Minuten erhitzen und währenddessen mit einem scharfen Messer die Schwanzrolle auf allen Seiten an vielen Stellen etwa 2½ Zentimeter tief einstechen. Wenn Sie möchten, stecken Sie Knoblauchstücke in die Einstiche.
5. Legen Sie das Fleisch zum Anbraten in die Pfanne. Auf mittlere Hitze einstellen und Fleisch von allen Seiten ein paar Minuten anbraten, bis es braun wird.

Die einfachste Methode – Garen ohne Marinieren und Anbraten:

1. Madeira, Fett (Kokosöl, Butter, Ghee oder Rindertalg), Knoblauch und Zwiebeln in einer Pfanne anbraten, bis der Madeira sich um gut die Hälfte reduziert hat. So entsteht ein köstlicher, konzentrierter Saucengeschmack. Wenn Sie keinen Wein verwenden, fügen Sie später den Apfelessig zu Wasser und Brühe hinzu.
2. Während sich die Madeira-Sauce reduziert, stechen Sie mit einem scharfen Messer die Schwanzrolle auf allen Seiten an vielen Stellen etwa 2½ Zentimeter tief ein. Wenn Sie möchten, stecken Sie Knoblauchstücke in die Einstiche. Der Knoblauch sorgt für ein noch intensiveres Aroma.
3. Gießen Sie jetzt die reduzierte Madeira-Sauce mit Knoblauch und Zwiebeln über den Braten.
4. Gießen Sie so viel Wasser dazu, dass der Braten gerade eben bedeckt ist.

Anweisungen zum Garen des Bratens:

1. Geben Sie Brühe und Lorbeerblätter dazu. Achten Sie darauf, dass der Braten ausreichend mit Wasser bedeckt ist.
2. Der Braten ist gar, wenn er sich mit einem scharfen Messer mühelos anstechen lässt. Stecken Sie ein Fleischthermometer in die dickste Stelle des Bratens. Wenn die innere Temperatur bei 52 bis 55 °C liegt, ist er fertig.
3. Im Backofen: Den Ofen auf 120 °C vorheizen. Das Fleisch im Bräter mit Deckel etwa 6 Stunden im Ofen garen, bis die innere Temperatur des Bratens, mit dem Fleischthermometer gemessen, bei 52 bis 55 °C liegt.
   Im Schongarer: Den Schongarer auf niedrige Temperatur stellen (oder auf 8 Stunden Garzeit, wenn Sie einen Schongarer mit Timer haben). Nach 8 Stunden sollte das Fleisch so zart sein, dass es sich mit einem scharfen Messer leicht und mühelos schneiden lässt.
   Auf dem Herd: Wenn Sie keinen Bräter haben, können Sie auch einen normalen Kochtopf benutzen. Lassen Sie die Brühe mit dem Fleisch aufkochen und dann mit Deckel bei kleiner Hitze 4–8 Stunden simmern. Prüfen Sie nach 4 und 6 Stunden, ob das Fleisch schon so zart ist, dass es sich gut schneiden lässt.
4. Geben Sie nach 4–5 Stunden Garzeit Meersalz, schwarzen Pfeffer, Thymian, Rosmarin und Gewürznelken hinzu. Sie können diese Zutaten auch gleich am Anfang hinzufügen, aber das Aroma entfaltet sich besser, wenn sie erst in den letzten Stunden in den Topf kommen.

Serviervorschläge:

- Schneiden Sie den Braten in sehr dünne Scheiben und servieren Sie ihn mit Selleriepüree (für ein Gericht, das Fleisch mit Kartoffeln ähnelt, aber keine Kohlenhydrate enthält) oder mit Ihrem Lieblingsgemüse, zum Beispiel Einfach gedünsteter Spargel. Sehr gut passen Kardamom-Möhren und Karamellisierte Zwiebeln dazu.
- Am Ende der Kochzeit haben Sie im Schongarer Brühe, die voller Aromen ist. Sie können diese als dünne Sauce für das Fleisch und Gemüse verwenden. Wer sie eindicken möchten, rührt mit einem Schneebesen oder Stabmixer etwas Selleriepüree ein.
- Wenn Sie als Beilage fermentiertes Gemüse reichen, zum Beispiel Sauerkraut oder Kimchi, runden Sie das Gericht mit einer sehr gut dazu passenden sauren Geschmacksnote ab und versorgen den Körper mit einer kräftigen Dosis verdauungsfördernder probiotischer Bakterien.
- Wenn Fleisch übrig bleibt, bewahren Sie es, in sehr dünne Scheiben geschnitten, im Kühlschrank oder dem Tiefkühlfach auf – als feine Zwischenmahlzeit während der Woche.

HONIG-SENF-HUHN

Dieses Gericht, das mit jeder neutralen oder aromatischen Brühe zubereitet werden kann, ist besonders heilsam und wohltuend für Magen und Darm. Und obendrein ist es kinderleicht zuzubereiten und schmeckt einfach köstlich! Als Bonus haben Sie hinterher eine schöne Fleischbrühe, die Sie für andere Gerichte verwenden können.

Vorbereitung: 30 Minuten

Zubereitung insgesamt: 1½–4½ Stunden

Menge: ergibt 8 Portionen

8 Hähnchenkeulen

1 Tasse Kraftbrühe (oder Gemüsebrühe)

1 Tasse Weißwein

¼ Tasse Apfelessig (Der Essig entzieht den Hühnerknochen die Mineralien für die Kraftbrühe, die bei der Zubereitung als »Nebenprodukt« entsteht.)

4 Tassen Brokkoliröschen (etwa 2 Köpfe)

½–⅔ Tassen kalt geschleuderter Honig (Wer es nicht so süß mag, beginnt mit ½ Tasse Honig. Später beim Abschmecken kann man immer noch etwas Honig dazugeben. Er lässt sich leicht in ein warmes Gericht rühren.)

2 EL Dijon-Honigsenf

2 TL Meersalz

1 TL Kurkumapulver

1 TL schwarzer Pfeffer

½ TL gemahlener Kreuzkümmel

Optionale Gewürze:

1 Messerspitze gemahlenes Zitronengras

3 Knoblauchzehen

1. Die Hähnchenkeulen in einen Schongarer legen. Brühe, Weißwein, Apfelessig und so viel Wasser hinzufügen, dass die Keulen gerade bedeckt sind. Den Schongarer auf 4 Stunden einstellen (oder auf eine höhere Temperatur).
2. Oder die Hähnchenkeulen in einem Topf zubereiten: Dafür Wasser mit den Zutaten kurz aufkochen, dann bei kleiner Hitze 3 Stunden simmern lassen. Wenn die Keulen gar sind, ist das Fleisch so zart, dass es sich fast von alleine von den Knochen löst.
3. Zubereitung im Backofen: Den Backofen auf 180 °C vorheizen. Die Hähnchenkeulen

mit Wasser, Brühe und Wein in einen Bräter legen und im Ofen (Mitte) in 25 Minuten garen, bis das Fleisch, mit dem Fleischthermometer gemessen, innen eine Temperatur von 75 °C erreicht hat.

4. Während die Hähnchenkeulen garen, die Honig-Senf-Sauce zubereiten. (Dafür eine große Pfanne verwenden, damit zum Abschluss darin Hähnchenkeulen und Brokkoli mit der Sauce vermischt werden können.) Honig, Senf und alle Gewürze in die Pfanne geben. Wenn Sie Knoblauch verwenden, diesen fein hacken und dazugeben. Alles bei kleiner Hitze 5–7 Minuten dünsten, dann die Pfanne vom Herd nehmen.
5. Wenn die Sauce fertig ist, den Brokkoli dünsten oder dämpfen. Entweder Sie dünsten den Brokkoli im Topf in ein paar Tassen Wasser oder Sie verwenden, was die schonendere Methode ist, einen Dämpfeinsatz, sodass der Brokkoli nicht im Wasser liegt, sondern nur mit dem Dampf in Berührung kommt. Garen Sie den Brokkoli so, wie Sie ihn mögen: knackig oder etwas weicher (beim Dämpfen dauert das 5–10 Minuten; zwischendurch prüfen, ob er schon weich genug ist). Das Kochwasser wegschütten oder für eine Brühe verwenden.

   Optional: Wenn Sie Reis oder Quinoa als Beilage servieren möchten, folgen Sie bei der Zubereitung den Angaben auf der Packung.
6. Wenn die Hähnchenkeulen gar sind, die Flüssigkeit in ein Einmachglas abgießen, um diese ausgezeichnete Kraftbrühe für andere Gerichte aufzubewahren. (Wenn von der Mahlzeit etwas übrig bleibt, bereiten Sie aus der Brühe und den Resten eine Suppe zu. Diese mit Meersalz und gemahlenem Pfeffer abschmecken und bis zum Genießen in den Kühlschrank stellen.)
7. Das Hähnchenfleisch ein bisschen abkühlen lassen, dann von den Knochen lösen. (Das sollte fast von alleine gehen. Nehmen Sie ein Messer oder eine Gabel zu Hilfe.)
8. Hähnchenfleisch und Brokkoli in die Pfanne mit der Honig-Senf-Sauce geben und gut durchmischen. Alles noch einmal bei kleiner Hitze ein paar Minuten erwärmen.
9. Mit Salz, Pfeffer und bei Bedarf noch mit etwas Honig abschmecken. Sie können Salz und Pfeffer aber auch einfach auf den Tisch stellen und die Gäste ihre Portion nach Wunsch selbst nachwürzen lassen.

Serviervorschläge:

- Warm servieren, so, wie es ist.
- Hähnchenfleisch und Brokkoli auf einem Bett aus Reis oder Quinoa servieren.
- Mit Beilagensalat oder auf einem Bett aus Römersalat oder Rucola servieren.

LEMON-PUTENBRUST

Verwenden Sie für dieses Rezept der Price-Pottenger Nutrition Foundation Geflügelbrühe oder Gemüsebrühe.

Vorbereitung: 25 Minuten
Zubereitung insgesamt: etwa 2 Stunden
Menge: ergibt 4 Portionen

1,5–2 kg Putenbrust mit Haut
1 große Knoblauchzehe, geschält und gehackt
1 mittelgroße Zitrone, in Scheiben geschnitten
1 mittelgroße Zwiebel; geschält und in Ringe geschnitten
1 Tasse Hühnerbrühe (oder jede andere Geflügel- oder Gemüsebrühe)
Salbei und Basilikum nach Geschmack (Etwa je 1 EL gehackte oder je 1 TL getrocknete Kräuter. Sie können die Kräuter erst in einem Schälchen mischen und zusammen über das Fleisch streuen, oder Sie bestreuen es erst gleichmäßig mit dem einen und dann mit dem anderen Kraut.)
1 TL Meersalz (oder nach Geschmack)

1. Den Backofen auf 180 °C vorheizen.
2. Die Putenbrust in eine große Backform legen. Oben die Haut mehrfach einschneiden und mit Knoblauch spicken. Die Zitronenscheiben auf das Fleisch legen. Die Zwiebeln um das Fleisch herumlegen.
3. Die Brühe dazugießen und etwas Wasser hinzufügen, sodass die Flüssigkeit etwa 5 Zentimeter hoch in der Backform steht. Das Fleisch mit Kräutern und Salz würzen.
4. Das Fleisch im Backofen 60 Minuten (bei 1,5 kg) und 80 Minuten (bei 2 kg) garen. Wenn das Fleisch gebräunt ist, die Backform mit Alufolie oder einer Silikon-Backmatte abdecken und weitere 30–50 Minuten garen. (Wer möchte, kann mit dem Fleischthermometer in der Mitte der Putenbrust nachmessen. Das Fleisch ist gar, wenn die Temperatur bei 74 °C liegt.)
5. Das Fleisch herausnehmen und ein paar Minuten ruhen lassen, ehe Sie es in Scheiben schneiden und anrichten.

Serviervorschläge:

- Als Beilagen passen Salate oder gekochtes Gemüse sehr gut dazu.
- Selleriepüree und Delikater Rosenkohl bieten sich ebenso an wie Kardamom-Möhren und Karamellisierte Zwiebeln.
- Der Marinierte Ingwer (kombiniert mit den als Option vorgeschlagenen Kardamom-Möhren) passt ebenfalls sehr gut, zusammen mit fermentiertem Gemüse, zum Beispiel Sauerkraut.

LAMMEINTOPF ZUM FRÜHSTÜCK[2]

Für dieses Rezept der Price-Pottenger Nutrition Foundation benötigen Sie Lammbrühe. Sie können aber auch andere mit rotem Fleisch zubereitete Brühen nehmen.
Wenn Sie noch nie Lammfleisch probiert haben, dürfen Sie sich auf eine wahre Delikatesse freuen! Dieses Fleisch ist sehr nahrhaft und leicht verdaulich. Zarte Lammstücke sollten roh, blutig oder englisch verzehrt werden. Feste Stücke kann man in Brühe dünsten und für Eintöpfe verwenden. Essen Sie Lammfleisch immer im Ganzen, das heißt schneiden Sie das Fett nicht weg, sondern essen Sie es mit.

Vorbereitung: 30 Minuten
Zubereitung insgesamt: 12–16½ Stunden
Menge: ergibt 6 Portionen

1 kg Lammfleisch für Eintopf, mit Fett
1 Tasse Rotwein
1 EL Butter
1 EL Olivenöl
3–4 Tassen Lammbrühe
1 kleine Dose Tomatenmark
mehrere Zweige Rosmarin und Thymian, zusammengebunden
2 Knoblauchzehen, geschält und zerdrückt
2–3 ganze Gewürznelken (oder 1 Messerspitze gemahlene Gewürznelken)
1 TL getrocknete grüne Pfefferkörner, zerstoßen (ersatzweise Kapern oder ½ TL zerstoßene schwarze Pfefferkörner)
2–3 kleine Stücke Schale von 1 Bio-Orange
5–6 rotschalige Kartoffeln, geschält und gewürfelt (oder 3 Tassen gehackter Knollensellerie als stärkearme Alternative)
6–8 mittelgroße Möhren, geschält und in Streifen geschnitten (etwa 3 Tassen)
2 EL Pfeilwurzelmehl

1. Das Lammfleisch mehrere Stunden oder über Nacht in Wein einlegen. Dann aus dem Wein nehmen und mit Küchenpapier gut trocken tupfen.
2. Den Backofen auf 150 °C vorheizen.
3. In einer tiefen Pfanne oder einem Bräter mit Deckel Butter und Olivenöl bei kleiner

Hitze erhitzen. Das Lammfleisch dazugeben und bei mittlerer Hitze braun anbraten. Dabei darauf achten, dass alle Fleischstücke flach in der Pfanne liegen, damit sie gleichmäßig bräunen. Wenn die Pfanne nicht groß genug ist, die Fleischstücke in mehreren Portionen anbraten. Die gebräunten Stücke herausnehmen und auf einen Teller legen.

4. Das Bratfett aus der Pfanne in eine Schüssel abgießen. Das Bratfett, den Wein zum Marinieren und die Brühe in die Pfanne oder den Bräter gießen. Die Flüssigkeit sprudelnd aufkochen. Den Schaum, der sich dabei an der Oberfläche bildet, abschöpfen.
5. Das angebratene Fleisch, Tomatenmark, Kräuter, Knoblauch, Gewürznelken, Pfefferkörner und Orangenschale in die Pfanne oder den Bräter geben.
6. Mit Deckel in den heißen Backofen stellen und das Fleisch 3–4 Stunden garen (nach 3 Stunden sollte das Fleisch zart sein).
7. Kartoffeln oder Sellerie etwa 1 Stunde vor dem Ende der Garzeit dazugeben.
8. Etwa 30 Minuten vor dem Ende der Garzeit die Möhren in den Eintopf geben und alles ohne Deckel weitergaren. Wenn nötig, noch etwas Wasser oder Brühe hinzufügen.
9. Den Eintopf unmittelbar vor dem Servieren bei mittlerer Hitze erwärmen. Zum Andicken die Pfeilwurzelmehl mit 2 EL kaltem Wasser verrühren und unter Rühren dazugeben.
10. Den Eintopf mit Salz und Pfeffer nach Geschmack würzen.

Serviervorschläge:

- Reichen Sie dazu Blattgemüse und/oder das Getreidefreie Kräuterbrot oder Mayas finnisches Sauerteig-Roggenbrot.

KANINCHEN IN WEISSWEIN-SENF-SAUCE

Wenn Sie Ihren Gästen einmal etwas ganz Besonderes bieten wollen, empfehlen wir dieses Rezept. Sie können es entweder auf rustikale, ländliche Art servieren oder als Gourmet-Erlebnis wie aus dem Fünf-Sterne-Restaurant – je nachdem, welche Beilagen Sie dazu auswählen. Am besten passt dazu Geflügelbrühe, doch es eignen sich auch alle anderen mild aromatischen Brühen.

Sie benötigen einen Schongarer. Alternativ klappt es aber auch mit einer Schmorpfanne. Dann sollten Sie Folgendes beachten: 1. Die Pfanne muss so groß sein, dass alles Kaninchenfleisch auf einmal hineinpasst (mindestens 30 Zentimeter Durchmesser). 2. Verwenden Sie unbedingt einen Deckel. 3. Das Kaninchen gelingt am besten, wenn die Flüssigkeit das Fleisch fast völlig bedeckt. Die weiteren Schritte entsprechen jenen beim Garen im Schongarer.

Vorbereitung: 40 Minuten
Zubereitung insgesamt: 3 Stunden 40 Minuten
Menge: ergibt 4–5 Portionen

1 Kaninchen (etwa 3 kg oder 2 Kaninchen à 1,5 kg), in Stücke geschnitten)

grobes Meersalz (etwa ¼ Tasse, zum Einreiben der Kaninchenstücke)

3 EL Kokosbutter (oder rohe Butter)

Weißwein-Senf-Sauce (Rezept Seite 180)

Anweisungen (bitte vorher durchlesen):

1. Wenn das Kaninchen noch nicht ausgeweidet wurde, die inneren Organe sorgfältig herausschneiden und aufheben. Man kann daraus eine köstliche Pastete machen.
2. Das Kaninchen unter fließendem Wasser gut abspülen, trocken tupfen und in Stücke zerteilen. (Auf YouTube finden Sie ausgezeichnete Videos, in denen demonstriert

wird, wie man ein Kaninchen richtig zerlegt. Wir empfehlen, dass Sie sich eines dieser Videos anschauen. Oder bitten Sie Ihren Metzger, das Kaninchen für Sie zu zerteilen.)

3. Die Kaninchenstücke mit grobem Meersalz einreiben und bei Zimmertemperatur 30–60 Minuten ziehen lassen.
4. Die Kokosbutter in einer Pfanne zerlassen, die Kaninchenstücke darin bei mittlerer Hitze auf beiden Seiten in 8–10 Minuten braun anbraten. Das Fleisch sollte wegen der Aromastoffe eine kräftige braune Farbe bekommen. Das ist gerade bei fettarmen Wildkaninchen wichtig.
5. Wenn nicht alle Stücke gleichzeitig in die Pfanne passen, dann die Fleischstücke portionsweise anbraten und die bereits gebräunten Stücke in den Schongarer oder die Schmorpfanne legen. Achten Sie darauf, dass die Pfanne nicht zu heiß wird, damit die Butter nicht anbrennt. Die Kaninchenstücke sollen sich möglichst nicht berühren, denn dann bräunen sie besser und schneller. Das Fleisch nicht zu oft wenden. 4–5 Minuten auf jeder Seite genügen normalerweise.
6. Wenn das Kaninchen gebräunt ist, die Stücke im Schongarer oder in der Schmorpfanne beiseitestellen und die Weißwein-Senf-Sauce von Seite 180 zubereiten. Das Kaninchenfleisch mit der Sauce übergießen, sodass die Stücke größtenteils bedeckt sind. Es ist aber auch in Ordnung, wenn einige Fleischstücke nicht völlig bedeckt sind. Wenn Sie mehr Flüssigkeit benötigen, geben Sie etwas Wasser dazu. Braten Sie das Kaninchen:
7. Auf dem Herd: Die Sauce mit dem Fleisch in der Schmorpfanne bei mittlerer Hitze zum Simmern bringen. Dann bei kleiner Hitze 1½–2 Stunden simmern lassen. Achten Sie darauf, dass die Sauce nicht sprudelnd kocht, sondern nur leicht simmert. Nach 1½ Stunden und danach alle 15 Minuten prüfen, ob das Fleisch gabelzart ist – das heißt, es lässt sich leicht durchstechen und mühelos mit der Gabel vom Knochen lösen. Zart wie Hühnerfleisch nennen das manche Köche. Im Schongarer ist dieses Ergebnis leichter zu erzielen. Bei der Schmorpfanne müssen Sie darauf achten, dass die Temperatur nicht zu hoch ist.

   Im Schongarer: Entscheiden Sie selbst, wie lange das Kaninchen garen soll. Bei kleiner Hitze ist es in 6–8 Stunden gar. Wir haben festgestellt, dass es nach 6 Stunden schön zart ist, was Ihnen hilft, die Zubereitungszeit zu planen.
8. Das gegarte Kaninchen auf einer Servierplatte anrichten und etwas Sauce darübergießen. Die restliche Sauce in eine Sauciere füllen. Nach dem Servieren können die Gäste sich nach Wunsch aus der Sauciere bedienen.

9. Wenn Sie gerne Wein zum Essen trinken: Zu diesem Gericht passt weißer Bordeaux, Grauburgunder oder Chardonnay. Aber auch Bier kann man sich dazu schmecken lassen!

Serviervorschläge:

- Reichen Sie dazu eine oder zwei der folgenden Beilagen: Kardamom-Möhren, Karamellisierte Zwiebeln, Einfacher gedünsteter Spargel, Selleriepüree oder Getreidefreies Kräuterbrot.

STUBENKÜKEN IN WEISSWEIN-SENF-SAUCE

Stubenküken sind deutlich kleiner als normale Hähnchen und eine elegante Alternative dazu. Sie eignen sich hervorragend für eine edle Mahlzeit, bei der Sie Ihren Gästen etwas Besonderes bieten möchten, die aber einfach zuzubereiten ist.

Dieses Rezept können Sie sogar nach einem langen Arbeitstag zubereiten. Am besten passen dazu Gemüsebrühe oder Geflügelbrühe, aber Sie können auch jede andere Brühe verwenden. Sie können die Küken am Vortag zubereiten oder am Tag der Party im Schongarer 6 Stunden garen. Wenn Sie nicht so viel Zeit haben, geht es im Backofen deutlich schneller.

Wir empfehlen dazu die Weißwein-Senf-Sauce von Seite 180. Auch ohne Sauce schmecken die Stubenküken ausgezeichnet, aber es lohnt sich, dem Gericht mit der Sauce zusätzlichen Pfiff zu verleihen! Die Sauce kann zudem für die Gemüsebeilage oder den Salat verwendet werden.

In vielen Rezepten wird ein Stubenküken pro Person gerechnet, aber wir haben festgestellt, dass ein halbes Küken mit Gemüsebeilage normalerweise eine sehr gute Portion ist, was auch von der Größe der Stubenküken abhängt.

Vorbereitungsdauer: Beachten Sie, die Stubenküken benötigen 20 Minuten Vorbereitung, dann entweder 50 Minuten Garzeit im Backofen oder 6 Stunden im Schongarer. Für die Sauce benötigen Sie 15 Minuten. Sie können die Sauce bis 3 Tage im Voraus zubereiten, um Zeit zu sparen.

Vorbereitung: 35 Minuten

Zubereitung insgesamt: 1 Stunde 25 Minuten (im Backofen), 6 Stunden 35 Minuten (im Schongarer)

Menge: ergibt 4–8 Portionen
(bei 1-Kilo-Stubenküken reicht die Menge für 8 Personen)

6 Knoblauchzehen
½ Zwiebel
2 EL Butter
1 EL gemahlener Rosmarin
1 TL getrockneter Estragon
½ TL gemahlener Ingwer
1 TL schwarzer Pfeffer
1 TL getrocknetes Basilikum

2¼ Tassen Brühe (Geflügelbrühe passt am besten, aber auch jede andere Brühe.)
1 TL Meersalz
3 Stubenküken (Sie wiegen zwischen 300 g und – laut EU-Verordnung – maximal 750 g pro Stück.)
6 Zweige Thymian (oder 2 TL getrockneter Thymian)
Weißwein-Senf-Sauce (Rezept Seite 180)

1. Zubereitung im Backofen: Den Backofen auf 180 °C vorheizen.

Herstellung der Butter-Mixtur:

1. Knoblauch und Zwiebel schälen. 1 Knoblauchzehe und die Zwiebel fein hacken. Übrigen Knoblauch beiseitelegen. In einer Küchenmaschine (mit S-Klinge) geht das besonders leicht und schnell. Geben Sie Knoblauch und Zwiebel in die Maschine und schalten Sie die Maschine ein paar Mal an und wieder aus, bis beides fein gehackt ist. Perfektion ist nicht nötig, denn die Butter-Mixtur wird unter die Haut der Küken gerieben. Achten Sie nur darauf, dass die Stücke schön klein sind.
2. Butter in einem kleinen Topf oder einer Pfanne zerlassen, Knoblauch und Zwiebel darin bei kleiner Hitze 2 Minuten andünsten.
3. Rosmarin, Estragon, Ingwer, schwarzen Pfeffer und Basilikum dazugeben und mitdünsten. Nach etwa 1 Minute entfalten sich die Aromen.
4. ¼ Tasse Brühe und Meersalz dazugeben und bei mittlerer Hitze zum Simmern bringen. Die Herdplatte ausschalten. Die Brühe ein paar Minuten abkühlen lassen und in eine kleine Schüssel gießen.

Stubenküken würzen:

1. Wenn bei den Küken die Innereien noch nicht entfernt sind, diese herausnehmen und für eine andere Mahlzeit aufheben. Die Stubenküken unter fließendem Wasser abspülen und trocken tupfen.
2. Verwenden Sie für die Zubereitung im Backofen einen tiefen Bräter.
3. Drehen Sie die Küken mit den Beinknochen zu Ihnen und schieben Sie die Finger-

spitzen unter die Brusthaut. Heben Sie die Haut vorsichtig ein Stück ab, sodass ein Hohlraum entsteht. Tauchen Sie die Finger in die Butter-Mixtur und bestreichen Sie damit das Brustfleisch unter der Haut. Sie können dafür auch einen Silikonpinsel oder eine Bratenspritze benutzen. Gießen Sie die restliche Butter-Mixtur in die Öffnung der Stubenküken und bestreichen Sie auch die Haut außen.

4. Jeweils 2 Zweige Thymian links und rechts unter die Brusthaut der Küken schieben. Stattdessen können Sie auch getrockneten Thymian auf das Brustfleisch unter der Haut der Küken streuen.
5. Jeweils 1 Knoblauchzehe in die Öffnung der Küken stecken. 2 Knoblauchzehen in den Bräter oder Schongarer geben.
6. 2 Tassen Brühe dazugießen.

Die Stubenküken braten:

1. Im Backofen: Die Stubenküken im Ofen bei 180 °C in 45–60 Minuten garen. Im Bräter mit Deckel werden die Küken saftiger. Wenn Sie für den Bräter keinen Deckel haben, die Küken alle 10–15 Minuten mit Brühe oder Bratensaft einpinseln. Sie können mit einem Fleischthermometer messen, ob die Küken gar sind. Stecken Sie es in die Brust. Wenn die Innentemperatur 74 °C erreicht hat, sind sie fertig.
   Im Schongarer: Bei dieser Garmethode werden die Stubenküken garantiert sehr saftig und zart. Stellen Sie die Garzeit auf 6 Stunden ein. Wenn der Schongarer keinen Timer hat, stellen Sie ihn für 1 Stunde auf starke Hitze. Danach die Küken bei kleiner Hitze in weiteren 5 Stunden garen. Das Fleisch wird dabei so zart, dass es sich von alleine von den Knochen löst.
2. Inzwischen die Weißwein-Senf-Sauce von Seite 180 zubereiten.
3. Vor dem Servieren die Stubenküken in Hälften teilen. Die Hälften mit der Innenseite nach unten auf Teller legen und mit der Sauce beträufeln. Die restliche Sauce in eine Sauciere füllen und auf den Tisch stellen.

Serviervorschläge:

- Reichen Sie dazu eine oder zwei der folgenden Beilagen: Karamellisierte Zwiebeln, Einfacher gedünsteter Spargel, Delikater Rosenkohl oder Zauberhafte Zucchini und Möhren.
- Wenn Sie wenig Zeit haben, passt auch ein einfacher gemischter Salat sehr gut als Beilage.

STEINBUTT ODER HEILBUTT AUS DER PFANNE

Da man für Fischbrühe nicht-ölige, also magere Fische benötigt, haben wir ein wohlschmeckendes Rezept kreiert, für das Sie das Fischfleisch verwenden können, dessen Gräten in die Brühe wandern. Dieses Rezept ist flexibel und lässt sich mit fast allen mageren Fischsorten zubereiten. Am besten passt dazu natürlich Fischbrühe, Sie können aber auch andere neutrale Fleisch- oder Gemüsebrühen nehmen. Wir kochen dieses Gericht gerne für Partys, weil es einfach toll schmeckt und sich wirklich schnell zubereiten lässt. So können Sie mehr Zeit mit den Gästen verbringen. Oder für sich und Ihre Lieben nach einem langen Arbeitstag schnell eine gesunde und köstliche Mahlzeit kochen.

Vorbereitung: 10 Minuten

Zubereitung insgesamt: 30 Minuten bis 2 Stunden 20 Minuten (je nachdem, wie lange Sie den Fisch marinieren)

Menge: ergibt 4–6 Portionen

3 Knoblauchzehen

6 EL Olivenöl

3 EL frisch gepresster Zitronensaft

1 TL gemahlener Ingwer (oder 1 Stück frischer Ingwer, ca. 2 cm, geschält und in dünne Scheiben geschnitten)

1 TL Kurkumapulver

2 TL getrockneter Thymian

1 TL Meersalz

1 TL schwarzer Pfeffer

1 kg Steinbutt oder Heilbutt

2 EL Fischbrühe

1. Den Knoblauch schälen und fein hacken.
2. In einer tiefen, rechteckigen Backform aus Glas Olivenöl, Knoblauch, Zitronensaft und alle Gewürze gut durchmischen. Den Fisch hineinlegen und in der Öl-Gewürz-Mischung wenden, sodass er auf beiden Seiten gut bedeckt ist.
3. Den Fisch zwischen 10 Minuten und 2 Stunden in der Marinade ziehen lassen (wenn Sie ihn länger als 10 Minuten marinieren, den Fisch abgedeckt kalt stellen).

4. Eine Bratpfanne heiß werden lassen. Fisch und Öl-Gewürz-Mischung mit der Fischbrühe darin bei mittlerer Hitze 2–4 Minuten dünsten. Der Fisch ist gar, wenn er sich mit der Gabel mühelos zerteilen lässt. Sie können den Fisch auch in der Mitte mit einem Messer einschneiden: Wenn er dort noch feucht und fest aussieht, benötigt er etwas mehr Garzeit.
5. Nach Belieben mit Meersalz und Pfeffer abschmecken.

Serviervorschläge:

- Servieren Sie den Fisch mit Delikatem Rosenkohl oder Einfachem gedünsteten Spargel.
- Servieren Sie ihn mit dem Heilkräftigen Gemüse-Zaubertrank.
- Genießen Sie dazu das Getreidefreie Kräuterbrot.

8. Kapitel

Gesund, köstlich und reinigend: Gemüsegerichte

DELIKATER ROSENKOHL

Zu diesem Rezept passen sämtliche Brühenvarianten, einschließlich Gemüsebrühe. Dieses besonders vielseitige Gericht gehört zu unseren absoluten Favoriten. Es lässt sich einfach und schnell zubereiten und passt als Beilage zu fast allem. Und beinahe jedem schmeckt es!
Rosenkohl wird schneller gar, wenn man ihn in Streifen schneidet. Und als Topping eines Salates oder als Beilage auf dem Teller sieht er immer gut aus.

Zubereitungsdauer: 15–20 Minuten

Menge: ergibt 6–8 Portionen

500 g Rosenkohl (ergibt in Streifen geschnitten etwa 4 Tassen)
3 Knoblauchzehen
1 EL Entenfett (Butter oder Ghee)
½ Tasse Zwiebeln, gewürfelt
1 TL getrockneter Thymian
1 TL getrocknetes Basilikum
1 TL gemahlener Rosmarin
1 TL schwarzer Pfeffer
½ Tasse Madeira (oder Sherry)
½ Tasse Brühe (Es eignet sich jede Art von Brühe, auch Gemüsebrühe.)
1½ TL Meersalz

1. Den Rosenkohl waschen, die Enden abschneiden (können später für Brühe verwendet werden) und welke äußere Blätter entfernen. Den Rosenkohl in dünne Streifen schneiden.
2. Knoblauch schälen und fein hacken.
3. Entenfett in eine Pfanne oder einen Wok (mit Deckel) geben und bei kleiner Hitze

zerlassen. Knoblauch, Zwiebelwürfel, Thymian, Basilikum, Rosmarin und schwarzen Pfeffer dazugeben und dünsten, bis die Zwiebeln glasig sind.

4. Madeira, Brühe und Meersalz hinzufügen. Alles aufkochen und bei mittlerer Hitze 3–5 Minuten simmern lassen.
5. Den Rosenkohl dazugeben und zugedeckt bei kleiner Hitze 5–10 Minuten simmern lassen, bis die Rosenkohlstreifen weich sind. Dann die Pfanne vom Herd nehmen.
6. Den Rosenkohl mit mehr Fett, Meersalz und/oder Pfeffer abschmecken.

Serviervorschläge:

- Den Rosenkohl für sich allein genießen, auf einem Salatbett oder als Beilage zu einem Hauptgericht. Er lässt sich mit fast allen anderen Gerichten kombinieren. Probieren Sie ihn zu Short Ribs. Auch zu Stein- oder Heilbutt aus der Pfanne schmeckt er hervorragend.

KARDAMOM-MÖHREN

Zu diesem Möhrengericht passen alle Fleisch- und Geflügelbrühen und auch der Heilkräftige Gemüse-Zaubertrank von Seite 118.

Im Vergleich zu dem üblichen Möhrengemüse verführt diese Variante mit der angenehmen natürlichen Süße und Würze des Kardamoms. Diese Möhren passen sehr gut zu Burgern und anderen Fleischgerichten, zum Beispiel zu Wild und zu allen Gerichten, denen Sie mit einer besonderen Beilage eine exotische Note verleihen möchten. Andererseits schmecken die Kardamom-Möhren so vorzüglich, dass man sie auch sehr gut für sich allein genießen kann, zum Beispiel als gesunde Zwischenmahlzeit.

Vorbereitung: 15 Minuten

Zubereitung insgesamt: etwa 1 Stunde

Menge: ergibt 8 Portionen (als Beilage zu einem Hauptgericht)

10–12 Möhren (ergibt 3–4 Tassen in Julienne geschnittene Möhren)

2 EL Butter (Ghee oder Kokosöl)

2 TL gemahlener Kardamom

1 TL gemahlener Zimt

1 TL schwarzer Pfeffer

2 TL getrockneter Thymian

1 TL getrocknetes Basilikum

1 Messerspitze Selleriepulver

1 Tasse Brühe (Fleisch- oder Geflügelbrühe oder Gemüse-Zaubertrank)

1½ TL Meersalz

1. Die Möhren putzen, schälen und in Julienne schneiden. In einer Küchenmaschine mit Julienne-Scheibe geht das besonders schnell und leicht. Auch die Mandoline ist hierfür ein sehr nützliches Werkzeug.
2. Die Butter in einer Pfanne mit Deckel (mindestens 3,5 Liter Fassungsvermögen) bei kleiner Hitze zerlassen. Kardamom, Zimt, schwarzen Pfeffer, Thymian, Basilikum und Selleriepulver hinzufügen und bei kleiner Hitze 3 Minuten andünsten, damit die Gewürze ihr Aroma und ihre gesunden Eigenschaften entfalten können.

3. Brühe und Meersalz hinzufügen und bei mittlerer Hitze 10 Minuten simmern lassen. Die Möhren dazugeben und zugedeckt bei kleiner Hitze simmern lassen, bis die Möhren weich sind. Nach Belieben mit Salz und Pfeffer abschmecken.

Serviervorschläge:

- Die Kardamom-Möhren für sich allein genießen oder als Topping für Burger oder Salate verwenden. Sie schmecken auch vorzüglich auf einem Bett aus Römersalat mit gedämpften Zucchini und gelbem Kürbis, beträufelt mit etwas Kokosöl.

KARAMELLISIERTE ZWIEBELN

Für dieses Rezept können Sie jede Brühe nehmen, die Sie gerade zur Hand haben. Karamellisierte Zwiebeln ergänzen den Geschmack von Fleisch, Geflügel und Gemüse wunderbar. Ein paar Esslöffel davon in einer Suppe oder Brühe sorgen für ein herrliches Geschmackserlebnis! Sie verleihen jedem Gericht Gourmet-Flair. Und auf diese Art zubereitet vertragen viele Menschen Zwiebeln besser als roh oder schwach gekocht.

Zubereitungsdauer: 45–60 Minuten

Menge: ergibt 6–8 Portionen

3 mittelgroße rote, gelbe oder weiße Zwiebeln

2 EL Kokosöl (Butter oder Rindertalg)

¼ Tasse Kraftbrühe (Wenn Sie eine aromatische Brühe nehmen, achten Sie darauf, dass sie mit dem Hauptgericht harmoniert, zu dem Sie die Zwiebeln servieren wollen, also zum Beispiel Hühnerbrühe zu Geflügelgerichten oder Rinderbrühe zu rotem Fleisch.)

1. Die Zwiebeln schälen und in etwa 3 mm dicke Ringe schneiden. In der Küchenmaschine, mit einem passenden Schneider, geht das wirklich schnell.
2. Das Kokosöl in einer Pfanne (30 cm Durchmesser und mit Deckel) bei kleiner Hitze erhitzen. Das Öl soll gleichmäßig am Pfannenboden verteilt sein.
3. Die Brühe dazugeben und 2–3 Minuten simmern lassen. Die Zwiebeln hinzufügen und gleichmäßig in der Pfanne verteilen.
4. Die Zwiebeln zugedeckt bei kleiner Hitze 45–60 Minuten simmern lassen, bis die Zwiebeln sehr weich und glasig sind. Wer sie nicht so weich mag, nimmt sie vom Herd, wenn sie weich, aber noch bissfest und ungebräunt sind. Zum Karamellisieren muss man sie so lange braten, bis sie kräftig braun gefärbt sind. Eventuell dann etwas mehr Brühe, Kokosöl oder Butter dazugeben damit die Zwiebeln nicht am Pfannenboden ankleben und anbrennen.
5. Wenn die Zwiebeln beginnen braun zu werden, diese mit einem Pfannenwender aus

Edelstahl vom Pfannenboden lösen, damit sie nicht anbrennen. Wer möchte, gibt nach Belieben etwas Aceto balsamico zum Ablöschen dazu, das verfeinert den Geschmack.

Serviervorschläge:

- Mit Meersalz und schwarzem Pfeffer abschmecken.
- Karamellisierte Zwiebeln passen als Beilage sehr gut zu Fleisch und Geflügel. Beispielsweise sind sie zu Stubenküken oder Kaninchen in Weißwein-Senf-Sauce sehr zu empfehlen.
- Servieren Sie die Zwiebeln zu den Zauberhaften Zucchini und Möhren oder zum Einfachen gedünsteten Spargel. Auch mit fermentiertem Gemüse wie Sauerkraut oder Kimchi schmecken sie sehr gut.
- Brühen und Suppen verleihen diese Zwiebeln etwas Pfiff und mehr Aroma.

ZAUBERHAFTE ZUCCHINI UND MÖHREN

Zu diesem Gericht passen alle Fleisch- und Geflügelbrühen und auch der Heilkräftige Gemüse-Zaubertrank von Seite 118.

Wenn Sie auch die verwöhnten Feinschmecker unter Ihren Gästen begeistern (oder sich selbst verwöhnen) möchten, finden Sie hier eine wirklich exquisite Beilage. Garantiert wird man Sie nach dem Rezept fragen!

Vorbereitung: 15–20 Minuten

Zubereitung insgesamt: 1 Stunde

Menge: ergibt 6–8 Portionen

4 mittelgroße Möhren

1 Zucchini

1 gelber Sommerkürbis

1 Tasse Mirin (Reiswein)

¼ Tasse Olivenöl (extra vergine)

¼ Tasse Brühe

1 TL Meersalz

2 TL getrockneter Dill (oder 1½ EL frisch gehackter Dill)

1 TL getrockneter Oregano

1. Den Backofen auf 180 °C vorheizen.
2. Schneiden Sie das Gemüse so, wie Sie möchten:
   - Wenn Sie es eilig haben und es nicht auf den optischen Eindruck ankommt, genügt es, alles grob zu zerkleinern.
   - Wenn Sie die Küchenmaschine nehmen, erhalten Sie mit dem richtigen Schneideeinsatz sehr schnell Scheiben oder Halbmonde.
   - Wenn Sie für ein festliches Menü Eindruck machen möchten, schneiden Sie das Gemüse in dünne Streifen (Julienne). Wenn die Küchenmaschine eine Julienne-Scheibe hat, gelingt auch das mühelos!
   - Schneiden Sie das Gemüse mit der Mandoline oder der Küchenmaschine in lange, dünne Streifen.

- Eine kreative Alternative ist es, mit einem Spiralschneider Spaghetti-ähnliche Spiralen herzustellen. (Das wird Ihren Kindern Freude machen oder dem Kind in Ihnen!)

3. Alle Zutaten in einer runden Backform gut mischen. Das Gemüse offen im Ofen 20 Minuten garen (bei langen, dünnen Streifen oder Spiralen nur 10–15 Minuten). Das Gemüse ist fertig, wenn es beim Einstechen mit einer Gabel leicht nachgibt, aber noch etwas Festigkeit hat.

Serviervorschläge:

- Als Beilage, Snack oder Salat-Topping servieren. Wenn Sie das Gemüse als Topping für den Salat verwenden, ergibt die überschüssige Flüssigkeit ein köstliches Salatdressing.
- Auf Selleriepüree schmeckt dieses Gericht ebenfalls sehr gut, wobei man auch hier die Flüssigkeit als Sauce verwenden kann.
- Garnieren Sie das Gemüse mit Aioli oder Louises Französischer Remoulade.
- Bewahren Sie die überschüssige Flüssigkeit auf, um sie für ein anderes Rezept zu verwenden.

SELLERIEPÜREE

Zu diesem Gericht passen alle Fleisch- und Geflügelbrühen und auch der Heilkräftige Gemüse-Zaubertrank von Seite 118. Es ist eine weniger stärkehaltige Alternative zu Kartoffelpüree oder Stampfkartoffeln. (Sie können das Püree statt aus Sellerie auch aus Steckrüben herstellen, wenn Sellerie gerade nicht verfügbar ist.)

Knollensellerie wird im Herbst geerntet. Verwenden Sie nach Möglichkeit Sellerie aus dem Ökolandbau, da konventionell angebauter Sellerie oft stark mit Schadstoffen belastet ist. Knollensellerie mag vom Aussehen her nicht so attraktiv wirken, doch wie so oft trügt der äußere Anschein, denn die tollen Knollen sind reich an wertvollen Inhaltsstoffen!

Vorbereitung: 30 Minuten
Zubereitung insgesamt: 40 Minuten
Menge: ergibt 8–10 Portionen

3 Knollensellerie (à 500–1000 g)
½ Tasse Butter (oder Kokosöl)
1 EL gemahlener Rosmarin
1 EL getrocknetes Basilikum
2 TL Pfeffer
2 TL Knoblauchpulver
½ Tasse Madeira
1 Tasse Kraftbrühe
2 TL Meersalz

1. Den Knollensellerie mit einem Sparschäler oder einem guten Messer schälen.
2. 3 Tassen Wasser in einen Topf geben und bei starker Hitze aufkochen. Inzwischen den Sellerie in große Stücke schneiden.
3. Den Sellerie in kochendem Wasser in 10 Minuten garen, bis er weich ist. Wenn er gar ist, lässt er sich mühelos mit einer Gabel oder einem Messer einstechen.
4. Während der Sellerie kocht, in einem anderen Topf 1 Esslöffel Butter zerlassen, alle Gewürze, bis auf Meersalz darin 2–5 Minuten erhitzen, damit sie ihr Aroma und ihre gesunden Eigenschaften entfalten. Den Madeira dazugießen und die Flüssigkeit weitere 3 Minuten kochen, den Topf vom Herd nehmen und die Brühe dazugeben.

5. Den weichen Sellerie abgießen, dabei das Kochwasser auffangen und für die Zubereitung einer anderen Brühe aufheben. Den Sellerie in den Topf mit den Gewürzen und der Brühe geben. Die restliche Butter und das Meersalz hinzufügen. Alles gut vermischen.
6. Den Sellerie mit einem Stabmixer im Topf pürieren. Oder den Sellerie mit einem Kartoffelstampfer oder einer Gabel zerdrücken. Oder die Mixtur in eine Küchenmaschine oder einen Mixer füllen und pürieren.
7. Jetzt ist das Selleriepüree verzehrfertig! Schmecken Sie es nach Belieben noch mit Meersalz und Pfeffer ab.

Serviervorschläge:

- Sie können das Püree als Alternative für alle Gerichte verwenden, in denen Kartoffelpüree oder Stampfkartoffeln als Beilage vorgesehen sind.
- Mit Eiern und Schinkenspeck ergibt das Selleriepüree ein herrliches Frühstück!
- Servieren Sie es zum Einfachen gedünsteten Spargel oder zum Delikaten Rosenkohl oder zu Ihrer Lieblingssuppe.
- Servieren Sie das warme Püree auf einem Bett aus rotem Salat. Das Püree erwärmt den Salat, und beides vereint sich zu einer wohltuenden und bekömmlichen Mahlzeit.
- Es ist auch als Snack für unterwegs geeignet, denn das Selleriepüree schmeckt kalt vorzüglich.

EINFACHER GEDÜNSTETER SPARGEL

Zu diesem Gericht passen alle Fleisch- und Geflügelbrühen und auch der Heilkräftige Gemüse-Zaubertrank von Seite 118. Es ist so schnell und einfach zuzubereiten und schmeckt so vorzüglich, dass Sie damit nur gewinnen können!
Spargel ist reich an Glutathion, einem entgiftend wirkenden Antioxidans, und enthält viele wichtige Vitamine und Mineralien. Und er besitzt eine entzündungshemmende Wirkung. Er ist das perfekte Fast Food: Wenn Sie von der Arbeit kommen und sich eine schnelle, wohltuende und bekömmliche Mahlzeit wünschen, essen Sie Spargel! Dieses Rezept ist flexibel, weil es zu fast jedem Gericht passt und ihm Klasse verleiht.

Zubereitungsdauer: 5–10 Minuten
Menge: ergibt 6–8 Portionen

2 Bund Spargel
2 Tassen Kraftbrühe (Fleisch-, Geflügel- oder Gemüsebrühe)
2 EL Butter (oder Entenfett)
1 EL gemahlener Rosmarin
1 EL getrocknetes Basilikum
1 TL schwarzer Pfeffer
1 TL Meersalz

1. Die holzigen Spargelenden abschneiden (man kann sie für Brühen verwenden).
2. Die Kraftbrühe in einen 6-Liter-Topf oder eine 3,5-Liter-Pfanne gießen. Fügen Sie, wenn nötig, Wasser hinzu. Der Spargel soll gerade bedeckt sein. Wer den Spargel dämpfen möchte, nimmt weniger Wasser und gibt den Spargel in einen Dämpfeinsatz, sodass er nicht mit dem Wasser in Berührung kommt.
3. Die Flüssigkeit bei starker Hitze aufkochen. Den Spargel hineingeben und bei kleiner Hitze 4–7 Minuten simmern lassen, bis der Spargel die gewünschte Konsistenz hat. Manche mögen ihn bissfest, andere weich.
4. Wenn der Spargel fertig ist, das Wasser abgießen (Sie können es für eine Brühenzubereitung oder für andere Gerichte aufheben). Den Spargel in einer Schüssel einen Moment ruhen lassen.

5. Die Butter in den leeren Topf geben und bei kleiner Hitze zerlassen. Alle Gewürze dazugeben und bei kleiner Hitze 2 Minuten erhitzen. Den Spargel hinzufügen und 2–3 Minuten mitdünsten.
6. Nach Belieben mit Salz und Pfeffer und eventuell noch etwas Fett abschmecken.

Serviervorschläge:

- Genießen Sie den Spargel für sich allein, auf einem Salatbett oder als Beilage. Er passt zu fast allen Hauptgerichten.

HARMONISCHES PFANNENGEMÜSE

Für dieses Rezept von der Brühen-Spezialistin Quinn Wilson benötigen Sie Rinderbrühe und Rindertalg (die Fettschicht oben auf der Brühe). Alternativ geht aber auch jede andere Brühe, einschließlich vegetarischer Gemüsebrühe.

Zubereitungsdauer: 25 Minuten

Menge: ergibt 2–3 Portionen

1 EL Rindertalg (Schlagen Sie auf Seite 53 nach, wie die Fettschicht oben auf der Rinderbrühe abgeschöpft wird. Wenn Sie keinen Talg zur Hand haben, verwenden Sie stattdessen Butter oder Ghee.)

1 Kopf Brokkoli (Strunk nicht verwenden, nur die Röschen. Die Röschen längs in Viertel oder Hälften schneiden, je nach Größe.)

2 mittelgroße Möhren, in schräge Scheiben geschnitten (1 Tasse Möhren)

1 EL frischer Ingwer, fein gehackt

6 Knoblauchzehen, geschält und fein gehackt

¼ Tasse Rinderbrühe

Meersalz nach Geschmack

Oliven- oder Sesamöl zum Beträufeln, Menge nach Geschmack

1. Den Rindertalg in einer großen Pfanne bei mittlerer bis starker Hitze erhitzen (bis er fast zu rauchen beginnt). Wenn sich Rauch entwickelt, die Hitze reduzieren.
2. Wenn der Talg geschmolzen und heiß ist, Brokkoli und Möhren in die Pfanne geben. Das Gemüse auf einer Seite braten, bis es anfängt, braun zu werden, dann wenden und braten. Das dauert insgesamt 3–5 Minuten. Ingwer, Knoblauch und Brühe hinzufügen. Die Flüssigkeit aufkochen und verdampfen lassen.
3. Die Herdplatte ausschalten. Das Gemüse sanft wenden und mit Knoblauch und Ingwer vermischen. Großzügig mit Meersalz würzen (mit 2 Teelöffeln beginnen und dann probieren).

4. Das Gemüse ist nun servierfertig. Beträufeln Sie es mit Olivenöl oder Sesamöl. Sie können es heiß servieren, aber es schmeckt auch kalt sehr gut.

Serviervorschläge:

- Reichen Sie Harmonisches Pfannengemüse als Beilage zu Getreidegerichten, Fleisch, Fisch oder Geflügel.
- Auf einem Bett aus Blattsalat serviert, erhalten Sie einen köstlichen warmen Salat.
- Genießen Sie dazu Getreidefreies Kräuterbrot oder Mayas finnisches Sauerteig-Roggenbrot und Aioli.

EINGELEGTER INGWER

Wenn Sie eine süßsaure Beilage wünschen, passt dieses Rezept perfekt! Es eignet sich besonders gut für asiatische Gerichte oder wenn Sie eine Chinesische Feuertopf-Party veranstalten möchten (siehe die Beispiel-Menüs im 3. Kapitel Seite 87). Der eingelegte Ingwer ist außerdem eine gute Alternative zu anderen fermentierten Speisen, Sojasauce, Tamari und Bragg Liquid Aminos, wenn Sie eine dieser Zutaten nicht vertragen.
Sie können dafür jede schwach aromatische oder neutrale Brühe verwenden (einschließlich Fischbrühe). Sie können den Ingwer auch mit einem Stabmixer pürieren, dann erhalten Sie eine dicke Sauce.

Zubereitungsdauer: 20 Minuten
Menge: ergibt 3 Tassen

- 3 Tassen frischer Ingwer (oder 2 Tassen Ingwer und 1 Tasse Möhren für ein Ingwer-Möhren-Gericht als leckere Alternative)
- ½ Tasse Brühe (schwach aromatisch oder neutral)
- 1½ TL Meersalz
- 1 Tasse Apfelessig (oder zuckerfreier Reisessig)
- ⅓ Tasse kalt geschleuderter Honig

1. Den Ingwer schälen und entweder in sehr dünne Scheiben oder in dünne Streifen (Julienne) schneiden. Das geht in der Küchenmaschine oder mit einer Mandoline besonders leicht (wenn Sie Möhren hinzufügen möchten, schneiden Sie diese auf die gleiche Art).
2. Ingwer, (Möhren) und Brühe in einem Topf bei mittlerer Hitze 5–7 Minuten kochen lassen, bis die Möhren und der Ingwer weich sind. Meersalz, Essig und Honig dazugeben und unterrühren.
3. Den Ingwer abkühlen lassen und in ein Einmachglas abfüllen. Warm oder kalt servieren.

Serviervorschläge:

- Zu chinesischem Feuertopf servieren.
- Als Beilage zu Burgern und anderen Fleischgerichten oder zu Fisch reichen.
- Als Alternative für fermentiertes Gemüse verwenden.
- Als krönendes Topping für einen Salat nehmen oder püriert als Zutat für Suppen oder Salatdressings.

9. Kapitel

Das Brot des Lebens
Getreidegerichte, Brote und Pfannkuchen

Ehe wir uns den Rezepten in diesem Kapitel zuwenden, möchten wir dringend darauf hinweisen, wie wichtig es ist, Nüsse, Samen und Getreide vor der Zubereitung einzuweichen. Dadurch wird die Phytinsäure entfernt, die sich sehr nachteilig auf unsere Nährstoffaufnahme auswirkt, weil sie Mineralien bindet und sie unserem Körper massiv entzieht. Wir benötigen Mineralien aber für alle Enzymfunktionen im Körper – sie sind unsere Energie-Zündkerzen und schenken uns Vitalität! Wenn Sie also wollen, dass Ihre Verdauung einwandfrei funktioniert, sollten Sie sich unbedingt die Zeit nehmen, Nüsse, Samen und Getreide vor der Verwendung gründlich einzuweichen.

Nüsse und Samen richtig einweichen

- Füllen Sie die Nüsse oder Samen in eine Schüssel aus Glas oder Edelstahl. (Beachten Sie, dass für vollwertige Mahlzeiten 2–3 Tassen Nüsse oder Samen benötigt werden, und 1–2 Tassen für Snacks oder Zwischenmahlzeiten. Wenn Sie eine größere Menge einweichen wollen, um anschließend einen Teil einzufrieren, nehmen Sie maximal 6 Tassen.)
- Geben Sie so viel gefiltertes Wasser dazu, dass die Nüsse oder Samen gut bedeckt sind.
- Fügen Sie pro Tasse 1 Teelöffel Meersalz hinzu.
- Die Schüssel mit einem Deckel oder Teller abdecken und die Nüsse oder Samen bei Zimmertemperatur 8–12 Stunden stehen lassen, also am besten über Nacht.
- Nach 8–12 Stunden das Wasser abgießen. Die Nüsse oder Samen unter fließendem Wasser abspülen und in den Kühlschrank (dort halten sie sich 3 Tage bis 1 Woche) stellen oder einfrieren (dann sind sie etwa 2 Monate haltbar).
- Wenn Sie möchten, trocknen oder rösten Sie die Nüsse und Samen nach dem Einweichen. Stellen Sie dazu den Backofen auf die niedrigste Stufe und rösten Sie die Nüsse darin, bis sie richtig trocken sind. Wenn Sie ein Dörrgerät besitzen, stellen Sie es auf 45 °C und dörren die Nüsse bzw. Samen 2–5 Stunden, bis sie getrocknet

sind. Sie halten sich dann im Kühlschrank ein paar Wochen und tiefgekühlt mehrere Monate.

Getreide richtig einweichen

- Füllen Sie das Getreide in eine Schüssel aus Glas oder Edelstahl (Mengenangaben wie bei Nüssen und Samen).
- Geben Sie so viel gefiltertes Wasser dazu, dass das Getreide gut bedeckt ist.
- Rühren Sie für jede Tasse Getreide 1 Esslöffel Apfelessig unter das Wasser.
- Die Schüssel mit einem Deckel oder Teller abdecken und das Getreide bei Zimmertemperatur 8–12 Stunden stehen lassen, also am besten über Nacht.
- Nach dem Einweichen das Wasser abgießen. Das Getreide in einem feinen Küchensieb abspülen. Ein feines Sieb ist besonders wichtig bei feinkörnigen Getreidearten wie beispielsweise Hirse.
- Sie können das eingeweichte Getreide sofort zum Kochen verwenden oder im Kühlschrank aufbewahren. Es hält sich aber nur wenige Tage. Tiefgekühlt hält es sich etwa 1 Monat.

MANDELMEHL SELBST HERSTELLEN

Mandelmehl benötigen Sie in diesem Kapitel und für einige der Desserts im 11. Kapitel als Zutat. Mandelmehl, Kokosmehl und andere getreidefreie Mehle ermöglichen es Menschen mit Darmbeschwerden, Brote und Desserts zu genießen, die den Dünndarm weniger belasten. Fertiges Mandelmehl ist ziemlich teuer, weswegen es sich lohnt, es selbst herzustellen. Zeitsparend ist es, wenn Sie Mandeln aus Bioanbau kaufen, die bereits geschält wurden. Auf jeden Fall sollten sie über Nacht in Wasser eingeweicht werden, weil sie das leichter verdaulich macht – es sei denn, sie wurden bereits eingeweicht oder sind gekeimt.

Vorbereitung: 15–30 Minuten
Zubereitung insgesamt: 9–13 Stunden
Menge: ergibt 4 Tassen

4 Tassen Biomandeln
1 EL Meersalz

1. Weichen Sie die Mandeln entsprechend den Anweisungen am Anfang dieses Kapitels ein. Gießen Sie das Einweichwasser ab und tupfen Sie die Mandeln mit einem Küchentuch trocken. Entfernen Sie dann die Schalen. Dazu die Mandeln einfach zwischen den Fingern zusammendrücken, dabei flutschen sie aus der Schale. (Sie können sie aber auch schälen.)
2. Danach die Mandeln in einem Dörrgerät bei 45 °C trocknen lassen. Das dauert 2–4 Stunden. Wenn Sie kein Dörrgerät besitzen, geht es auch im Backofen: Die Mandeln bei der niedrigsten einstellbaren Temperatur 10–20 Minuten trocknen lassen.
3. Wenn die Mandeln richtig trocken sind, werden sie gemahlen. Dafür die Mandeln in einer Küchenmaschine (mit S-Klinge) oder in einem Hochleistungsmixer zerkleinern. Beobachten Sie den Mahlvorgang genau, damit die Mandeln nicht zu Mus werden. Zerkleinern Sie nur so lange, bis eine feinkörnige Konsistenz entsteht, die wie grobes Mehl aussieht.

4. Verwenden Sie das Mandelmehl für Ihre Lieblingsrezepte. Es ist eine gute Alternative für das in manchen Rezepten aufgeführte Kokosmehl. Wenn Sie allerdings herkömmliches Mehl durch Mandelmehl ersetzen wollen, ist etwas Kreativität gefragt: Zum Beispiel kann es nötig sein, mehr Flüssigkeit als im Rezept angegeben zu verwenden oder die Würzzutaten an den veränderten Geschmack anzupassen.
   Beachten Sie, dass Mandelmehl andere Eigenschaften hat als glutenhaltiges Mehl. Ein Teig mit Mandelmehl ist weniger geschmeidig und luftig als ein herkömmlicher Brotteig. Man erhält keinen fluffigen Teig, der stark aufgeht. Das Mehl eignet sich eher für Schnellback-Brote mit grober Struktur.

Lagerung: Mandelmehl hält sich im Kühlschrank ein paar Wochen. Tiefgekühlt können Sie es etwa 6 Monate aufbewahren.

GETREIDEFREIES KRÄUTERBROT

Für dieses Backrezept können Sie alle Arten von Brühe verwenden (aromatische oder neutrale Brühe). Die Brühe sollte im gekühlten Zustand ziemlich fest sein – wenn nicht, geben Sie 1–1½ Teelöffel nicht aromatisiertes Rindergelatinepulver dazu, während Sie die Brühe erhitzen.

Dieses Brot ist saftig und aromatisch. Es wird Sie gut erden und sättigt auf wohltuende Weise. Die darin enthaltenen Gewürze sind gesundheitlich wertvoll und entzündungshemmend. Von unseren Testessern erhielt das Brot die allerbesten Noten! Es ist eiweißreich und enthält gesunde Fette. Es eignet sich hervorragend als Zwischenmahlzeit, Vorspeise oder als Beilage zum Hauptgericht.

Die meisten getreidefreien Brote eignen sich nicht gut für Sandwiches, auch dieses bildet da keine Ausnahme. Es ist aber leicht verdaulich, deswegen lohnt es sich, die Ernährung an die Eigenschaften dieses Brotes anzupassen. Schneiden Sie es in dicke Stücke und essen Sie es als Beilage zu Salaten, tunken Sie es in Suppen, bestreichen Sie es mit Aioli, Butter oder Pasteten und experimentieren Sie mit anderen Verwendungsmöglichkeiten!

Vorbereitung: 10 Minuten

Zubereitung insgesamt: 1 Stunde

Menge: ergibt 1 Brotlaib (etwa 10 dicke Scheiben)

½ Tasse Brühe (Hühnerbrühe eignet sich besonders gut, Sie können auch jede andere Brühe verwenden; sie muss aber gut eingedickt sein.)

2 Eier

3 EL Leinmehl

1½ TL gemahlener Rosmarin

1½ TL getrocknetes Basilikum

1 TL Meersalz

1 TL schwarzer Pfeffer

1 Tasse Kokosbutter

2 EL Kokosöl

2 EL Butter

¼ Tasse Mandelmehl

1 TL Natron

Optionale Zutaten – sie sorgen für eine leichtere Note und interessante Geschmacksnuancen:

- 2 TL Honig
- ½ TL Kurkumapulver

1. Den Backofen auf 150 °C vorheizen.
2. Eine Brotbackform (Innenmaße etwa 23 x 13 x 7 Zentimeter) mit Butter oder Kokosöl einfetten. Wir bevorzugen Backformen aus Silikon, weil sie flexibel sind und sich das Brot leicht herauslösen lässt. Platzieren Sie die Form auf einem Backblech, dann lässt sie sich besser in den Ofen stellen und herausnehmen.
3. Alle Zutaten in eine Rührschüssel oder eine Küchenmaschine (mit S-Klinge) geben und gründlich verrühren. Den Teig in die eingefettete Form füllen und im Ofen 35–50 Minuten backen. Prüfen Sie nach 35 Minuten, ob das Brot schon fertig ist. Hinweis: Getreidefreie Brote gehen kaum auf. Die Höhe in der Form verändert sich also während des Backens nur wenig. Das fertig gebackene Brot wird auch etwas feucht aussehen. Das liegt daran, dass es kein »richtiges« Mehl enthält und einen hohen Fettgehalt aufweist. Dass es fertig ist, erkennen Sie an der goldbraunen Farbe und einer gewissen Festigkeit, wenn Sie auf das Brot drücken.
4. Nehmen Sie es aus dem Backofen, wenn es hell goldbraun ist, auch wenn es wegen der Öle noch feucht aussieht.
5. Das Brot in der Form vollständig abkühlen lassen. Dann lässt es sich herausnehmen, ohne zu zerbrechen. Zum Lösen fahren Sie mit einem Buttermesser zwischen Brotrand und Form entlang. Nehmen Sie es dann vorsichtig aus der Form.
6. Bewahren Sie das Brot im Kühlschrank auf. Es wird dadurch fester, weil die Öle aushärten. Nehmen Sie es 20 bis 30 Minuten vor dem Servieren aus dem Kühlschrank, damit es Zimmertemperatur annimmt (oder erwärmen Sie es vor dem Servieren auf niedrigster Stufe im Backofen).
7. Dieses Brot lässt sich sehr gut einfrieren. Verdoppeln Sie die Mengen, dann haben Sie genug Brot, um einen Teil einzufrieren, als Zwischenmahlzeit oder für eine spontane Party. Sie können es vor dem Einfrieren in Scheiben schneiden, dann haben Sie die Möglichkeit, bei Bedarf nur ein paar Scheiben aufzutauen.

Serviervorschläge:

- Servieren Sie das Brot mit Pâté Plus, Himmlischer Pastete oder jedem anderen Rezept aus Kapitel 10 ab Seite 249.
- Bestreichen Sie es mit Aioli, Louises Französischer Remoulade, Butter oder Kokosöl.
- Tunken Sie es in Brühen, Suppen oder Eintöpfe.

MISSLUNGENES, ABER KÖSTLICHES PFANNENBROT

(getreidefrei)

Für das Rezept eignet sich Hühnerbrühe besonders gut, aber Sie können auch jede andere neutrale oder aromatische Brühe verwenden.
Dieses Brot war eigentlich ein Fehlschlag. Nicht in geschmacklicher Hinsicht. Es schmeckt wirklich fantastisch! Aber es zeigte sich, dass es sich nur sehr schwer aus der Backform lösen lässt, ohne zu zerbrechen.
Dann geschah es: Weil wir die Bruchstücke eines ansonsten sehr guten Brotes nicht wegwerfen wollten, gaben wir die Brösel in eine Pfanne und brieten sie zusammen mit Hähnchen-Hackfleisch (für den Chicken-Burger-Salat) in etwas Rindertalg. Es schmeckte so köstlich, dass wir während des Essens in Begeisterungsrufe ausbrachen!
Deshalb möchten wir Ihnen dieses Rezept nicht vorenthalten, auch wenn es kein perfektes »Brot« ist. Wenn Sie Glück haben und es Ihnen gelingt, es unbeschadet aus der Form herauszulösen, ist es ein tolles Brot. Doch wenn es dabei zerbröselt, haben Sie auch Glück, denn dann können Sie es als Zutat für leckere Pfannengerichte verwenden!

Vorbereitung: 10 Minuten

Zubereitung insgesamt: 1 Stunde

Menge: ergibt 1 Brotlaib (etwa 10 dicke Scheiben)

1 Tasse Brühe (Hühnerbrühe eignet sich besonders gut, aber Sie können auch neutrale oder aromatische Brühe verwenden.)

1 Ei

1 TL gemahlener Rosmarin

1 TL getrocknetes Basilikum

1 TL Meersalz

1 TL schwarzer Pfeffer

1 Tasse Kokosbutter

2 EL Kokosöl

2 EL Butter

¼ Tasse Kokosmehl

2 TL Honig

½ TL Kurkumapulver

1 TL Natron

1. Den Backofen auf 150 °C vorheizen.
2. Eine Brotbackform (Innenmaße etwa 23 x 13 x 7 Zentimeter) mit Butter oder Kokosöl einfetten. Wir bevorzugen Backformen aus Silikon, weil sie flexibel sind und sich das Brot leicht herauslösen lässt. Platzieren Sie die Form auf einem Backblech, dann lässt sie sich besser in den Ofen stellen und herausnehmen.
3. Alle Zutaten in eine Rührschüssel oder eine Küchenmaschine (mit S-Klinge) geben und gründlich verrühren. Den Teig in die eingefettete Form füllen und im Ofen 35–50 Minuten backen. Prüfen Sie nach 35 Minuten, ob das Brot schon fertig ist. Hinweis: Getreidefreie Brote gehen kaum auf. Die Höhe in der Form verändert sich also während des Backens nur wenig. Das fertig gebackene Brot wird auch etwas feucht aussehen. Das liegt daran, dass es kein »richtiges« Mehl enthält und einen hohen Fettgehalt aufweist. Dass es fertig ist, erkennen Sie an der goldbraunen Farbe und einer gewissen Festigkeit, wenn Sie auf das Brot drücken.
4. Nehmen Sie das Brot aus dem Backofen, wenn es hell goldbraun ist, auch wenn es wegen der Öle noch feucht aussieht. Das Brot in der Form vollständig abkühlen, dann lässt es sich besser herauslösen. Zum Lösen fahren Sie vorsichtig mit einem Buttermesser zwischen Brotrand und Form entlang und nehmen das Brot heraus. Allerdings zerbricht es dabei wirklich leicht. Rechnen Sie also damit, dass es passiert.
5. Bewahren Sie das Brot im Kühlschrank auf. Es wird dadurch fester, weil die Öle aushärten. Nehmen Sie es 20 bis 30 Minuten vor dem Servieren aus dem Kühlschrank, damit es Zimmertemperatur annimmt (oder erwärmen Sie es vor dem Servieren auf niedrigster Stufe im Backofen).
6. Dieses Brot lässt sich sehr gut einfrieren. Verdoppeln Sie die Mengen, dann haben Sie genug Brot, um einen Teil einzufrieren, als Zwischenmahlzeit oder für eine spontane Party. Sie können es auch vor dem Einfrieren in Scheiben schneiden oder in Stücke brechen, die Sie dann portionsweise einfrieren und bei Bedarf auftauen.

Serviervorschläge:

- In der Pfanne mit Butter, Kokosöl oder tierischem Fett anbraten und nach Geschmack würzen. Man kann die Brotkrumen als Füllung oder als eine Salatbeilage zum Beispiel für den Chicken-Burger-Salat nehmen.
- Wenn Sie das Pfannenbrot mit Speck braten, nimmt es das Speckfett auf. Mit Eiern und Speck ergibt es ein herzhaftes Frühstück.
- Außerdem können Sie es zum Eindicken von Suppen, Eintöpfen oder Brühen verwenden.

BUCHWEIZEN MIT GEMÜSE

Für dieses Rezept von der Heilerin Rhonda Lenair benötigen Sie unseren Heilkräftigen Gemüse-Zaubertrank von Seite 118. Wenn es keine Rolle spielt, ob das Gericht vegan ist, können Sie stattdessen Fleischbrühe verwenden.

Dieses Gericht versorgt Sie mit einer kräftigen Dosis Gemüse und einer kleinen Menge Buchweizen, was sanft reinigend und entgiftend wirkt. Der Gemüse-Buchweizen-Mix ist eine ausgezeichnete Abendmahlzeit, vor allem wenn Sie dem Magen, der Bauchspeicheldrüse und den anderen Drüsen im Körper etwas Gutes tun wollen. Dieses glutenfreie Gericht mit hohem Gemüseanteil fördert Ruhe und Entspannung. Durch seine wohltuenden Eigenschaften trägt es zu einem erholsamen Nachtschlaf bei.

Vorbereitung: 20 Minuten

Zubereitung insgesamt: 50 Minuten

Menge: ergibt 6–8 Portionen

3–4 Tassen Heilkräftigen Gemüse-Zaubertrank (Seite 118)

10–12 Tassen klein geschnittenes Gemüse (Nehmen Sie, was Sie gerade zur Hand haben, z. B. Lauch, Rotkohl, Zwiebeln, Grünkohl, Blumenkohl, Möhren und so weiter.)

1 Tasse fein oder grob geschroteter Buchweizen

Optional: Sie müssen dieses Gericht nicht würzen, aber wenn Sie möchten, salzen und pfeffern Sie nach Geschmack. Sie können auch etwas frischen oder getrockneten Thymian, Rosmarin, Kurkumapulver, Basilikum und Koriander dazugeben. Beginnen Sie mit ½ Teelöffel von jedem Gewürz, probieren Sie und geben Sie bei Bedarf mehr dazu.

Optional: Sesamöl, das vor dem Servieren über die Portionen geträufelt wird.

1. Die Gemüsebrühe und das geschnittene Gemüse in einen großen Topf geben und aufkochen.

2. Dann den Buchweizen hinzufügen und bei mittlerer Hitze etwa 5 Minuten mitkochen. Den Buchweizen bei kleiner Hitze simmern lassen. Geben Sie, wenn gewünscht, Kräuter, Gewürze und Meersalz dazu.
3. Das Gericht in weiteren 20–30 Minuten fertig kochen, bis das Wasser vollständig aufgesogen ist.

Serviervorschläge:

- Geben Sie etwas geröstetes Sesamöl auf jede Portion.
- Reichen Sie dazu Gemüse, zum Beispiel Kürbis.

JASMINREIS MIT GEMÜSE DER SAISON, ROSINEN UND PISTAZIEN

Dieses Rezept stammt von der Brühen-Expertin Quinn Wilson. Sie können dafür jede Brühe verwenden, aber die Aromen dieses Gerichts entfalten sich am besten mit einer neutralen oder schwach aromatischen Brühe.

Ob zum Frühstück, Mittag- oder Abendessen – dieses Gericht mit seiner unverwechselbaren süßen Note ist stets ein köstlicher Genuss! Es sorgt für geschmackliche Abwechslung und Vielfalt. Sie genießen alle Vorteile von frischem Gemüse, wie bei einem guten Salat. Warmer Reis, gekocht in nahrhafter Kraftbrühe, und ein vorzügliches vegetarisches Dressing runden das Ganze ab.

Einweichzeit: Wer möchte, weicht den Reis über Nacht ein, das macht ihn leichter verdaulich.

Vorbereitung: 30 Minuten

Zubereitung insgesamt: 50 Minuten, wenn Sie den Reis nicht vorher einweichen (ansonsten benötigen Sie für das Einweichen 8–12 Stunden)

Menge: ergibt 2–4 Portionen

Hinweis zu den Zutaten: Dieses Rezept besteht aus drei Teilen, die zusammen eine schöne große Schüssel Reissalat ergeben.

Reiszutaten:

1 Tasse Jasminreis (Wenn Sie ihn einweichen möchten, beachten Sie die Anweisungen zum Einweichen von Getreide am Anfang dieses Kapitels.)

2 Tassen Brühe nach Wahl

Zutaten für das Dressing:

1 kleine Schalotte

1 Knoblauchzehe

2 EL glatte Petersilienblätter

2 EL roter Aceto balsamico

2 TL frische Oreganoblätter

2 TL getrocknetes Basilikum

Tasse Olivenöl (extra vergine)

1 TL Meersalz

1 TL schwarzer Pfeffer

Salatzutaten:

2 Tassen in mundgerechte Stücke geschnittenes Gemüse der Saison (z. B. Gurken, Tomaten, Bohnen, Zucchini, Erbsen, Kohl, Rote Bete, Möhren, Radieschen, Brokkoliröschen und so weiter)

¾ Tasse mit der Hand zerzupftes Blattgemüse, Sprossen und Kräuter

⅓ Tasse gehackte rote, gelbe oder weiße Zwiebeln oder Frühlingszwiebeln

4 EL geröstete Pistazienkerne, gehackt (Sonnenblumenkerne und Pinienkerne eignen sich ebenfalls sehr gut.)

4 EL Korinthen

Reis zubereiten:

1. Wenn gewünscht, am Vortag den Reis einweichen.
2. Dann den Reis nach Packungsangabe garen, wobei Sie statt Wasser Brühe verwenden (2 Tassen Brühe auf 1 Tasse Reis ergibt bei diesen Rezept 2 Tassen gekochter Reis).

Dressing zubereiten:

1. Schalotte und Knoblauch schälen. Mit Petersilie, Essig, Oregano und Basilikum in einem Mixer oder in einer Küchenmaschine pürieren. Während der Mixer oder die Küchenmaschine läuft, langsam das Öl dazugießen und mixen, bis das Dressing eine glatte Konsistenz hat. Mit Meersalz und Pfeffer würzen.

Salat zubereiten:

1. Alle übrigen Salatzutaten in eine große Servierschüssel geben.

Die Mahlzeit anrichten:

1. 3 Esslöffel von dem Dressing zu den Salatzutaten in der Schüssel geben und untermischen.
2. Servieren Sie den Salat auf einem Bett aus gekochtem Reis. Das restliche Dressing nach Geschmack zusätzlich auf die Portionen geben.

MAYAS FINNISCHES SAUERTEIG-ROGGENBROT

Für dieses Brot können Sie Brühen aller Art verwenden.

Heather: *Vor einigen Jahren reiste ich mit Louise zu einem Hay-House-Kongress in Schottland. Wir freuten uns darauf, dort unsere gute Freundin Maya Labos zu treffen. Maya stammt aus Finnland. Sie ist schön und sprüht vor Vitalität und Humor. Und sie ist ein Hitzkopf: Sie nennt die Dinge beim Namen. Auch wenn ihre Aufrichtigkeit manchmal ein bisschen irritierend sein kann, macht sie das nur noch liebenswerter. Und mit ihren wunderbaren, verrückten Geschichten hatte sie immer wieder die Lacher auf ihrer Seite!*

Maya kaufte in Schottland fünf Laibe irisches Sodabrot, um es auf eine Schiffstour mitzunehmen. Zwei Wochen später rief sie mich an. »Es war einfach unglaublich – ich hatte die Brote in Papier eingeschlagen und als ich fünf Tage später zu der Schiffsreise aufbrechen wollte, waren sie total verschimmelt!«, sagte sie.

»Das Brot war fünf Tage in Papier eingewickelt? Da ist es doch kein Wunder, dass es schimmelig wird«, erwiderte ich. Doch dann wurde mir klar, dass sie gedacht hatte, dieses Sodabrot wäre wie das Brot, das sie aus ihrer Kindheit in Finnland kannte.

Ich hatte gerade einige Recherchen zum Thema Brot angestellt und herausgefunden, dass die Finnen ein traditionelles Sauerteig-Roggenbrot buken. Es hatte ein Loch in der Mitte, weil man es an Stangen unter dem Dach aufhängte, und es blieb einen ganzen Monat lang frisch. Aus Sauerteig gebackenes Brot ist lebendiges Brot – auf diese traditionelle Art buken unsere Vorfahren Brot, das reich an Probiotika war und sich ohne Kühlen und Einfrieren ziemlich lange hielt.

»Okay«, sagte ich also zu Maya, »ich werde dir ein echtes finnisches Sauerteigbrot backen.« Durch weitere Recherchen fand ich heraus, wie ich mir einen echten Starter für den Teig beschaffen konnte, und experimentierte mit dem Rezept, bis es perfekt war. Hier ist also das Resultat, leicht dadurch modifiziert, dass wir noch Brühe hinzugefügt haben – weil wir es alle verdienen, schönere Haare und Nägel und eine gesündere Haut und eine optimale Verdauung zu haben!

Maya hat mir bestätigt, dass dieses Brot sie tatsächlich an ihre Kindheit in Finnland erinnert. Und nicht nur sie liebt dieses Brotrezept – alle, die das Brot probieren, sind begeistert. Den probiotisch aktiven Starter habe ich inzwischen an viele Leute überall im Land weitergegeben. Wenn Sie einmal den Starter angesetzt haben, lässt sich dieses Brot, dessen Teig nicht geknetet werden muss, spielend leicht zubereiten. Es lohnt sich wirklich, die Zubereitung zu erlernen, denn das Brot ist die ideale gesunde Zwischenmahlzeit für unterwegs. Das dafür verwendete Getreide enthält sehr wenig Gluten. Und die Probiotika wirken sich sehr positiv auf die Darmgesundheit aus. Mit der Kraftbrühe als zusätzlicher Zutat haben Sie eine ganz besondere Köstlichkeit aus der Natur!

Vorbereitungsdauer: Für die Aktivierung müssen Sie 8 Tage im Voraus einplanen, wenn Sie einen trockenen Starter kaufen. Wenn Sie eine bereits aktivierte Mehl-Wasser-Mischung im Kühlschrank haben, dauert es 3 Tage.

Dauer für das Brotbacken mit aktiviertem Starter:

Vorbereitung: 10 Minuten

Zubereitung insgesamt: 30–40 Minuten

Menge: ergibt etwa 20 Brotstücke

Trockener Starter: Einen trockenen Starter zu aktivieren dauert 7 Tage. Die Aktivierung besteht im Wesentlichen darin, nach der Packungsangabe eine Mehl-Wasser-Mischung herzustellen, die dann aufgeht.

Aktivierter Starter: Wenn Sie einmal einen aktivierten Starter hergestellt haben, geht die Brotzubereitung relativ schnell. Nehmen Sie den Starter aus dem Kühlschrank und beleben Sie ihn. Die dafür erforderlichen Schritte (siehe Seite 241) können 1–3 Tage in Anspruch nehmen. Das hängt davon ab, wann Sie den Starter zuletzt »gefüttert« haben. Es geht darum, dass der Starter richtig aufgeht, wenn Sie ihn mit Mehl und Wasser füttern. Wenn Sie dann mit ihm den Brotteig herstellen, muss auch dieser richtig aufgehen.

Hinweise zur Vorbereitung, ehe das Brotbacken beginnen kann:

1. Kaufen Sie eine getrocknete Starterkultur für finnisches Roggenbrot. Wir empfehlen die Produkte von Ed Wood's Sourdoughs International. Man bekommt dort viele authentische getrocknete Sauerteigkulturen aus der ganzen Welt. Die Produkte werden auch international versendet.
2. Während Sie darauf warten, dass die bestellte Kultur eintrifft, schauen Sie sich auf

YouTube Videos über die Herstellung von Sauerteigbroten an. Sie finden sowohl Rezepte, bei denen der Teig geknetet wird, wie auch Rezepte, bei denen das Kneten des Teiges nicht notwendig ist. Bei unserem Rezept muss der Teig nicht geknetet werden, was die Herstellung einfacher macht. Am schwierigsten ist es, die einzelnen Arbeitsschritte zu verstehen. Wenn Sie das jedoch begriffen haben, ist es wirklich einfach. Die Herstellung von Sauerteig-Roggenbrot ist unkompliziert und verzeiht manchen Fehler.

3. Wenn die getrocknete Starterkultur eingetroffen ist, folgen Sie den Anweisungen zur Aktivierung. Dazu muss der Starter etwa 7 Tage lang gefüttert werden. Das geschieht im Wesentlichen dadurch, dass Sie ein Schraubglas mit Mehl und Wasser füllen und beobachten, wie der Teig aufgeht. Es ist einfach, erfordert aber pro Tag 10 Minuten Aufmerksamkeit.
4. Wenn der Starter aktiviert ist, bewahren Sie ihn in einem 1-Liter-Schraubglas mit weiter Öffnung auf. Schrauben Sie den Deckel nicht fest zu, sondern legen Sie ihn nur lose auf, damit ein Luftaustausch stattfinden kann. Lagern Sie das Glas mit dem Starter im Kühlschrank, bis Sie Brot backen möchten.
5. »Füttern« Sie den Starter einmal wöchentlich, damit er aktiv und lebendig bleibt. Dazu nehmen Sie den Deckel ab und geben 1 Tasse steingemahlenes Bioroggenmehl und ¾ Tasse Wasser hinein. Gut durchmischen, sodass wirklich das gesamte Mehl verrührt ist. Der Starter ist ziemlich robust. Auch wenn Sie in einer Woche einmal das Füttern vergessen, ist er immer noch benutzbar – siehe weiter unten die Anweisungen zur Wiederbelebung des aktivierten Starters.

Wenn Sie Brot backen möchten, planen Sie 2–4 Tage im Voraus (1–3 Tage für das Füttern des Teiges und 1 Tag, damit das Brot aufgehen kann). Wenn der Starter seine Größe über Nacht verdoppelt, können Sie am nächsten Tag backen.

Der bereits aktivierte Starter wird folgendermaßen wiederbelebt:

1. Nehmen Sie den Starter aus dem Kühlschrank. Wenn er eine Weile nicht gefüttert wurde und sich an der Oberfläche etwas braune Flüssigkeit angesammelt hat, bedeutet das nicht, dass er verdorben ist. Er ruht nur. Sie können die Flüssigkeit (sie wird »Fusel« genannt) entweder abgießen oder wieder unterrühren.
2. Füttern Sie den Starter mit 1 Tasse Mehl und ¾ Tasse Wasser. Alles gut umrühren. Dann bei Zimmertemperatur stehen lassen. Den Deckel des Schraubglases nur lose

auflegen, damit Luft zirkulieren kann. Lassen Sie den Starter 12–24 Stunden stehen und füttern Sie ihn dann erneut. (Unseren füttern wir täglich. Er geht dann auf, oft bis zur doppelten Größe, und es zeigen sich Luftbläschen.) Wenn der Starter im Glas sein Volumen verdoppelt hat, ist er reif zum Brotbacken. Wenn der Starter längere Zeit unbenutzt im Kühlschrank aufbewahrt wurde, kann es notwendig sein, ihn mehrmals zu füttern (siehe unten), bis er zu doppelter Größe aufgeht (was anzeigt, dass er wieder aktiviert ist) und zum Backen benutzt werden kann.

3. Wenn der Starter nach 12–24 Stunden noch nicht zur doppelten Größe aufgegangen ist, füttern Sie ihn erneut. Sie können einen Teil des Starters aus dem Glas nehmen, damit der restliche Teil im Glas mehr Platz zum Aufgehen hat. Geben Sie den entfernten Teil in ein anderes Glas und füttern Sie ihn ebenfalls. Das können Sie immer wieder tun, sodass Sie schließlich eine Menge Gläser mit Startern haben! Wenn es Ihnen zu viel wird, verschenken Sie die überzähligen Starter-Portionen an Freunde oder werfen Sie den Überschuss weg.
4. Wenn der Starter auch nach 24 Stunden nicht zur doppelten Größe aufgegangen ist, füttern Sie ihn zum dritten Mal (aller guten Dinge sind drei!). Lassen Sie ihn erneut 12–24 Stunden aufgehen. Dann müsste er bereit sein zum Backen.
5. Nachdem der Sauerteig-Starter zur doppelten Größe aufgegangen ist, verwenden Sie ihn für das nachfolgende Brotrezept. Die Zubereitung des eigentlichen Brotteigs kann 5–24 Stunden dauern, je nachdem, wie lange er zum Aufgehen benötigt.

Hier ein paar Tipps:

- Schauen Sie sich auf YouTube Videos über die richtige Zubereitung von Sauerteig-Broten an. Dort erfahren Sie, wie Sie einen Starter herstellen und wie das Brot gebacken wird.
- Roggenbrot enthält viel weniger Gluten als Weizenbrot. Daher geht es nicht sehr stark auf. Noch weniger geht es auf, wenn es sich um steingemahlenes Mehl handelt. Es ist ein in der Form wesentlich flacheres Brot. Maya hat uns erzählt, dass sie solche flachen Roggenbrote aus ihrer Kindheit in Finnland kennt.
- Der Teig klebt stark. Spülen Sie also alles, mit dem er in Berührung kommt, sofort mit Wasser ab. Das erleichtert die Reinigung. Wir nehmen einen nicht scheuernden Spülschwamm, um Hände und Utensilien zu säubern, was sehr gut funktioniert.
- Durch das Einfetten der Backform mit Kokosöl oder Butter und das Bestreuen mit Mehl und Kümmelsamen lässt sich das Brot gut aus der Form lösen.
- Lassen Sie das Brot auf einem Backrost mindestens 3 Stunden abkühlen, bevor Sie es

anschneiden. Manche schwören darauf, das Brot vor dem Verzehr 2 Tage »ruhen« zu lassen, weil sich dann der Geschmack erst richtig entfalten würde. Allerdings gelingt es uns fast nie, so lange zu warten.

- Die Finnen bewahren ihr Brot in Papiertüten auf. Maya sagt, sie tun das, weil sie es trocken und knusprig mögen. Wenn Sie ein weicheres Brot bevorzugen, sollten Sie es in Frischhaltebeuteln lagern. Probieren Sie beides aus und schauen Sie selbst, was Ihnen mehr zusagt.

Im Kühlschrank oder tiefgekühlt sollte sich das Brot länger als 1 Woche halten und dann immer noch köstlich schmecken. In Finnland bewahren sie es bei Zimmertemperatur einen ganzen Monat auf. Weil es ein lebendiges Brot ist, verschimmelt es dabei nicht. Allerdings wird es mit der Zeit hart und trocken, weswegen wir das, was nach einer Woche noch übrig ist, lieber in Scheiben schneiden und einfrieren. So kann man bei Bedarf ein oder zwei Scheiben in den Toaster geben und warm genießen.

2 Tassen gekeimtes Bioroggenmehl (gekeimtes Mehl ist optional – es macht das Brot leichter verdaulich)

2 EL schwarze Melasse

1½ EL Kümmelsamen

1 EL Meersalz

1 Tasse Brühe (es eignet sich jede aromatische oder neutrale Kraftbrühe)

1¼ Tassen Roggenmehl-Starter

1. Alle Zutaten mit ¼ Tasse Wasser in eine Glasschüssel geben und mit einem Holzlöffel gut verrühren. Rühren Sie mindestens 2–4 Minuten (oder etwa 50 Umdrehungen). Auf diese Weise erhalten Sie einen glatten, klebrigen Sauerteig. Geknetet wird dieser Teig nicht.
2. Den Teig in der Schüssel zudecken und 5 Stunden oder über Nacht stehen lassen. Er sollte dabei fast zur doppelten Größe aufgehen.
3. Den zur doppelten Größe aufgegangenen Teig auf eine ebene mit Mehl bestreute Oberfläche gießen. Der Teig ist ziemlich nass und klebrig. Sorgen Sie dafür, dass Sie genug Mehl zur Hand haben, um sich den Umgang mit dem Teig zu erleichtern. Lassen Sie den Teig nun 15–30 Minuten ruhen. Inzwischen den Backofen auf 220 °C vorheizen.

4. Die Backform mit Kokosöl oder Butter einfetten und gut mit Mehl und Kümmelsamen ausstreuen. So wird das Brot nicht festbacken und sich hinterher gut aus der Form lösen lassen.
5. Verwenden Sie eine Backform aus Glas oder Silikon. Nehmen Sie keine Backform aus Metall. Sauerteigbrot ist fermentiert und daher säurehaltig. Wenn es beim Backen längere Zeit mit Metall in Berührung kommt (vor allem, wenn es sich nicht um Edelstahl handelt), verursacht das eine chemische Reaktion, die das Brot ausbleichen lässt. Ein kurzer Kontakt, zum Beispiel mit Rührwerkzeugen aus Edelstahl, ist aber kein Problem. Viele Sauerteig-Brotbäcker schwören auf Backformen aus Keramik, zum Beispiel von La Cloche. Nach unserer Erfahrung gelingt das Brot aber auch in Formen aus Silikon oder Glas richtig gut.
6. Geben Sie den Teig in die Backform – wenn Sie Ihre Hände gut mit Mehl bestäuben, bleibt der Teig weniger an ihnen kleben. Wenn der Teig sehr nass ist, bestäuben Sie ihn mit Mehl.
7. Dann den Teig in der Form an der Oberfläche mit einem scharfen Messer kreuzweise einschneiden. So kann während des Backens Luft aus dem Teig entweichen, und das Brot sieht hinterher hübsch aus. Bleibt Teig am Messer kleben, befeuchten Sie es mit Wasser, dann gleitet es leicht hindurch.
8. Das Brot im Ofen 30 Minuten backen, dann prüfend auf die Mitte des Brotes drücken: Wenn es fertig ist, fühlt es sich fest an und gibt federnd nach. Wahrscheinlich wird es noch weitere 10–15 Minuten Backzeit benötigen. Reduzieren Sie für diese letzten 10–15 Minuten die Hitze auf 200 °C. (Verwenden Sie eine Keramik-Backform mit Deckel, nehmen Sie für die letzten 10–15 Minuten den Deckel ab.) Prüfen Sie die Innentemperatur des Brotes mit einem Fleischthermometer – wenn das Brot innen eine Temperatur von 104 °C erreicht hat, ist es fertig. Die Oberseite sollte leicht gebräunt und etwas trockener als der Rest sein.
9. Das fertige Brot abkühlen lassen, ehe Sie es aus der Form lösen. Schneiden Sie es erst an, wenn es vollständig ausgekühlt ist, sonst kann es gummiartig und zäh werden.

PANCAKES ODER WAFFELN
(getreidefrei)

Für das Rezept benötigen Sie »nicht aromatisiertes Rindergelatinepulver«.
Hier ist das perfekte Rezept für ein wonniges Wochenend-Frühstück mit köstlichen Pancakes! Wir haben lange mit getreidefreien Pancake-Rezepturen herumexperimentiert, bis wir eines Tages zu diesem glücklichen Resultat gelangten! Sie können entweder gleich mehrere Pancakes auf einmal im Backofen zubereiten oder backen jeweils ein oder zwei nacheinander auf dem Herd. Auch Waffeln können Sie mit diesem Rezept backen.
Genießen Sie die Pancakes mit Ahornsirup, Früchten, Honig, Butter oder was immer Ihnen dazu schmeckt. Wenn Sie den Honig weglassen (oder höchstens ½ Teelöffel nehmen), können Sie daraus auch Blinis als herzhafte Vorspeise zubereiten. Die Pancakes lassen sich sehr gut einfrieren, man kann sie also auf Vorrat backen und bei Bedarf auftauen.
Verwöhnen Sie Ihr inneres Kind!

Vorbereitung: 10 Minuten

Zubereitung insgesamt: 20–30 Minuten

Menge: ergibt 4–6 Portionen als Hauptmahlzeit und bis zu 10 Portionen Blinis als Vorspeise

1½ EL nicht aromatisiertes Rindergelatinepulver

¼ Tasse Kokosöl

½ Tasse Kokosmilch aus der Dose (oder stellen Sie Kokosmilch aus ½ Tasse Wasser und 1½ Esslöffel Kokosbutter im Mixer selbst her)

1 Messerspitze Meersalz

2 Tassen Mandelmehl

3 EL Butter

1½ EL Honig

2 Eier

1. Entscheiden Sie, ob Sie Pancakes oder Waffeln im Ofen backen wollen. Sie können Waffelformen aus Silikon kaufen und im Backofen mehrere Waffeln gleichzeitig zubereiten. Dafür den Backofen auf 180 °C vorheizen.

2. 2 Tassen Wasser in einem Topf erhitzen, bis es fast kocht. Lassen Sie es dann ein paar Minuten abkühlen. Die Gelatine ins Wasser rühren und 5 Minuten stehen lassen, bis sich die Gelatine auflöst.
3. Danach alle Zutaten, einschließlich Gelatine und Wasser, in eine Rührschüssel oder eine Küchenmaschine (mit S-Klinge) füllen. Den Teig so lange rühren, bis er schön glatt ist. Sie bekommen einen dicken Pancake-Teig. Wenn der Teig dünner sein soll, geben Sie einfach mehr Wasser dazu.

Zubereitung auf dem Herd:

1. Die Zubereitung auf dem Herd ist etwas schwieriger als im Backofen, weil die Pancakes am besten gelingen, wenn der Teig abkühlen kann. Daher ist es sehr wichtig, langsam und bei kleiner Hitze zu braten.
2. Kokosöl in einer Pfanne bei mittlerer Hitze erhitzen, eine kleine Portion Teig hineingeben. Beginnen Sie mit einer kleinen Menge, um auszuprobieren, wie das Braten vor sich geht. Falls Sie noch keine getreidefreien Pancakes gebraten haben: Diese Sorte Pfannkuchen verhält sich anders als Getreidepfannkuchen, die durch das Gluten elastischer sind und in der Pfanne besser zusammenhalten.
3. Getreidefreie Pancakes gelingen am besten, wenn man sie bei kleiner Hitze langsam zubereitet. Wenn ihre Farbe weißer wird und die Ränder sich etwas nach oben wölben, die Pancakes vorsichtig mit einem Pfannenwender wenden. Achten Sie darauf, dass die Pfanne immer gut eingeölt ist, während Sie nach und nach die Pancakes braten. Wenn sie fertig sind, sind sie heller (sehen trockener aus) und leicht goldfarben. Ob eher weich oder eher knusprig – probieren Sie, was Ihnen am besten schmeckt.

Zubereitung im Backofen:

1. Den Backofen auf 180 °C vorheizen. Silikon-Waffelformen mit Kokosöl einfetten. Oder, wenn Sie Pancakes zubereiten wollen, ein Backblech einfetten. Den Teig in die Backformen füllen. Da die Silikonformen elastisch sind, diese auf ein Backblech stellen, dann lassen sie sich leichter in den Ofen stellen und herausnehmen. Sie können die Waffelformen komplett füllen, weil der getreidefreie Teig nur wenig aufgeht und daher nicht überläuft.
2. Die Pancakes oder Waffeln im Ofen 10–15 Minuten backen. Schauen Sie nach etwa 10 Minuten nach, ob sie schon fertig sind: Die Kruste sollte dann trockener und leicht

goldgelb aussehen und die Ränder werden sich etwas nach oben wölben. Wenn Sie gegen die Kruste drücken, wird sie leicht federnd nachgeben.

3. Danach die Pancakes oder Waffeln aus dem Ofen nehmen und etwa 10 Minuten abkühlen lassen, bevor sie serviert werden.
4. Die Waffelformen umdrehen und die Waffeln behutsam herausnehmen oder die Pancakes mit einem Pfannenwender behutsam vom Blech lösen.

Serviervorschläge:

- Mit Beeren, Bananenscheiben oder warmen Apfelscheiben und 1 Prise gemahlenem Zimt servieren.
- Mit Honig, Marmelade oder Ahornsirup übergießen.
- Für sich allein als leckeren Snack genießen.
- Für einen süßen Snack mit Nuss- oder Samenmus und Marmelade, Honig oder Ahornsirup bestreichen und aufrollen.
- Bereiten Sie die Pancakes ohne Honig zu (oder mit nur ½ Teelöffel Honig) und servieren Sie diese wie Blinis zu unserer Himmlischen Leberpastete, zu Räucherlachs mit Avocado, dem Verführerischen Thunfischsalat, Eiern in Aspik oder Aioli.

10. Kapitel

Leichtes Vergnügen
Salate, Pasteten, Sülzen und Smoothies

CHICKEN-BURGER-SALAT

Für dieses Rezept benötigen Sie Hühnerbrühe (oder zumindest Geflügelbrühe). Zur Not funktioniert es aber auch mit jeder anderen neutralen oder schwach aromatischen Brühe, auch Gemüsebrühe. Dieser Salat ist ruckzuck zubereitet. Es dauert nur 5 Minuten, und schon haben Sie ein köstliches Mittag- oder Abendessen! Der Salat schmeckt auch kalt ausgezeichnet, eignet sich also sehr gut für unterwegs.
Dazu passt das Misslungene, aber köstliche Pfannenbrot (siehe 9. Kapitel Seite 232) – eine himmlisch gut schmeckende Kombination! Wir geben Ihnen im Rezept ein paar Hinweise, wie Sie das Brot in das Rezept einfügen können.

Zubereitungsdauer: 5–10 Minuten

Menge: ergibt 4 Portionen

1 EL Butter (oder Kokosöl)
1 TL getrockneter Thymian
½ TL Kurkumapulver
1 TL schwarzer Pfeffer
1 Messerspitze gemahlener Piment *(optional)*
½ Tasse gewürfelte Schalotten
½ Tasse Hühnerbrühe (oder jede andere neutrale oder schwach aromatische Brühe, auch Gemüsebrühe)
Meersalz
750 g Hähnchenhackfleisch (oder jede andere Hackfleischsorte)
1 Kopf Römersalat (oder 4 Tassen gemischter Salat, gehackt)

1. Butter in einer Pfanne bei kleiner Hitze zerlassen.
2. Thymian, Kurkumapulver, schwarzen Pfeffer, Piment (optional) und Schalotten-

würfel dazugeben und bei kleiner Hitze dünsten, bis die Schalotten glasig sind. Wenn Sie Misslungenes, aber köstliches Pfannenbrot zur Hand haben, dieses in der Pfanne kurz anbraten, sodass es sich gut erwärmt und das Fett und die Gewürze schön aufsaugt. Dann das Brot wieder aus der Pfanne nehmen und beiseitestellen (es ist okay, bei dieser Gelegenheit auch die Schalotten aus der Pfanne zu nehmen).

3. Die Brühe und das Meersalz hinzufügen, aufkochen und bei mittlerer Hitze simmern lassen, bis sie um die Hälfte reduziert ist. Das Hackfleisch in die Pfanne geben und 3–5 Minuten anbraten. Zerkleinern Sie das Hackfleisch dabei gut, dann wird es sehr schnell gar.
4. Inzwischen den Salat putzen, waschen und hacken.
5. Auf jedem Teller ein Salatbett vorbereiten. Wenn das Fleisch gar ist, die Pfanne vom Herd nehmen und jeweils etwas Fleisch auf den Salat häufen. (Wenn vorhanden, das angebratene Misslungene, aber köstliche Pfannenbrot mit dem Fleisch auf dem Salat anrichten.)
6. Wer möchte, ergänzt den Salat mit Radieschenscheiben, Kirschtomaten oder in dünne Scheiben geschnittene Möhren oder Gurken. Der Salat schmeckt aber auch ohne diese Zutaten ausgezeichnet.
7. Verwenden Sie den Bratensaft aus der Pfanne als Salatdressing.

Serviervorschläge:

- Für sich allein genießen.
- Sie können auch zusätzlich Aioli, Louises französische Remoulade oder das »Salatdressing ganz nach Wunsch« verwenden, aber wahrscheinlich wird Sie der Bratensaft aus der Pfanne vollauf zufriedenstellen!
- Zu diesem Gericht passen die Kardamom-Möhren und der Delikate Rosenkohl wunderbar.

KÖSTLICHER LACHSSALAT

Lachs ist in Sachen Gesundheit ein echter Superstar! Er schmeckt wundervoll und steckt voller exzellenter Nährstoffe: Omega-3-Fettsäuren, B-Vitamine und die Vitamine A, D und E. Lachs ist außerdem sehr eiweißreich und versorgt uns mit bioaktiven Peptiden, die Antioxidanzien enthalten und das Herz schützen. Außerdem wirken sie krebshemmend und gegen Typ-2-Diabetes und stärken unsere Abwehrkräfte gegen Entzündungen.[1]

Für diesen Salat benötigen Sie das Aioli-Rezept aus Kapitel 6 (Seite 172) und eine neutrale Brühe. Wenn Sie sich nicht aus den Vorräten bedienen, sondern für dieses Rezept eine frische Brühe kochen, empfiehlt sich eine Fischbrühe. Sie können stattdessen auch eine gesunde Mayonnaise nehmen, wenn eine solche zur Hand ist. Auch Louises französische Remoulade bietet sich an, wenn Sie diese bereits auf Vorrat hergestellt haben.

Kaufen Sie nach Möglichkeit Wildlachs. Wenn Sie Lachs aus Fischfarmen kaufen, sollte es sich um zertifizierten Biolachs handeln. Lachs aus der Dose ist eine Option, mit der sich die Zubereitungsdauer reduzieren lässt.

Zubereitungsdauer: 30 Minuten

Menge: ergibt 4 Portionen

2 Wildlachs-Steaks (ersatzweise 750–1000 g frischer Lachs, bei Lachs aus der Dose ca. 2½ Dosen)

2 EL Kokosöl

½ Tasse gewürfelte rote Zwiebeln

3 Stangen Staudensellerie, fein gewürfelt (etwa ½ Tasse)

1 TL schwarzer Pfeffer

½ TL Meersalz

½–1 Tasse Aioli (Beginnen Sie mit der kleinen Menge und nehmen Sie bei Bedarf mehr, siehe Rezept Seite 172.)

Optional:

2 TL getrockneter Rosmarin (oder 1 EL frischer Rosmarin)

1 TL getrockneter Thymian

1 TL getrocknetes Basilikum (oder 8 Basilikumblätter)

1. Den Lachs unter fließendem Wasser abspülen und trocken tupfen.
2. Kokosöl in einer Pfanne bei kleiner Hitze zerlassen. Zwiebeln, Sellerie, schwarzen Pfeffer und, wenn gewünscht, weitere Gewürze dazugeben. Die Gewürze 2 Minuten erhitzen, bis sie zu duften beginnen.
3. Den Lachs in dieselbe Pfanne geben und bei mittlerer Hitze 5 Minuten braten, dann wenden und weitere 3–4 Minuten braten (oder bis er so ist, wie Sie es mögen). Wenn das Öl zu heiß ist, die Hitze reduzieren.
4. Wenn der Lachs gar ist, lässt er sich mit einer Gabel leicht zerteilen. Schneiden Sie ihn in zwei Hälften und schauen Sie nach, wie er innen aussieht: Wenn Sie innen noch eine nass wirkende Färbung sehen, sollten Sie ihn noch etwas länger braten, es sei denn, Sie mögen ihn eher roh. Achten Sie aber darauf, ihn nicht zu lange zu braten, denn sonst wird er trocken und schmeckt nicht gut.
5. Geben Sie Meersalz und Aioli dazu und mischen Sie alles gründlich, wobei Sie den Lachs mit einer großen Gabel zerdrücken. Beginnen Sie mit ½ Tasse Aioli und geben Sie mehr dazu, je nachdem welche Konsistenz Sie wünschen. Wenn Sie stattdessen eine Küchenmaschine (mit S-Klinge) verwenden, schalten Sie die Maschine ein und wieder aus, etwa 5- bis 10-mal, bis Ihnen die Konsistenz von Fisch, Meersalz und Aioli zusagt. Zerkleinern Sie nicht zu viel, sonst bekommen Sie eine eher breiige Pastete.

Serviervorschläge:

- Eingerollt in Buttersalat- oder Römersalatblättern oder auf einem Salatbett servieren.
- Genießen Sie dazu das Getreidefreie Kräuterbrot.
- Essen Sie einen Löffel Lachssalat als Snack.

VERFÜHRERISCHER THUNFISCHSALAT

Thunfischsalat eignet sich ausgezeichnet für schnelle Mahlzeiten oder als Imbiss für unterwegs.

Für diesen Salat benötigen Sie das Aioli-Rezept aus Kapitel 6 (Seite 172) und neutrale Brühe. Wenn Sie für das Rezept frische Brühe zubereiten, passt neutrale Fischbrühe am besten. Wer eine gesunde Mayonnaise vorrätig hat, verwendet diese. Mit unserem Salatdressing-Rezept oder Louises französischer Remoulade lässt sich der Salat als Nizza-Salat zubereiten.

Der Thunfisch kann frisch oder aus der Dose sein. Achten Sie darauf, mit welcher Fangmethode er gefangen wurde:[2] Als ökologisch vertretbar gilt der Thunfischfang mit Rute und Leine oder Schleppangel, weil dabei die übrige Meeresfauna nur wenig in Mitleidenschaft gezogen wird. Auf den Webseiten von Greenpeace und dem WWF finden Sie aktuelle Informationen zur nachhaltigen, die Bestände schützenden Fischerei.[3]

Zubereitungsdauer: 30 Minuten

Menge: ergibt 4 Portionen

2 Thunfisch-Steaks (ersatzweise 750–1000 g frischer Thunfisch, bei Thunfisch aus der Dose ca. 2½ Dosen)

2 EL Kokosöl

4 Frühlingszwiebeln, in dünne Ringe geschnitten

3 Stangen Sellerie, fein gewürfelt (etwa ½ Tasse)

½ TL schwarzer Pfeffer

½ TL Meersalz

½–1 Tasse Aioli (Beginnen Sie mit der kleinen Menge und nehmen Sie bei Bedarf mehr, siehe Rezept im 6. Kapitel Seite 172.)

Optional:

1 TL getrocknetes Basilikum (oder 1 EL frisch gehacktes Basilikum)

1 TL getrockneter Thymian

1 Messerspitze Selleriesamen, gemahlen

1. Den Thunfisch unter fließendem Wasser abspülen und trocken tupfen.
2. Das Kokosöl in einer Pfanne bei kleiner Hitze zerlassen. Frühlingszwiebeln, Sellerie, schwarzen Pfeffer und, wenn gewünscht, weitere Gewürze dazugeben. Die Gewürze 2 Minuten erhitzen, bis sie zu duften beginnen.
3. Den Thunfisch in derselben Pfanne bei mittlerer Hitze 5 Minuten braten, dann wenden und weitere 3–4 Minuten auf der anderen Seite braten (oder bis er so ist, wie Sie es mögen). Wenn das Öl zu heiß ist, die Hitze reduzieren.
4. Wenn der Thunfisch gar ist, lässt er sich mit einer Gabel leicht zerteilen. Schneiden Sie ihn in zwei Hälften und schauen Sie nach, wie er innen aussieht: Wenn Sie innen noch eine nass wirkende Färbung sehen, sollten Sie ihn noch etwas länger braten, es sei denn, Sie mögen ihn eher roh. Achten Sie aber darauf, ihn nicht zu lange zu braten, denn sonst wird er trocken und schmeckt nicht gut.
5. Geben Sie Meersalz und Aioli dazu und mischen Sie alles gründlich, wobei Sie den Thunfisch mit einer großen Gabel zerdrücken. Beginnen Sie mit ½ Tasse Aioli und geben Sie mehr dazu, je nachdem, welche Konsistenz Sie wünschen. Wenn Sie stattdessen eine Küchenmaschine (mit S-Klinge) verwenden, schalten Sie die Maschine ein und wieder aus, etwa 5- bis 10-mal, bis Ihnen die Konsistenz von Fisch, Meersalz und Aioli zusagt. Zerkleinern Sie nicht zu viel, sonst bekommen Sie eine eher breiige Pastete.

Serviervorschläge:

- Eingerollt in Buttersalat- oder Römersalatblättern oder auf einem Salatbett servieren.
- Genießen Sie dazu das Getreidefreie Kräuterbrot.
- Essen Sie einen Löffel Thunfischsalat als Snack.

HUMMERSALAT EXTRAVAGANZA

Hummersalat – diese Delikatesse ist etwas ganz Besonderes, ein Gaumengenuss, mit dem Sie sich und die Menschen, die Sie lieben, verwöhnen können! Machen Sie diesen Salat als Vorspeise zum Bestandteil eines extravaganten Menüs oder gönnen Sie sich den Salat als köstliches Mittagessen. (Sie benötigen hierfür unser Aioli aus Kapitel 6, Seite 172 mit neutraler Brühe. Ebenso können Sie auch Louises französische Remoulade oder eine gesunde Biomayonnaise verwenden.)

Heather: *Während einer Woche, die Louise und ich in Savannah, Georgia, verbrachten, gingen wir an drei Abenden hintereinander ins Maxwell's, weil wir uns in das vorzügliche Essen, das Personal und Catherine, die Restaurantchefin, verliebt hatten. Auch Catherines Chefkoch lernten wir persönlich kennen. Am witzigsten fanden wir, dass er sich weigerte, Butter zu benutzen, weil die Küche dafür zu klein sei! Als wir das hörten, mussten wir laut lachen und brachten für die folgenden zwei Abende unsere eigene Butter mit.*
Louise brachte Catherine bei, Spiegelarbeit zu praktizieren, und erst kürzlich schrieb sie uns eine E-Mail, in der sie berichtete, dass sie die Spiegelarbeit immer noch anwendet und davon sehr profitiert.
Zu den Vorspeisen, die wir im Maxwell's probierten, gehörte Hummersalat. Er schmeckte so köstlich, dass wir uns spontan entschlossen, unsere eigene Version zu kreieren. Es ist uns ein Vergnügen, sie mit Ihnen zu teilen!

Zubereitungsdauer: 40–50 Minuten

Menge: ergibt 6 Portionen

8 Hummerschwänze à ca. 250 g (insgesamt ca. 2 kg)

Meersalz

2 Tomaten, gehäutet und entkernt

2 EL Butter

5 Stangen Staudensellerie, gewürfelt (etwa 1 Tasse)

¼ Tasse gewürfelte rote Zwiebeln

1 TL getrockneter Thymian

1 TL Kurkumapulver

1 TL getrocknetes Basilikum

1 TL schwarzer Pfeffer

¼–½ Tasse Aioli (Beginnen Sie mit der kleineren Menge und nehmen Sie bei Bedarf mehr, siehe Rezept im 6. Kapitel Seite 172.)

1 TL getrockneter Estragon (oder 1 EL frisch gehackter Estragon)

2 EL Schnittlauchröllchen (oder Frühlingszwiebeln, gehackt)

1. Wenn Sie keine bereits gekochten Hummerschwänze gekauft haben, müssen Sie diese zunächst kochen. Tiefgekühlte stellen Sie über Nacht zum Auftauen in den Kühlschrank. Ungekocht sind sie von braungrüner Farbe.
2. Wenn die Hummerschwänze aufgetaut sind, 6 Tassen Wasser mit 1 Esslöffel Meersalz aufkochen. Die Hummerschwänze darin offen 8–10 Minuten garen, bis sie eine leuchtend rote Färbung annehmen. Beim Anstechen mit der Gabel sollte sich das Fleisch zart anfühlen. Die Hummerschwänze dann herausnehmen oder in ein Küchensieb abgießen und auf Zimmertemperatur abkühlen lassen.

Tomaten enthäuten:

1. 2 Tassen Wasser in einem Topf aufkochen.
2. 2 Tassen kaltes Wasser in eine große Schüssel gießen.
3. Die Tomaten an der Unterseite kreuzförmig einschneiden (dann lässt sich die Haut leichter entfernen). Die Tomaten etwa 1 Minute ins kochende Wasser geben, bis sich die Haut zu lösen beginnt.
4. Dann die Tomaten mit einem Schaumlöffel herausnehmen und kurz ins kalte Wasser legen. Die Tomaten enthäuten, entkernen, hacken und beiseitestellen.

Sellerie, Zwiebeln und Gewürze anbraten:

1. Butter in einer Pfanne bei kleiner Hitze zerlassen.
2. Sellerie, rote Zwiebeln, Thymian, Kurkumapulver, Basilikum und Pfeffer dazugeben und bei kleiner Hitze 5 Minuten braten, bis die Zwiebeln glasig sind. Mit Meersalz würzen. Alles noch 1 Minute braten, dann beiseitestellen.
3. Während alle Zutaten für den Salat abkühlen, das Aioli von Seite 172 zubereiten, falls Sie nicht auf bereits zubereitetes zurückgreifen können.

Hummersalat zubereiten:

1. Die Hummerschwänze in kleine Stücke hacken. Wenn Sie das Gefühl haben, dass das Fleisch zu gummiartig und zäh ist, lässt sich das korrigieren, indem Sie es in einer Küchenmaschine (mit S-Klinge) kurz in Intervallen, maximal 8- bis 9-mal, zerkleinern.
2. Aioli mit allen anderen Zutaten und dem Hummerfleisch in einer großen Schüssel gründlich mischen. Den Salat mit 1 Teelöffel Meersalz würzen und servieren. Wenn Sie ihn nicht sofort servieren, den Salat in den Kühlschrank stellen.

Serviervorschläge:

- Auf Zimmertemperatur abgekühlt servieren. Oder den Hummersalat im Kühlschrank kalt stellen. Gekühlt hält er sich bis zwei Tage.
- Als Vorspeise in Martinigläsern oder kleinen Schalen servieren.
- Hummersalat auf einem Bett aus grünem Salat ergibt eine vollständige Mahlzeit.

HIMMLISCHE LEBERPASTETE

Hühnerleber weist einige ziemlich spektakuläre gesundheitliche Vorzüge auf: Sie deckt den Vitamin-B_{12}-Bedarf des Körpers, stärkt Gehirn und Nervensystem. Sie hilft gegen durch Eisenmangel hervorgerufene Anämie, und der Tagesbedarf an Vitamin A und Folsäure wird durch sie reichlich gedeckt. Auch versorgt Hühnerleber Sie mit Kupfer und Zink – jede Zelle des Körpers benötigt Zink. Es stärkt das Immunsystem, hilft bei der Abwehr krank machender Bakterien und Viren (Menschen mit Dünndarm-Fehlbesiedlung und Candida aufgemerkt!).

Doch es gibt ein Problem: Hühnerlebern sehen nicht sehr appetitlich aus, auch der Geschmack ist gewöhnungsbedürftig. Wer gerne Leber isst, wird sie lieben, aber Leute, die keine Leberfans sind, werden dankend verzichten! Immerhin: Zwei ausgewiesene Leber-Hasser aus unserem Rezept-Testteam probierten dieses Gericht, und es schmeckte ihnen sehr gut.

Für diese Leberpastete benötigen Sie Fleischbrühe. (Ideal ist neutrale Brühe, aber auch schwach aromatische Fleisch- oder Gemüsebrühe kann verwendet werden.) Was wir daran lieben – und alle, die keine Leber mögen: Es schmeckt fast gar nicht nach Leber! Durch die Gewürzmischung schmeckt das Gericht etwas orientalisch, aber mit einer durchaus eigenständigen Note. Die Gewürze verleihen der Pastete ein exquisites Aroma und sind überdies sehr gesund. Im Anhang unter »Kräuter und Gewürze richtig einsetzen« steht, welche Heilwirkung die verwendeten Gewürze haben. Ihr Körper wird diese Leberpastete lieben!

Zubereitungsdauer: 15 Minuten

Menge: ergibt 4 Portionen als vollwertige Mahlzeit und bis 10 Portionen als Vorspeise

1 EL Ghee (oder Butter)

½ Tasse in dünne Ringe geschnittene Zwiebeln (Wenn Sie die Zutaten in der Küchenmaschine vorbereiten, spielt die Größe der Zwiebelringe keine Rolle.)

½ Tasse Madeira

½ Tasse Brühe (neutrale Brühe, aber es geht auch mit jeder anderen Brühe aus rotem Fleisch)

1 EL getrockneter Rosmarin

2 TL gemahlenes Zitronengras

2 TL gemahlener Piment

2 TL Paprikapulver

1 TL schwarzer Pfeffer

1 TL Meersalz

7–8 Biohühnerlebern

1. Ghee und Zwiebeln in einer 3-Liter-Kasserolle bei kleiner Hitze 1–2 Minuten erwärmen.
2. Madeira und Brühe dazugießen und bei mittlerer Hitze unter gelegentlichem Rühren 5–10 Minuten simmern lassen, bis die Flüssigkeit um die Hälfte reduziert ist. Alle Gewürze und Meersalz hinzufügen und die Mischung weitere 2 Minuten simmern lassen.
3. Die Hühnerlebern in die Kasserolle mit der Flüssigkeit geben und bei kleiner Hitze 5–7 Minuten simmern lassen, bis sie braun werden. Schneiden Sie eine Leber in zwei Hälften, um nachzusehen, ob sie innen noch rot ist. Sie können auch ein Fleischthermometer benutzen. Bei einer Innentemperatur von 74 °C sind die Hühnerlebern gar. Dann alles mit einem Stabmixer oder in einer Küchenmaschine (mit S-Klinge) pürieren, bis es die gewünschte Konsistenz hat.

Serviervorschläge:

- Warm auf gebratenen Zucchinischeiben, Rosenkohl oder einem Bett aus Römersalat servieren.
- Kalt als Pastete mit Gemüserohkost.
- Dazu passen wunderbar das Getreidefreie Kräuterbrot oder Mayas finnisches Sauerteig-Roggenbrot.
- Servieren Sie die Leberpastete mit eingelegtem Gemüse, zum Beispiel Sauerkraut oder Kimchi (wählen Sie eine Kimchi-Zubereitung ohne Essig und Zucker).

PÂTÉ PLUS

Für dieses Rezept von Caroline Barringer wird Hühnerbrühe verwendet. Sie können aber auch andere neutrale Fleisch- oder Knochenbrühen nehmen.

Heather: *Als Caroline mir von diesem Rezept erzählte, war mir sofort klar, dass wir es in dieses Buch aufnehmen würden! Es vereint sämtliche Vorzüge von Pasteten und Brühe zu einer köstlichen, kräftigenden Mahlzeit. Leber zu essen ist ein ausgezeichneter Weg, unseren Mineralienhaushalt ins Gleichgewicht zu bringen. Ich beobachte bei meinen Klienten immer wieder, wie wichtig in unserer stressigen Zeit ein ausgeglichener Mineralienhaushalt ist. Unfruchtbarkeit, Schilddrüsenprobleme, Gewichtszunahme, Anämie, Schlafstörungen, Suchterkrankungen – sehr oft ist ein gestörter Mineralienhaushalt die Ursache, der sich hinter diesen Symptomen verbirgt.*
Leber ist eines jener heilkräftigen Nahrungsmittel, über die unsere Vorfahren mehr wussten als wir. Wenn meine Klienten Leber in ihren Speiseplan aufnehmen, bekomme ich schon bald begeisterte Anrufe und E-Mails! Sie berichten, dass sie viel mehr Energie haben, ruhiger sind und besser schlafen.
Caroline versteht es wirklich, Speisen zuzubereiten, die köstlich schmecken und zugleich wunderbar heilend wirken. Sie werden dieses Gericht lieben!

Vorbereitungsdauer: Diese Pastete muss kalt gestellt werden. Sie sollte 2 Tage vor dem Servieren zubereitet werden. 24 Stunden genügen zwar auch, aber 2 Tage sind ideal, damit sie gut auskühlen und fest werden kann.

Vorbereitung: 50 Minuten

Zubereitung insgesamt: 24–48 Stunden

Menge: ergibt 4–6 Portionen

2 Tassen Hühnerbrühe

3 EL nicht aromatisiertes Rindergelatinepulver

4–6 Speckstreifen

Himmlische Leberpastete (siehe Rezept Seite 260)

4 EL Entenfett (Butter, Ghee oder Kokosöl)

1 EL frisch gehackte Petersilie

Anweisungen für den 1. Tag – Brühe, Speck und Pastete vorbereiten:

1. Den Backofen auf 200 °C vorheizen.
2. 2 Tassen Hühnerbrühe erwärmen. Das Gelatinepulver langsam einrühren.
3. Je ½ Tasse Brühe mit der darin aufgelösten Gelatine in 4 kleine runde Auflaufformen (120–180 ml Füllmenge) gießen. Stattdessen können Sie auch andere kleine Glas- oder Keramikgefäße verwenden. Die Förmchen in den Kühlschrank stellen und die Brühe darin über Nacht fest werden lassen.
4. Den Speck auf einem Blech im Backofen knusprig backen. Dann herausnehmen, in kleine Stücke zerbröckeln und in einem Gefäß über Nacht kalt stellen.
5. Inzwischen die Himmlische Leberpastete von Seite 260 zubereiten. Bei Zimmertemperatur ist die Konsistenz cremig, gekühlt wird die Pastete fest. Stellen Sie die Pastete in einer Glasschüssel mit Deckel über Nacht in den Kühlschrank.

Anweisungen für den 2. Tag – Pâté Plus zubereiten:

1. Vergewissern Sie sich zunächst, ob alles so ist, wie es sein soll: Die Brühe in den Förmchen ist eingedickt und relativ fest. Speck und Pastete sind wie die Brühe über Nacht gut gekühlt. Und die Pastete ist ziemlich fest.
2. Das Entenfett erwärmen, bis es flüssig ist. Den Topf sofort vom Herd nehmen.
3. Die Auflaufformen mit der Brühe, die Pastete und den Speck aus dem Kühlschrank nehmen. Verstreichen Sie oben auf der in den Formen fest gewordenen Brühe eine etwa 1–1½ Zentimeter dicke Schicht Pastete. Achten Sie darauf, dass in den Formen noch genug Platz für das Entenfett als oberste Schicht ist.
4. Jeweils auf die Pastete in den Förmchen 1 Esslöffel Entenfett geben. Die Speckstückchen darauf verteilen. Die Formen noch einmal für 4–6 Stunden in den Kühlschrank stellen. Kurz vor dem Servieren die frisch gehackte Petersilie darüberstreuen.
5. Dieses Gericht eignet sich ideal als Vorspeise oder als nahrhafte Zwischenmahlzeit. Die Pâté Plus hält sich in einem luftdicht verschlossenen Gefäß bei +3 °C im Kühlschrank 5–7 Tage.

Serviervorschläge:

- Geben Sie die Pâté Plus mit dem Löffel aus der Auflaufform auf Salatblätter, auf das Getreidefreie Kräuterbrot oder Mayas finnisches Sauerteig-Roggenbrot.
- Als Beilagen passen eingelegtes Gemüse, Rote Bete oder gehackte rote Zwiebeln dazu.
- Genießen Sie dazu einen grünen Salat oder Einfacher gedünsteter Spargel.

PASTETE VOM OCHSENSCHWANZ

Wenn Sie vom Kochen einer Kraftbrühe Ochsenschwanzfleisch übrig haben, bereiten Sie daraus diese Pastete zu. Sie schmeckt wunderbar als Vorspeise, aber auch als vollwertige Mahlzeit. Wenn Sie sowieso gerade Ochsenschwanzbrühe zubereitet haben, können Sie diese verwenden. Ansonsten eignet sich auch jede andere Fleischbrühe (neutral oder aromatisch).

In vielen Kulturen kocht man zähere Fleischstücke 24 Stunden in Wein, Brühe oder Wasser, was sie wunderbar zart und wohlschmeckend werden lässt. Auch das Fleisch in diesem Rezept wird zart und köstlich schmecken.

Pasteten bestehen aus Fleisch, dem Fett hinzugefügt wird, was in diesem Fall perfekt ist, weil Ochsenschwänze ohnehin schon viel gesundes Fett enthalten (besonders wenn sie aus Weidefütterung und ökologischer Tierhaltung stammen). Sie benötigen kein zusätzliches Fett. Geben Sie einfach die Gewürze dazu und mixen Sie alles in der Küchenmaschine! So erhalten Sie eine cremige Pastete, die sich auch sehr gut einfrieren lässt.

Vorbereitung: 20 Minuten

Zubereitung insgesamt: 2 Stunden

Menge: ergibt 6–8 Portionen

1 Tasse Ochsenschwanzfleisch und -fett

1–3 EL Brühe

Gewürze nach Wahl (Sie können sich einfach auf Meersalz und Pfeffer beschränken; wenn Sie etwas mehr Geschmack wünschen, versuchen Sie es zusätzlich mit Paprikapulver und Piment – das ist wirklich köstlich!):

1 TL schwarzer Pfeffer

½ TL Meersalz (probieren Sie; wenn es zu wenig ist, nehmen Sie noch 1 Messerspitze; wenn das nicht genügt, wieder 1 Messerspitze dazugeben, damit Sie die Pastete nicht versalzen)

2 TL Paprikapulver

1 TL gemahlener Piment

Andere Würzvorschläge, jeweils für 1 Tasse Ochsenschwanzfleisch und -fett:

Wenn Sie Variationen dieser Pastete zubereiten möchten, seien Sie kreativ. Thymian, Rosmarin und Basilikum sind wundervolle Optionen. Knoblauch oder Röstzwiebeln bieten sich ebenfalls an. Folgen Sie Ihrer Intuition. Auch die folgende Gewürzkombination schmeckt uns sehr gut:

1 Messerspitze gemahlener Fenchel

1 Messerspitze Fünf-Gewürze-Pulver

1 Messerspitze Kurkumapulver

1. Ochsenschwanzfleisch und -fett vom Knochen lösen. Die Knochen für die Brühe nehmen. (Wenn Sie den Ochsenschwanz nach 1½ Stunden entfernt haben und die Brühe mit den Knochen 24 Stunden simmern lassen wollen.) Oder Sie verwenden die Knochen für eine spätere Brühenzubereitung. (Viele Brühenköche und -köchinnen verwenden die Knochen mehrfach – siehe Kapitel 2 Seite 55.)
2. Vergewissern Sie sich, dass die Knochen wirklich gründlich abgelöst sind! Befühlen Sie das Fleisch mit den Fingern, um sich zu vergewissern, dass auch die kleinen dünnen »Kappen« der Knochen entfernt wurden.
3. Geben Sie Ochsenschwanzfleisch und -fett, Brühe und die Gewürzmischung, für die Sie sich entschieden haben, in eine Küchenmaschine (mit S-Klinge) oder in einen Hochleistungsmixer. Mixen Sie so lange, bis die gewünschte Konsistenz erreicht ist. Wir bevorzugen eine glatte, cremige Pastete ohne grobe Stückchen. Daher lassen wir die Küchenmaschine etwas länger laufen.
   Fertig!

Serviervorschläge:

- Mit geschnittenem Gemüse oder eingerollt in Salatblättern servieren. Oder Sie genießen die Pastete einfach löffelweise pur.
- Bestreichen Sie das Getreidefreie Kräuterbrot oder Mayas finnisches Sauerteig-Roggenbrot damit.
- Servieren Sie die Pastete mit eingelegtem Gemüse, zum Beispiel Sauerkraut oder Kimchi. Das fördert die Verdauung und sorgt für eine angenehm saure Geschmacksnote.

KÖSTLICHE PASTETE VON DER LAMMKEULE

Für dieses Rezept verwenden Sie die Fleischbrühe, die Sie beim Kochen der Lammkeulen erhalten. Das macht die Zubereitung herrlich unkompliziert. Diese köstliche Pastete versorgt Sie mit den wertvollen Nährstoffen des Lammfleischs und dem gesunden Fett. Die Pastete eignet sich wunderbar als Snack oder Vorspeise für eine Party. Sie schmeckt mild, ist zart und lässt sich deshalb auch gut als Zutat für andere Gerichte verwenden. Wir stellen Ihnen mehrere Würz-Variationen vor, sodass Sie dieses Rezept an Ihre geschmacklichen Vorlieben anpassen können.

Vorbereitung: 20 Minuten (wenn Sie Aioli aus dem 6. Kapitel Seite 172 zubereiten, benötigen Sie weitere 10 Minuten)

Zubereitung insgesamt: 4½–6½ Stunden

Menge: ergibt 4–8 Portionen als Snack oder 10–12 Portionen als Vorspeise

Zutaten für die Lammkeulen:

2 Lammkeulen
2 Tassen gefiltertes Wasser
1 EL gemahlener Rosmarin
1 EL getrockneter Thymian
1 EL getrocknetes Basilikum
2 TL Meersalz
1 TL schwarzer Pfeffer

Zubereitung der Lammkeulen:

1. Alle Zutaten in einen Schongarer geben. (Alternativ können Sie die Keulen auch auf dem Herd zubereiten: im Bräter mit Deckel bei kleiner Hitze.)
2. Verwenden Sie die 4-Stunden-Einstellung des Schongarers (oder starke bis mittlere Hitze, was eine Garzeit von 4 Stunden ergibt). Wenn die Keulen erst am nächsten Morgen gar sein sollen, weil Sie zum Beispiel daraus eine Zwischenmahlzeit für unterwegs zubereiten wollen, nehmen Sie die 8- oder 10-Stunden-Einstellung oder kleine Hitze.

3. Wenn die Lammkeulen gar sind (das Fleisch muss dann sehr zart sein), die Keulen abkühlen lassen.
4. Als Bonus haben Sie am Ende 2 Tassen Lammbrühe. Für die Pastete benötigen Sie nur 2 Esslöffel, sodass Sie den Rest für andere Gerichte verwenden können.

Vorschläge, um Zeit zu sparen: Während die Lammkeulen garen, bereiten Sie das Aioli zu. Für diese Pastete eignen sich auch die Weißwein-Senf-Sauce oder Louises französische Remoulade. Wenn Sie eine dieser Saucen bereits fertig zubereitet zur Hand haben, nehmen Sie diese, um Zeit zu sparen. Oder Sie nehmen 2 Esslöffel Butter und einige der vorgeschlagenen Gewürze (siehe unten).

Zutaten für die Pastete:

Fleisch von 2 gekochten Lammkeulen

½ Tasse Aioli (ersatzweise Weißwein-Senf-Sauce oder Louises französische Remoulade). Wenn keine dieser Saucen verfügbar und die Zeit knapp ist, nehmen Sie stattdessen 2 Esslöffel Butter und einige der optionalen Gewürze

1½ TL Meersalz

1½ TL schwarzer Pfeffer

1½ TL getrocknetes Basilikum

2 TL getrockneter Thymian

2 EL Lammbrühe aus dem Schongarer

Optionale Gewürze – fügen Sie eines oder mehrere der folgenden Gewürze hinzu, wenn Sie mit anderen Geschmacksvarianten experimentieren möchten:

¼ Tasse gewürfelte rote Zwiebeln

1 TL Knoblauchpulver (oder 1 Knoblauchzehe, durchgepresst oder gehackt)

1 TL Kurkumapulver

1 TL gemahlener Kreuzkümmel

zusätzlich Meersalz und gemahlener Pfeffer nach Geschmack

Zubereitung der Pastete:

1. Alle Zutaten in einer Küchenmaschine (mit S-Klinge) oder in einem Hochleistungsmixer pürieren.
2. Probieren Sie die Pastetenmasse und entscheiden Sie, ob Sie eines oder mehrere der optionalen Gewürze hinzufügen möchten. Wenn ja, dazugeben und erneut gründlich mixen.
3. Die Pastete kalt servieren.
4. Die Pastete lässt sich gut einfrieren, um sie als schnelle Zwischenmahlzeit oder als Vorspeise bei einer Party zu genießen.

Serviervorschläge:

- Reichen Sie dazu Zucchinischeiben, das Getreidefreie Kräuterbrot oder Mayas finnisches Sauerteig-Roggenbrot. Oder servieren Sie die Pastete eingerollt in ein Blatt Römersalat.
- Auf einem Salatbett oder mit gekochtem Gemüse als Beilage servieren.
- Sehr gut passt zu der Pastete auch eingelegtes Gemüse wie Sauerkraut oder Kimchi.

HÄHNCHENSALAT IN ASPIK[4]

Dieses Rezept stammt von Sally Fallon Morell und Kaayla T. Daniel, den Autorinnen des Buches *Die Super-Suppe: Nährstoffwunder Knochen- und Fleischbrühe: Jahrhundertealtes Ernährungswissen und neue Rezepte*. Man benötigt dafür Hühnerbrühe mit viel Gelatine. Wenn das auf die von Ihnen verwendete Brühe nicht zutrifft, geben Sie pro Liter Brühe 2 Esslöffel nicht aromatisiertes Gelatinepulver dazu. Dann lässt sich aus der Brühe sehr gut Aspik herstellen. Sie können neutrale oder aromatisierte Brühe nehmen.

Viele Leute fragen sich, ob sie beim Brühekochen auch wirklich alles richtig machen – genug Knochen nehmen, lange genug simmern lassen oder die Brühe für Aspik richtig klären. Und alle scheinen wissen zu wollen, woran man erkennt, wann Brühe oder Aspik verdorben ist.

Als wir Kaayla für dieses Buch interviewten, gab sie uns einen Rat, der uns ausgesprochen gut gefiel: »Entspannt euch einfach und genießt eure Brühe.« Sie empfiehlt, auf die eigenen Sinne zu vertrauen: Wie sieht die Brühe aus? Wie riecht sie? Lernen Sie, wieder auf Ihre Intuition zu vertrauen. Manchmal spürt man einfach, dass etwas nicht gut ist – oder dass es genau richtig ist.

Wenn wir uns entspannen, auf unsere Instinkte vertrauen und hochwertige Lebensmittel essen, bessert sich unsere Gesundheit wie von selbst.

Vorbereitung: 1 Stunde

Zubereitung insgesamt: 6 Stunden

Menge: ergibt 6 Tassen

2 Tassen Hähnchengeschnetzeltes

4 Frühlingszwiebeln, geputzt und fein gehackt

1 kleine rote Gemüsepaprika, entkernt und in Streifen geschnitten

1 EL frische Estragonblätter

1½ TL Meersalz

1 l geklärte Hühnerbrühe

2 Eiweiß

Salatblätter

Tomaten, in Scheiben geschnitten

Zitronenviertel

1. In einer mittelgroßen Schüssel Hähnchenfleisch, Frühlingszwiebeln, Paprikastreifen und Estragon durchmischen und salzen.
2. 1 Tasse Brühe im Topf erhitzen, bis sie flüssig ist. Klären Sie die Brühe nun wie folgt: 2 Eiweiß mit einem Schneebesen schlagen (Eigelbe für ein anderes Gericht verwenden) und in die Brühe gießen. Herdplatte ausschalten. Die Eiweiße kochen und steigen an die Oberfläche. Sie bilden eine Art »Floß« und klären die Brühe. Schöpfen Sie das »Eiweiß-Floß« ab und gießen Sie die Brühe durch ein feines Küchensieb in eine Schüssel.
3. Eine 1,5-Liter-Backform einfetten, die Brühe hineingießen und im Kühlschrank eindicken lassen (etwa 2 Stunden).
4. Die Hähnchenfleisch-Mischung auf der eingedickten Brühe verteilen. Erhitzen Sie die übrige Brühe, bis sie flüssig ist, und gießen Sie diese über das Fleisch. Wiederum etwa 2 Stunden kühlen, bis alles eingedickt ist.
5. Die Backform kurz in heißes Wasser tauchen und auf einen gekühlten Teller stürzen. Den Hähnchensalat in Aspik auf dem Teller noch einmal 1 Stunde in den Kühlschrank stellen. Dann in Stücke schneiden und auf Salatblättern mit Tomatenscheiben und Zitronenvierteln angerichtet servieren.

Serviervorschläge:

- Mit grünem Salat oder gekochtem Gemüse servieren.
- Genießen Sie dazu Getreidefreies Kräuterbrot oder Mayas finnisches Sauerteig-Roggenbrot und Aioli.

Eier in Aspik

Hier handelt es sich um einen echten Aspik auf französische Art. Man benötigt hierfür Hühnerbrühe oder eine andere neutrale Brühe. Am besten kühlen Sie die Brühe in kleinen Glasschüsseln, weil man dann die appetitliche Schönheit der Aspike bewundern kann! Kleine Einmachgläser eignen sich ebenfalls gut.

Heather: *In meiner Kindheit war es schon nicht mehr üblich, bei Partys Aspike zu servieren. Stattdessen gab es diese »Gelee-Salate« mit aromatisierter Gelatine (»Jell-O«). Eine Freundin erzählte mir, dass ihre Mutter zwanzig Formen für solche Gelees besaß. Das Ganze wurde oft auf Salat serviert, bestand aber überwiegend aus Fruchtgelee mit Farbstoff und war ziemlich stark gesüßt. Nein, danke! Unsere Eier in Aspik sind eine Variante jenes Aspiks, den Louise während ihrer Ehe bei Partys servierte. Als sie mir erzählte, wie sie vor vielen Jahren zum ersten Mal Eier in Aspik zubereitet hatte, war ich so fasziniert, dass ich mir dachte: Wie kann das nur funktionieren? Nun, es ist viel einfacher, als Sie vermutlich denken – sobald Sie einmal den Bogen heraushaben, wie man Brühe am besten eindickt (wenn nötig, mithilfe von Gelatinepulver).*

Vorbereitung: 20 Minuten
Zubereitung insgesamt: 6–9 Stunden
Menge: ergibt 4 Portionen

1 EL Butter (oder Kokosöl)
1 TL gemahlener Rosmarin
1 TL getrockneter Thymian
½ TL schwarzer Pfeffer
½ Tasse in dünne Scheiben geschnittene Möhren
½ Tasse gewürfelte Zwiebeln
½ Tasse Madeira (in je zwei ¼ Tassen aufgeteilt)
2 Tassen stark eingedickte Hühnerbrühe oder neutrale Brühe (Im Kühlschrank sollte die Brühe ziemlich fest werden. Wenn nicht, geben Sie beim Erhitzen 1½–2 Esslöffel nicht aromatisiertes Rindergelatinepulver dazu.)

Zutaten zum Klären der Brühe:

3 Eiweiß (die Eigelbe für ein anderes Gericht verwenden)

Schalen der 3 Eier

2 TL frisch gepresster Zitronensaft

½ TL Meersalz

1 Tasse in dünne, halbierte Scheiben geschnittene Zucchini

½ Tasse gelber Kürbis, ebenfalls in dünne Halbmonde geschnitten

1. 1 Esslöffel Butter in eine große Pfanne geben und bei kleiner Hitze zerlassen. Rosmarin, Thymian und schwarzen Pfeffer dazugeben und die Gewürze etwa 1 Minute erhitzen, bis sie ihr Aroma freisetzen. Möhren und Zwiebeln hinzufügen und 4 Minuten braten.
2. ¼ Tasse Madeira dazugießen und offen bei kleiner Hitze simmern lassen, bis der Madeira um die Hälfte reduziert ist. 1 Tasse Wasser, Zucchini, gelben Kürbis und Meersalz locker untermischen und offen etwa 4–5 Minuten kochen, bis Kürbis und Zucchini etwas weich werden.
3. Inzwischen die Brühe in einem Topf bei mittlerer Hitze bis fast zum Kochen bringen.
4. *Die Brühe klären:* Die Eiweiße in einer Schüssel mit einem Schneebesen aufschlagen. Die Eierschalen zerdrücken und zum Eiweiß geben. Dann die übrige ¼ Tasse Madeira und Zitronensaft hinzufügen. Alles gut mischen. Diese Mixtur in die Brühe gießen und bei kleiner Hitze 5 Minuten erwärmen. Die Eiweiße und Eierschalen steigen an die Oberfläche und bilden eine Art »Floß«, das die Brühe klärt.
5. *Das »Floß« entfernen:* Dafür ein feines Küchensieb mit einem Passiertuch auslegen und die Flüssigkeit in eine Schüssel abgießen. So werden das »Eiweiß-Floß« und andere feste Bestandteile herausgefiltert.
6. Danach sollte die Brühe klar sein. Falls sie nicht klar genug ist, erwärmen Sie diese erneut und wiederholen die Floß-Prozedur. Das ist aber nur nötig, wenn Sie aus optischen Gründen Wert auf eine vollkommen klare Brühe legen.
7. Die Brühe in der Schüssel salzen, gut umrühren und 10 Minuten ruhen lassen. Die Brühe dann in kleine Einmachgläser, Glasschälchen oder Auflaufformen mit Deckeln gießen. Pro Portion ½ hart gekochtes Ei und etwas von dem Gemüse hinzufügen. Arrangieren Sie diese Zutaten so, wie es Ihnen gefällt – Sie können sie einfach wie zufällig in die Brühe werfen oder künstlerisches Talent entfalten.
8. Alles mindestens 2 Stunden in den Kühlschrank stellen. Wenn die Aspike fest geworden sind, sind sie genussfertig! Sie können sie gleich aus den Gefäßen essen. Oder Sie

tauchen den Boden der Gefäße kurz in heißes Wasser und stürzen den Inhalt vorsichtig auf einen gekühlten Teller, sodass der Aspik darauf gleitet.

9. Bewahren Sie die Aspike vor dem Verzehr im Kühlschrank auf.

Serviervorschläge:

- Servieren Sie die Eier in Aspik als eigenständige Mahlzeit, als Snack oder mit Salatbeilage.
- Genießen Sie dazu Himmlische Leberpastete.
- Servieren Sie Eier in Aspik als Vorspeise.

FRUCHT-SMOOTHIE MIT VIEL KOLLAGEN

Wenn Sie noch keine Smoothie-Erfahrung haben, mag Ihnen die Idee seltsam erscheinen, Grünzeug im Mixer zu pürieren und es zu trinken. Doch das Obst wird Ihnen helfen, sich mit der Sache anzufreunden. Bei warmem Wetter in der sommerlichen Obst-Saison ist dieser Smoothie ein erfrischender Genuss!

Für dieses Rezept wird Kollagen-Hydrolysat (Kollagen-Peptide) verwendet. Diese Zutat können Sie aber auch weglassen oder stattdessen eine neutrale Kraftbrühe nehmen. Auch können Sie diesen Smoothie an Ihren Geschmack anpassen: Verwenden Sie dafür Ihre Lieblingsbeeren, ersetzen Sie eine Avocado durch eine Banane, nehmen Sie andere Gewürze – experimentieren Sie nach Herzenslust!

Zubereitungsdauer: 5–10 Minuten

Menge: ergibt 3 Tassen

1 Banane

1½ Tassen Blaubeeren (frisch oder tiefgekühlt)

2 EL Kollagen-Hydrolysat (Kollagen-Peptide)

2–4 EL Nuss- oder Samenmus (z. B. Mandelmus, Tahin, Sonnenblumenkernmus, Kürbiskernmus)

Optionales grünes Gemüse:

Es gibt mehre Möglichkeiten, dem Smoothie gesundes Grün hinzuzufügen. Zum Beispiel:

1–2 EL des von Ihnen bevorzugten grünen Pulvers, etwa Weizengraspulver (Weizengras ist kein glutenhaltiger Weizen; es handelt sich um ein grünes Gras).

½ Tasse Römersalatblätter

Optionale Gewürze:

Diese Gewürze bilden ein harmonisches Gegengewicht zu den süßen Früchten, sodass Sie sich zufrieden fühlen und kein Heißhunger entsteht. Und sie unterstützen die Verdauung. Zimt wirkt im Körper wärmend, was Harmonie in den kühlen Smoothie bringt. Das Meersalz erdet und versorgt uns mit gesunden Spurenelementen.

1 TL gemahlener Zimt

1 Messerspitze gemahlener Kardamom

1 Messerspitze Meersalz

1 kleine Messerspitze gemahlener Fenchel

1 kleine Messerspitze gemahlene Muskatnuss

1. Wenn Sie einen Geschmackstest machen möchten, geben Sie alle Zutaten außer den Gewürzen und dem Meersalz in den Mixer. Mixen Sie alles gründlich und kosten Sie. Was denken Sie? Wie schmeckt es Ihnen? Finden Sie das Rezept rund und ausgewogen? Wenn das der Fall ist, lassen Sie die Gewürze einfach weg. Achten Sie aber darauf, wie Sie sich während der folgenden Stunden fühlen. Notieren Sie es in Ihr Ernährungs-Tagebuch. So erfahren Sie mehr über Ihre persönlichen Bedürfnisse und darüber, welche Nahrungsmittel bewirken, dass Sie sich gut geerdet, ruhig und entspannt fühlen.
2. Wenn Sie das Gefühl haben, dass dem Rezept etwas fehlt, fügen Sie den Zimt hinzu, mixen Sie erneut und probieren Sie den Smoothie. Wiederholen Sie diesen Vorgang, bis Sie die Geschmackskombination finden, die Ihnen wirklich gut schmeckt und für Wohlbefinden sorgt.
3. In Gläser gießen und genießen! Wenn etwas übrig bleibt: Im Kühlschrank hält sich der Smoothie bis 3 Tage.

GRÜNER SMOOTHIE – EXTRA COOL

Dieser leichte, angenehm süße Smoothie ist eine Wohltat für Magen und Darm! Er ist ideal, wenn Sie einen leicht verdaulichen Energieschub wünschen. Für dieses Rezept benötigen Sie Kollagen-Hydrolysat (Kollagen-Peptide) oder neutrale Kraftbrühe. Die Gewürze harmonisieren den Blutzuckerspiegel, fördern die Verdauung, helfen gegen Übergewicht, verbessern die Augengesundheit, bekämpfen Infektionen, regulieren den Cholesterinspiegel und stärken das Herz. Wenn Sie mehr Erdung und Stärkung benötigen, ersetzen Sie die Kokosbutter durch ein Nuss- oder Samenmus (siehe unten).
Wenn Sie am Morgen wenig Appetit haben, ist dieser Smoothie ein tolles Frühstück! Auch als Snack am Nachmittag eignet er sich bestens, da er nicht so kalorienreich und sättigend ist, dass er Ihnen den Appetit aufs spätere Abendessen verdirbt. Mit anderen Worten, er harmonisiert den Blutzuckerspiegel, versorgt Sie mit gesunden Vitalstoffen und bewirkt, dass Ihr Körper sich leicht und energetisiert fühlt und Sie bereit sind, sich in die aufregenden Abenteuer des Alltags zu stürzen!

Zubereitungsdauer: 5–10 Minuten

Menge: ergibt 2–3 Portionen

2 Tassen Salat (z. B. Römersalat oder roter Blattsalat)

¼-½ Tasse glatte Petersilienblätter

1 Apfel (z. B. Granny Smith)

¼ Tasse Kokosbutter (Sie können auch Mandelmus oder Tahin (Sesammus) nehmen, die Kokosbutter ist aber leichter verdaulich. Wenn Sie richtig hungrig sind und eine Stärkung benötigen, probieren Sie es stattdessen mit einem Nussmus.)

2 EL nicht aromatisiertes Kollagen-Hydrolysat vom Rind (stattdessen können Sie auch 2 EL neutrale Rinderbrühe nehmen)

2 gehäufte EL Gojibeeren (Wenn diese nicht verfügbar sind, nehmen Sie alternativ einen zusätzlichen Apfel oder 1 EL Kirschsaftkonzentrat oder 1 TL Camu-Camu-Pulver oder Granatapfelpulver.)

1 EL gemahlener Zimt

1 TL gemahlener Fenchel

1 TL gemahlener Bockshornklee

½ TL Meersalz

1 Messerspitze gemahlene Gewürznelken (regt die Verdauung an, optional)

Optionale Süßungsmittel:

2 TL oder 1 EL Honig

1 EL Melasse (wenn Sie mehr Kalium wollen)

1. 1–4 Tropfen flüssiges Stevia vor dem Servieren in jedes Glas geben (beginnen Sie mit 1 Tropfen und probieren Sie; Stevia süßt sehr intensiv).
2. Alle Zutaten, außer dem optionalen Süßungsmittel, in einen Mixer geben und pürieren. Probieren Sie den Smoothie und entscheiden Sie, ob Sie eines der optionalen Süßungsmittel verwenden möchten. Wenn ja, dieses gründlich einrühren, dann servieren.
3. Wenn etwas vom Smoothie übrig bleibt: im Kühlschrank aufbewahren und innerhalb von 1 bis 2 Tagen verbrauchen.

Serviervorschläge:

- Servieren Sie ihn, wie er ist – Beilagen sind nicht nötig!
- Wer möchte, gibt als zusätzliche Geschmacksnote ein paar Tropfen frisch gepressten Zitronensaft oder Urban Moonshine Citrus Bitter ins Glas. Das regt außerdem die Verdauung an.

LULUS TRINK-SALAT

Für dieses Rezept wird Kollagen-Hydrolysat (Kollagen-Peptide) verwendet. Sie können stattdessen aber auch eine neutrale Kraftbrühe nehmen.

Louise: *Mein Morgen-Smoothie ist einfach eine Wucht! Er ist wirklich wie ein trinkbarer Salat. Ich verwende alles, was ich gerade im Kühlschrank habe. So schmeckt der Smoothie jedes Mal ein bisschen anders. Ich werde Ihnen einige tolle Vorschläge machen, wie Sie sich Ihren eigenen »Trink-Salat« zubereiten können. Ihr Körper wird diese Smoothies lieben!*

Zubereitungsdauer: 5–10 Minuten

Menge: ergibt 3–4 Tassen

2 Tassen Flüssigkeit – hier können Sie variieren. Wählen Sie eine Kombination aus folgenden Möglichkeiten:

Kokoswasser
Gemüsesaft
Kirschsaftkonzentrat
Granatapfelsaft
Ananassaft
Mandelmilch
Kokosmilch

Gemüse – nehmen Sie eine Tasse von dem rohen Gemüse, das gerade im Kühlschrank ist, vor allem grünes Blattgemüse. Kombinieren Sie zum Beispiel einige der folgenden Sorten:

1 EL eingelegtes Gemüse, beispielsweise Sauerkraut
Blattkohl
Blattsalat
Grüne Bohnen
Grünkohl
Mangold
Staudensellerie
Spargel
Zucchini

Ein Eiweißpulver Ihrer Wahl.

2 EL Kollagen-Hydrolysat (Kollagen-Peptide)
1 EL Kolostrum (Das ist die erste Milch, die von der Kuh unmittelbar nach der Geburt eines Kalbs produziert wird; sie stärkt das Immunsystem und wirkt besonders wohltuend auf den Verdauungstrakt ein.)
1 oder 2 EL von Ihrem Lieblings-Eiweißpulver
1 EL Chiasamenpulver
1 EL Hanfsamenpulver
1 EL Leinmehl

Weitere mögliche Zutaten für mehr Geschmack und positive Gesundheitseffekte:

1–2 EL von Ihrem bevorzugten grünen Pulver

2 EL Nuss- oder Samenmus (liefert erdende Energie)

Kokosbutter

Mandelmus

Tahin (Sesammus)

Sonnenblumenkernmus

Kürbiskernmus

1 rohes Eigelb

1 EL Salatdressing, z. B. Louises französische Remoulade oder das »Salatdressing – ganz nach Wunsch« (6. Kapitel ab Seite 175)

1 EL Camu-Camu-Pulver, als vollwertige Vitamin-C-Quelle

Optionale Gewürze – auch sie haben viele gesundheitliche Vorteile und sorgen für geschmackliche Vielfalt:

2 TL gemahlener Zimt

1 Messerspitze gemahlener Kardamom

1 Messerspitze Himalajasalz oder Rotalgen (mineralstoffreiches Meeresgemüse)

1 Messerspitze gemahlener Fenchel

1 Messerspitze gemahlener Bockshornklee

1. Wenn Sie einen Geschmackstest machen möchten, geben Sie alle Zutaten außer den Gewürzen und dem Meersalz in einen Mixer. Mixen Sie gründlich und kosten Sie. Was denken Sie? Wie schmeckt es Ihnen? Finden Sie das Rezept rund und ausgewogen? Wenn das der Fall ist, lassen Sie die Gewürze einfach weg. Achten Sie aber darauf, wie Sie sich während der folgenden Stunden fühlen. Notieren Sie es in Ihr Ernährungs-Tagebuch. So erfahren Sie mehr über Ihre persönlichen Bedürfnisse und darüber, welche Nahrungsmittel bewirken, dass Sie sich gut geerdet, ruhig und entspannt fühlen.
2. Wenn Sie das Gefühl haben, dass dem Rezept etwas fehlt, fügen Sie den Zimt hinzu, mixen Sie erneut und probieren Sie den Smoothie. Wiederholen Sie diesen Vorgang, bis Sie die Geschmackskombination finden, die Ihnen wirklich gut schmeckt und für Wohlbefinden sorgt.
3. In Gläser gießen und genießen! Wenn etwas übrig bleibt: Im Kühlschrank hält sich der Smoothie bis 3 Tage.

11. Kapitel

Fest für den Gaumen: dekadente Desserts

SCHOKO-COOKIES & DAS GROSSE SCHOKOLADEN-EXPERIMENT

Für dieses Rezept benötigen Sie neutrale Rinderbrühe, nicht aromatisierte Rindergelatine und Knochenmark (falls Sie kein Knochenmark bekommen, nennen wir Ihnen beim Rezept Alternativen).

Heather: *Louise und ich lieben Schokoladen-Cookies! Daher beschlossen wir, eine gesunde Version dieser Plätzchen zu entwickeln. Es machte uns großen Spaß, verschiedene Rezepte für die Schokoladenmasse zu entwickeln. Das Resultat bestand letztlich aus vier verschiedenen Varianten: ein sehr einfaches Grundrezept und drei »Ausbaustufen« mit immer mehr Würzzutaten.*

Wenn ich einem Rezept Gewürze hinzufüge, besteht mein Ziel immer darin, Harmonie zu erzeugen. Ich suche nach einem Geschmack, bei dem meine Energie in der Körpermitte bleibt, dem Hara oder Kraftzentrum. Dieser Bereich, etwa in der Mitte des Bauches, repräsentiert das dritte Chakra, Selbstachtung und Selbstermächtigung. Wenn eine Speise zu süß und unausgewogen schmeckt, habe ich das Gefühl, dass mir die Energie in den Kopf steigt und dort unruhig herumschwirrt. Das kann zu Benommenheit und Konzentrationsschwierigkeiten führen. Es handelt sich um jene Symptome, die bei Kindern und Erwachsenen auftreten, wenn sie zu viel Zucker essen.

Ein Rezept, in dem die sechs Geschmacksrichtungen der ayurvedischen Medizin (oder fünf Geschmacksrichtungen der traditionellen chinesischen Medizin) ausgewogen vorhanden sind, erzeugt in Körper und Geist ein Gefühl der Harmonie. Die Energie bleibt in der Körpermitte zentriert, sodass Sie Ihren Alltag sehr gut meistern können. Es treten dann auch keine

Heißhungerattacken auf, die ein Symptom dafür sind, dass Ihre Energie aus der Körpermitte in den Kopf aufgestiegen ist und dort für Unruhe sorgt. Die Folge: Sie fühlen sich ungeerdet, sind unzufrieden und unkonzentriert. (Mehr darüber im Anhang unter »Kräuter und Gewürze richtig einsetzen«.)

Zubereitungsdauer: Nehmen Sie sich für dieses Experiment 1½ Stunden Zeit. Das Backen der Cookies dauert nur 10–15 Minuten. Aber Sie benötigen zusätzliche Zeit, um jede der vier Geschmacksvarianten vorzubereiten und zu probieren, auf Ihre Geschmacksempfindungen zu achten und sich gegebenenfalls Notizen zu machen.

Menge: ergibt 8–10 Cookies, je nach Größe

Das große Schokoladen-Experiment

Dazu müssen Sie einfach Folgendes tun: Das Rezept für die Schokoladenmasse, mit der die Cookies gekrönt werden, besteht aus vier Schritten (oder geschmacklichen »Ausbaustufen«). Nehmen Sie von jeder Stufe einen Löffel als Geschmacksprobe und probieren Sie die vier Versionen in aller Ruhe. *Tipp:* Kosten Sie die vier Proben, nachdem die Cookies fertig gebacken sind. Dann können Sie sich ganz darauf konzentrieren, ohne nebenbei auf die Backzeit und dergleichen achten zu müssen.

Kosten Sie alle vier Geschmacksvarianten mit allen Sinnen! Wie duften sie? Wie schmecken sie und wie fühlen sie sich im Mund an? Welche Empfindungen lösen sie in Ihrem Körper nach dem Herunterschlucken aus? Achten Sie darauf, zu welcher Variante Sie die stärkste innere Resonanz spüren – und zwar auf einer tiefen Ebene, viel tiefer als nur auf der Ebene der Geschmacksknospen. Welche Geschmacksrichtung sorgt für die größte Be-

friedigung in Körper, Geist und Seele? Wenn Ihnen das klar geworden ist, bekommen Sie ein Gespür dafür, welche Gewürze am besten zu Ihren persönlichen Bedürfnissen passen!

Das ist ein wunderbares Experiment, um alle Sinne zu schärfen. Es geht darum, sehr bewusst zu essen – nicht nur auf das unmittelbare Geschmackserlebnis zu achten, sondern auf alle Sinneseindrücke und körperlichen Empfindungen, die während und nach dem Essen auftreten.

Wenn Sie möchten, können Sie Ihre Erfahrungen aufschreiben. Notieren Sie, welche Gewürze Sie verwendet haben, in Desserts ebenso wie in herzhaften Hauptgerichten, und wie Sie sich damit fühlen. Diese Notizen sind hilfreich, um beim Kochen jene Zutaten herauszufinden, die Körper, Geist und Seele harmonisieren.

Geschmack Nr. 1: Grundrezept ohne Gewürze

1 Tasse Datteln

½ Tasse Knochenmark, das beim Brühekochen übrig geblieben ist. (Mit Knochenmark kann man wunderbar Schokolade herstellen. Selbst wenn es leicht nach Rindfleisch schmeckt, wird das später in den fertigen Cookies nicht mehr auffallen.) Wenn Sie kein Knochenmark zur Verfügung haben, nehmen Sie stattdessen Butter oder Ghee.

½ Tasse rohes Kakaopulver

½ Tasse Kokosbutter (Kokossahne)

½ Tasse Kokosöl

½ TL Meersalz

1. Datteln in heißem Wasser 5–15 Minuten einweichen. Wasser abgießen und die Datteln zerdrücken. Wenn Sie eine Küchenmaschine oder einen Hochleistungsmixer benutzen, überspringen Sie diesen Schritt.
2. Alle Zutaten in eine Rührschüssel, Küchenmaschine oder einen Hochleistungsmixer geben und cremig pürieren.
3. 2 Esslöffel davon in einem Schälchen beiseitestellen. Den Rest in der Schüssel lassen.
4. Fügen Sie jetzt die Zutaten für Geschmack Nr. 2 hinzu.

Geschmack Nr. 2: mit Brühe, aber noch ohne Gewürze

½ Tasse neutrale Rinderbrühe (Heathers Einfache Ochsenschwanzbrühe passt sehr gut, aber auch jede andere neutrale Rinderbrühe)

1. Die Brühe zur Creme in der Schüssel oder Küchenmaschine gießen und erneut gründlich rühren.
2. 2 Esslöffel davon in einem Schälchen beiseitestellen.
3. Fügen Sie jetzt die Zutaten für Geschmack Nr. 3 hinzu.

Geschmack Nr. 3: durch Gewürze Ausgewogenheit erzeugen

Diese Gewürze sorgen für einen intensiveren und von geheimnisvollen Aromen bereicherten Geschmack. Sie »erden«, sodass Ihre Energie in Ihrem Hara, Ihrem Kraftzentrum, verankert bleibt:

2 TL gemahlener Zimt
½ TL gemahlener Piment
½ TL gemahlener Kardamom
½ TL gemahlene Gewürznelken

1. Die Gewürze hinzufügen und erneut gut verrühren.
2. 2 Esslöffel davon in einem Schälchen beiseitestellen.
3. Fügen Sie jetzt die Zutaten für Geschmack Nr. 4 hinzu.

Geschmack Nr. 4: intensive Vanille und harmonisierende Gewürze

Diese Zutaten machen den Geschmack intensiver und eleganter. Vanilleextrakt lässt den Schokoladengeschmack deutlicher hervortreten. Es macht die Cookies schokoladiger:

2 TL Vanilleextrakt
½ TL Meersalz
½ TL schwarzer Pfeffer

1. Vanilleextrakt, Meersalz und Pfeffer hinzufügen und erneut gut verrühren.
2. Auch hiervon wieder 2 Esslöffel in einem Schälchen beiseitestellen.
3. Die Schokoladenmasse ist jetzt fertig, und Sie können die Mürbeteig-Cookies backen.

Rezept für Mürbeteig-Cookies

1 EL gemahlene Gelatine
2 Tassen Mandelmehl
1 Messerspitze Meersalz
3 EL Butter (Kokosöl oder Ghee)
1 Ei
1½ EL Honig
½ TL Vanilleextrakt
½ TL gemahlener Fenchel
½ TL gemahlener Bockshornklee
1 Messerspitze gemahlene Muskatnuss

1. Den Backofen auf 180 °C vorheizen. Ein Backblech mit Butter einfetten.
2. ¼ Tasse Wasser erhitzen, aber nicht kochen. Vom Herd nehmen und in eine Schüssel gießen. Die Gelatine einrühren und in 5 Minuten auflösen.
3. Alle Zutaten, einschließlich des Wasser-Gelatine-Gemischs, in eine andere Rührschüssel, eine Küchenmaschine (mit S-Klinge) oder einen Hochleistungsmixer füllen. Alles gründlich verrühren.
4. Den Teig in der gewünschten Cookie-Größe und -Form auf das Backblech legen. Zum Beispiel: 1–2 Esslöffel Teig abnehmen und daraus runde Cookies formen. Mit dem Daumen eine Mulde in die Cookies drücken, die dann später, wenn sie gebacken und abgekühlt sind, mit Schokoladenmasse aufgefüllt wird.
5. Die Cookies 10–15 Minuten backen. Nach 10 Minuten nachschauen. Die Cookies sind fertig, wenn sie trockener aussehen und eine leicht goldgelbe Farbe angenommen haben.
6. Die Coockies aus dem Ofen nehmen und vollständig abkühlen lassen. (Man kann sie übrigens gut einfrieren.)
7. Die Schokoladenmasse mit einem Messlöffel (z. B. 1 Teelöffel) jeweils in die Mulde der Cookies geben. Sie können auch mit einer Spritztülle ein hübsches Schoko-Dekor aufbringen.
8. Die Cookies im Kühlschrank aufbewahren. Vor dem Servieren Zimmertemperatur annehmen lassen.
9. Mit den fertigen Cookies und den vier Geschmacksproben können Sie jetzt Ihr Schokoladen-Experiment durchführen. Wir wünschen Ihnen viel Freude mit diesem Sinneserlebnis!

TARTE TATIN

Dieser französische Apfelkuchen wird mit neutraler Brühe zubereitet. Die Kruste wird zunächst ganz normal obenauf gebacken, doch zum Servieren wird der Kuchen umgedreht, sodass sich die Kruste unten befindet. Das ist super, denn so kann man die Oberseite mit einer kräftigen Portion Eis garnieren!

Heather: *Eine Tarte Tatin habe ich zum ersten Mal probiert, als ich kürzlich mit Louise und mehreren Freundinnen nach Brügge reiste. Eine Freundin und ich beschlossen, uns das Dessert zu teilen. Ich bin kein großer Fan von Restaurant-Desserts und sagte mir, dass ich ein paar Bissen probieren und es dann ihr überlassen würde. Aber die Tarte schmeckte so gut, dass ich mich wirklich zusammennehmen musste, um nicht alles allein aufzuessen! (Als gute Freundin ließ ich ihr eine Hälfte übrig, aber man merkte mir deutlich an, dass ich am liebsten die ganze Portion gehabt hätte.) Hier nun also eine gesunde, getreidefreie Version ohne Industriezucker.*

Da unsere Tarte-Kruste getreidefrei ist, unterscheidet sich die Zubereitung von jener Tarte, mit der Sie vielleicht bisher vertraut waren.

Vorbereitung: 35 Minuten

Zubereitung insgesamt: 1½ Stunden

Tipp zum Zeitsparen: Die Kruste lässt sich gut einfrieren. Wenn Sie dafür im Tiefkühlfach Platz haben, können Sie länger vorausplanen und so an dem Tag, an dem Sie den Kuchen servieren wollen, Zeit sparen.

Menge: ergibt 1 großen oder 2 kleine Kuchen, etwa 10–12 Stücke

Zutaten für die Apfelfüllung:

8 Äpfel (z. B. Granny Smith)

1 Tasse Medjool-Datteln

½ Tasse neutrale Kraftbrühe (Wer keine neutrale Brühe zur Hand hat, gießt ½ Tasse warmes Wasser in eine Schüssel und löst darin 1 TL nicht aromatisiertes Rindergelatinepulver in 5 Minuten auf.)

2 EL Butter (oder Ghee)

1 EL gemahlener Zimt

1. Äpfel schälen, vierteln und entkernen. Schneiden Sie am Stielende etwas ab, um das Viertel abzuflachen. Die Apfelviertel an der Luft trocknen lassen. Beginnen Sie damit am besten schon 2 Tage vor dem Kuchenbacken. Die Apfelviertel im Kühlschrank aufbewahren. Es macht nichts, wenn sie braun werden.
2. Datteln entsteinen. Brühe (oder Gelatine und Wasser) in einer Pfanne bei kleiner Hitze etwa 5 Minuten erwärmen. Drücken Sie die entsteinten Datteln während des Erwärmens flach in die Flüssigkeit. Nehmen Sie die Pfanne vom Herd und lassen Sie die Datteln in der Flüssigkeit einweichen. Nach etwa 15 Minuten werden sie weich genug sein, um sie zu zerdrücken. Zerdrücken Sie die Datteln mit einer Gabel zu einer Paste, oder nehmen Sie dafür einen Mixer oder eine Küchenmaschine.
3. Butter in einer Schmorpfanne mit Deckel (3½–5 Liter Fassungsvermögen) bei kleiner Hitze zerlassen, den Zimt darin etwa 2 Minuten erhitzen. Dattelpaste hinzufügen, mit Butter und Zimt vermischen und 1 Minute erhitzen.
4. Die Pfanne vom Herd nehmen und die Apfelviertel hinzufügen. Beginnen Sie, indem Sie ein Viertel mit einer flachen Seite nach unten in die Mitte der Pfanne legen. Ordnen Sie nun die anderen Apfelviertel kreisförmig nach außen um das mittlere an – und zwar alle mit der dünnen Seite nach unten, wobei sie die äußeren Viertel an die inneren anlehnen. Weil Sie das obere Ende abgeflacht haben, lassen sie sich besser aneinanderlegen. Schließlich lehnen alle Stücke an dem Stück in der Mitte. Wenn Sie einen ersten Ring um das Mittelstück gebaut haben, lehnen Sie die nächsten Ringe daran an, ein bisschen wie stehende Dominosteine. Bauen Sie auf diese Weise Ringe nach außen, bis alle Apfelviertel aufgebraucht sind.
5. Wenn Sie zu wenige Stücke haben, um die Pfanne vollständig auszufüllen, ist das nicht weiter schlimm. Sind es zu viele Viertel, essen Sie den Rest als Snack. Das Ziel ist, recht dicht gepackte, sich aneinanderlehnende Apfelviertel zu haben, die ringförmig angeordnet die Pfanne füllen.
6. Die Apfelviertel zugedeckt bei kleiner Hitze 30 Minuten erhitzen. Prüfen Sie nach 15 und dann nach 20 Minuten, ob die Äpfel schon weich genug sind. Wenn sie so weich sind, dass sie sich leicht mit der Gabel einstechen lassen, die Pfanne vom Herd nehmen. Während die Äpfel gebraten werden, bereiten Sie parallel die Kruste zu. (Wenn Sie eine weichere Apfelsorte verwenden als Granny Smith, zum Beispiel Golden Delicious, werden die Äpfel schneller gar.)

Zutaten für die getreidefreie Kruste:

1½ EL nicht aromatisiertes Rindergelatinepulver

¼ Tasse unraffiniertes Kokosöl

½ Dose Kokosmilch (oder ½ Tasse Wasser und 1½ EL Kokosbutter im Mixer gründlich mixen)

1 kleine Messerspitze Meersalz

2 Tassen Mandelmehl

3 EL Butter

½ EL Honig

1 Ei

1. Den Backofen auf 180 °C vorheizen.
2. 1 Tasse Wasser bis fast zum Kochen bringen, dann ein paar Minuten abkühlen lassen. Die Gelatine ins Wasser einrühren und 5 Minuten ziehen lassen, bis sie sich auflöst.
3. Alle Zutaten, einschließlich Gelatine und Wasser, in einer Rührschüssel oder in einer Küchenmaschine (mit S-Klinge) gründlich verrühren. Der Teig sollte eine Konsistenz wie ein dicker Pfannkuchenteig haben.
4. Ein Backblech mit Backpapier oder einer Silikon-Backmatte auslegen. (Es ist okay, wenn die Backmatte etwas kleiner als das Backblech ist.)
5. Backpapier oder Matte mit Butter einfetten, auch die überstehenden Ränder des Backblechs. Die Auskleidung des Blechs dient dazu, die Kruste leichter auf die Tarte Tatin stürzen zu können.
6. Den Teig für die Kruste auf dem Backpapier oder der Matte ausbreiten. Er darf ruhig etwas überstehen (solange er sich noch auf dem Blech befindet!). Den Teig zu einem flachen Kreis oder Oval ungefähr im Durchmesser der Pfanne formen – es muss nicht perfekt passen. Dann den Teig mit einem Gummispatel oder der Rückseite eines Rührlöffels flach drücken.
7. Die Kruste im Backofen 10–15 Minuten backen. Schauen Sie nach 10 Minuten nach, ob sie schon fertig ist: Die Farbe verändert sich zu einem trockeneren Weiß ohne viel Gelbfärbung, und die Ränder wölben sich hoch, sodass der Eindruck entsteht, dass sich die Kruste leicht von Backpapier oder Matte ablösen lässt. Auf Druck gibt sie leicht federnd nach. Da Sie die Kruste noch einmal auf den Äpfeln backen werden, muss Sie nicht völlig ausgebacken sein, nur so weit, dass sie sich leicht vom Blech abheben lässt.
8. Das Blech aus dem Ofen nehmen und die Kruste 10 Minuten abkühlen lassen. Den Backofen weiterhin bei 180 °C heizen.
9. Das Backpapier oder die Matte vom Backblech heben und die abgekühlte Kruste

vorsichtig so auf die abgekühlten Äpfel stürzen, dass sie die Öffnung der Schmorpfanne ausfüllt. Wenn die Ränder überstehen, diese vorsichtig in die Pfanne ziehen. Bricht die Kruste dabei, ist das nicht weiter schlimm. Man wird es nicht mehr sehen, wenn die Tarte fertig ist!

10. Die Schmorpfanne mit Äpfeln und Kruste in den Backofen stellen und die Tarte weitere 10–20 Minuten (wenn die Äpfel sehr weich sind, genügen etwa 10 Minuten) backen. Dies dient dazu, dass alles gut durchgewärmt wird, die Äpfel schön weich werden und die Tarte zum Servieren mühelos mit einem Messer angeschnitten werden kann.
11. Die Pfanne mit Ofenhandschuhen aus dem Ofen nehmen und auf dem Herd ein bisschen abkühlen lassen. Inzwischen eine Kuchenplatte oder Servierplatte einfetten. Die Platte sollte einen erhöhten Rand haben, der tief genug ist, um die Tarte mit der Kruste nach unten aus der Pfanne zu stürzen.
12. Zum Stürzen die Schmorpfanne mit den Ofenhandschuhen über der Platte umdrehen. Der Kuchen lässt sich leicht herauslösen, manchmal verschieben sich die Äpfel etwas. Ordnen Sie diese in Ruhe wieder an. Falls die Kruste etwas gebrochen ist, können Sie das mit den Äpfeln kaschieren.
13. Jetzt ist die Tarte Tatin servierfertig und kann angeschnitten werden.

Serviervorschläge:

- Mit einer Portion Marokkanischer Vanille-Eiscreme warm servieren. Das 5-Minuten-Bananen-Zimteis ist eine gute Alternative, wenn es schnell gehen soll.

MOUSSE AU CHOCOLAT – OHNE REUE

Die meisten Schokoladendesserts sind so süß, dass sie Heißhunger auf noch mehr Süßes nach sich ziehen. Dieses Dessert ist anders, denn es verführt Sie mit einem vielschichtigen Geschmackserlebnis. Die Gewürze darin regen den Stoffwechsel an, harmonisieren den Blutzuckerspiegel und beugen Heißhungerattacken vor. Beachten Sie, dass Sie neutrale Brühe benötigen. Wenn Sie diese nicht vorrätig haben, geben Sie stattdessen beim ersten Schritt des Rezepts 1 Teelöffel nicht aromatisiertes Rindergelatinepulver dazu und erwärmen es zusammen mit den Datteln.

Sie werden feststellen, dass dieses Dessert Sie gut erdet. Sie werden Befriedigung spüren, ohne dass Ihnen die Energie unruhig in den Kopf steigt, Benommenheit oder Konzentrationsprobleme auftreten. Die meisten heute auf dem Markt befindlichen Süßigkeiten lösen einen plötzlichen Anstieg des Blutzuckerspiegels aus, was zu innerer Unruhe führt. Es fällt uns dann schwer, uns zu konzentrieren und kreativ zu sein, und es stellt sich keine Zufriedenheit ein.

Diese Mousse ist eine Gaumenfreude, die auf angenehme Art sättigt und eine gesunde Verdauung fördert. Man fühlt sich nach dem Genuss gut geerdet und von Lebensenergie erfüllt. Gönnen Sie sich also etwas wirklich Gutes!

Zubereitungsdauer: 20 Minuten

Menge: ergibt 6–8 Portionen

20 Medjool-Datteln

1 Tasse Kraftbrühe (Am besten passt eine gut eingedickte neutrale Brühe. Ersatzweise können Sie 1 Teelöffel nicht aromatisiertes Rindergelatinepulver verwenden.)

2 Tassen Kokosbutter

6 Eigelb

1 Tasse rohes Kakaopulver

2 EL Melasse

2 EL Honig

2 EL gemahlener Zimt

1½ TL gemahlener Kardamom

2 TL gemahlener Ingwer

1½ TL Meersalz

1 TL schwarzer Pfeffer

½ TL gemahlene Muskatnuss

1 Messerspitze gemahlene Gewürznelken

8 Tropfen frisch gepresster Orangensaft (ersatzweise 3 Tropfen Orangenextrakt oder 4 Tropfen frisch gepresster Zitronensaft)

1. 1 Tasse Wasser erwärmen und in eine Schüssel gießen. Wenn Sie keine Brühe haben, rühren Sie 1 Teelöffel nicht aromatisiertes Rindergelatinepulver in das heiße Wasser. Datteln entsteinen und im Wasser 10 Minuten einweichen.
2. Die eingeweichten Datteln in einen Mixer oder eine Küchenmaschine (mit S-Klinge) geben und gründlich pürieren. (Wenn Sie weder Mixer noch Küchenmaschine haben, warten Sie 20–30 Minuten, bis die Datteln so weich sind, dass sie sich mit einer Gabel zerdrücken lassen.)
3. Die anderen Zutaten dazugeben und so lange mixen, bis alles gut verrührt ist.
4. Diese Mixtur in eine Glasschüssel füllen und abgedeckt 4 Tage in den Kühlschrank stellen. Sie können dieses Dessert danach auch sehr gut einfrieren, um es bei Bedarf schnell verfügbar zu haben. Es hält sich im Tiefkühlfach bis 4 Monate.

Serviervorschläge:

- Pur genießen oder mit Himbeeren, Orangenscheiben, Erdbeeren oder Gojibeeren.

GETREIDEFREIER DEKADENTER SCHOKOKUCHEN

Dieser Kuchen ist in unserem Freundeskreis heiß begehrt. Und er ist nicht nur äußerst verführerisch und dekadent, sondern obendrein auch noch gesund. Jene unter Ihren Freunden, die wenig Wert auf gesunde Ernährung legen, werden von dieser süßen Delikatesse begeistert sein und gar nicht merken, dass sie damit nebenbei noch etwas für ihre Gesundheit tun.

Man braucht für dieses Rezept neutrale Brühe, am besten Rinderbrühe. Aber Sie können auch jede andere neutrale Brühe nehmen. Sie werden feststellen, dass in diesen Kuchen wie auch in die meisten anderen unserer Desserts viele Gewürze kommen. Wenn Sie bereits unser Schokoladen-Experiment gemacht haben (siehe Rezept für Schoko-Cookies ab Seite 281), wissen Sie, dass diese Gewürze Harmonie in ein Dessert bringen und den Heißhunger auf Süßes reduzieren. Wenn Sie bereits ein gutes Gespür für passende Gewürze entwickelt haben, steht es Ihnen selbstverständlich frei, dieses Rezept nach Ihren persönlichen Bedürfnissen abzuwandeln.

Vorbereitung: 40 Minuten
Zubereitung insgesamt: etwa 45 Minuten

Menge: bei einem Kuchen mit zwei Schichten etwa 12 Stücke

Tipps zur Zubereitung des Kuchens:

- Sie können den Kuchenteig im Voraus zubereiten und 1–2 Tage im Kühlschrank aufbewahren. Die Glasur lässt sich ebenfalls im Voraus herstellen – ein paar Tage oder sogar Wochen vorher – und einfrieren.
- Wenn Sie Mandelmehl selbst herstellen (siehe 9. Kapitel Seite 227), sollten Sie einen Tag mehr einplanen. Oder Sie stellen eine große Menge Mehl her und frieren es ein, um es für mehrere Rezepte verwenden zu können.

Zutaten für den Kuchen:

10 Medjool-Datteln, entsteint (Wenn Sie weder Küchenmaschine noch Mixer haben, weichen Sie die Datteln mindestens 1 Stunde in ½ Tasse heißem Wasser ein, sodass sie sich in eine Paste verwandeln lassen; oder Sie ersetzten die Datteln durch ¼ Tasse kalt geschleuderten Honig.)

¾ Tasse kalt geschleuderter Honig

½ Tasse Brühe (am besten neutrale Rinderbrühe)

½ Tasse schwarze Melasse

½ Tasse Kokosöl, geschmolzen

½ Tasse Kokosbutter

1 Tasse Wasser

6 zimmerwarme Eier

3 Tassen Mandelmehl

¼ Tasse Kokosmehl

2 Tassen rohes Kakaopulver

3 EL Vanillepulver (Pulver eignet sich am besten, Sie können aber auch Vanilleextrakt nehmen.)

1 EL gemahlener Zimt

2 TL Natron

1 ½ TL Meersalz

2 TL gemahlener Kardamom

1 TL gemahlener Ingwer

1 Messerspitze gemahlener Fenchel

1 Messerspitze gemahlene Gewürznelken

1 Messerspitze schwarzer Pfeffer

Optional: Kosten Sie, wenn alle Zutaten gemischt sind. Ist es Ihnen süß genug? Wenn nicht, geben Sie noch bis zu ¼ Tasse Honig dazu.

1. Den Backofen auf 180 °C vorheizen.
2. Zwei runde Kuchenbackformen (18–23 cm Durchmesser; oder rechteckig 23 x 23 cm) mit Kokosöl einfetten. Wir verwenden gerne Backformen aus Silikon. Sie können auch rechteckige Brotbackformen nehmen, wenn Sie keine Kuchenformen besitzen. Glasformen funktionieren auch sehr gut. Backen Sie dann aber bei nur 150 °C, weil Glasbackformen heißer werden als solche aus Silikon.
3. Beginnen Sie mit Datteln (oder Honig) und Wasser:
   Im Mixer oder der Küchenmaschine (mit S-Klinge): Geben Sie zuerst die Datteln und die flüssigen Zutaten hinein und mixen Sie, bis die Datteln komplett mit den anderen Zutaten vermischt sind. Fügen Sie dann die trockenen Zutaten hinzu und mixen Sie erneut gründlich.
   Mit Stabmixer oder Löffel in der Rührschüssel: Nehmen Sie Dattelpaste oder Honig. Dattelpaste erhalten Sie, wenn Sie die Datteln so lange einweichen, bis sie breiig werden und sich mit der Gabel zerdrücken lassen. Verrühren Sie zuerst alle feuchten

Zutaten, geben Sie dann die trockenen Zutaten dazu und rühren Sie wieder alles gründlich um.

4. Wenn der Teig fertig angerührt ist, probieren Sie ihn. Vielleicht möchten Sie noch etwas Honig, Meersalz oder Gewürze hinzufügen (bei uns ist es manchmal etwas mehr Zimt, Vanille oder Meersalz). Der Teig schmeckt bereits ziemlich genau wie der fertige Kuchen.
5. Gießen Sie den Teig in die beiden Backformen und backen Sie ihn 30–45 Minuten. Die genaue Backzeit hängt davon ab, wie viel Teig Sie in die Backformen gegossen haben, welche Backformen Sie verwenden und von anderen Faktoren. Der Kuchen ist fertig, wenn an einem Holzspießchen, das Sie in die Mitte stecken, beim Herausziehen kein Teig haften bleibt. Ist das noch nicht der Fall, prüfen Sie nach etwa 5 Minuten erneut, und wenn nötig in weiteren 5-Minuten-Abständen.

6. Während der Kuchen im Ofen ist, stellen Sie die Glasur her (siehe die Anweisungen weiter unten). Wenn der Kuchen fertig ist, nehmen Sie ihn aus dem Ofen und lassen ihn abkühlen. Nehmen Sie den Kuchen erst aus der Form, wenn diese so weit abgekühlt ist, dass man sie mit bloßen Händen ohne Probleme anfassen kann.
7. Fahren Sie nach dem Abkühlen mit einem Buttermesser behutsam zwischen Kuchen und Form entlang, um ihn aus der Form zu lösen. Wir verwenden dazu einen großen Teller, drehen die Form herum und lassen den Kuchen auf den Teller gleiten (nehmen Sie für jede der beiden Kuchenschichten einen eigenen Teller).

Zutaten der Glasur:

1 reife Avocado, ohne Stein
½ Tasse Kokosbutter
½ Tasse rohes Kakaopulver
¼ Tasse Honig
1 Messerspitze gemahlener Piment
1 EL Vanilleextrakt
½ TL Meersalz
1 TL gemahlner Zimt
½ TL gemahlner Kardamom

1. Alle Zutaten in Rührschüssel, Mixer oder Küchenmaschine (mit S-Klinge) gründlich verrühren.
2. Wer die Glasur im Voraus hergestellt und in Kühlschrank oder Tiefkühlgerät aufbewahrt hat, nimmt sie rechtzeitig heraus, sodass sie sich auf Zimmertemperatur erwärmen kann und schön cremig ist, wenn Sie den Kuchen damit bestreichen.

Serviervorschläge:

- Garnieren Sie den Kuchen mit Erdbeeren, Himbeeren, Gojibeeren, Walnüssen, Kokosraspeln oder essbaren Blüten.
- Servieren Sie ihn mit Marokkanischer Vanille-Eiscreme.

5-MINUTEN-BANANEN-ZIMTEIS

Für dieses Rezept benötigen Sie nicht aromatisiertes Rindergelatinepulver.
Wenn Sie schnell Eis herstellen wollen, aber keine Eismaschine besitzen, ist dieses Rezept ideal! Das Eis schmeckt einfach köstlich. Genießen Sie es für sich allein oder zu Tarte Tatin und anderen Kuchen.

Zubereitungsdauer: 5 Minuten

Menge: ergibt 4 Portionen

3 Bananen (tiefgekühlt)

1 EL nicht aromatisiertes Rindergelatinepulver (aufgelöst in 2 Esslöffeln heißem Wasser)

2 TL gemahlener Zimt

2 Medjool-Datteln (zimmerwarm, damit sie weich sind), entsteint

1 Messerspitze Meersalz

1. Wer keine tiefgekühlten Bananen vorrätig hat, legt 3 Bananen ins Tiefkühlfach und wartet, bis sie gefroren sind. Einfacher geht es, wenn Sie die Bananen vorher schälen und in Wachs- oder Pergamentpapier einschlagen. Mit Schale tiefgekühlt lassen sie sich nicht so gut schälen.
2. Alle Zutaten im Mixer oder in einer Küchenmaschine (mit S-Klinge) fein pürieren.

Serviervorschläge:

- Sofort servieren – für sich allein, mit Kuchen oder frischen Beeren.
- Im Einmachglas im Tiefkühlfach aufbewahren. Füllen Sie das Glas nicht vollständig (lassen Sie zwischen Eis und oberem Glasrand ⅓ Tasse Platz). Wir hüllen das Glas gerne in einen Gefrierbeutel, um es vor Bruch zu schützen. Auch empfiehlt sich eine Beschriftung mit Zubereitungsdatum und Inhalt.
- Nehmen Sie das Eis schon zu Beginn eines mehrgängigen Menüs aus dem Tiefkühlfach und stellen Sie es in den Kühlschrank. Dann ist es, wenn Sie es als Dessert auftischen, schön weich und cremig.

MAROKKANISCHE VANILLE-EISCREME

Für dieses köstliche Dessert wird neutrale Brühe benötigt. Wenn Sie diese nicht vorrätig haben, nehmen Sie stattdessen 2 Esslöffel nicht aromatisiertes Rindergelatinepulver und erwärmen es zusammen mit den Datteln.

Eiscreme – wer liebt Sie nicht? Besonders angenehm ist, dass Sie dieses milchfreie Eis direkt aus dem Tiefkühlfach servieren können. (Viele ohne Milch hergestellte Eissorten benötigen etwa 20 Minuten Aufwärmzeit, ehe sie serviert werden können.) Außerdem gelingt es auch ohne Eismaschine sehr gut.

Wegen der verwendeten Gewürze hat unser Vanilleeis eine Kaffee-Note. Wenn Sie Eiskaffee mögen, können Sie dieses Aroma verstärken, indem Sie etwas Biokaffee-Extrakt oder fein gemahlene Biokaffeebohnen hinzufügen (etwa 1 Teelöffel; auch mit koffeinfreiem Kaffee schmeckt es sehr gut). Doch auch Menschen mit einer Abneigung gegen Kaffee werden dieses Eis lieben, denn der Kaffeegeschmack ist nicht so ausgeprägt.

Vorbereitung: 20 Minuten

Zubereitung insgesamt: 7–9 Stunden

Wichtiger Küchentipp: Abhängig davon, welche Eismaschine Sie haben, muss die Schüssel mindestens 24 Stunden im Tiefkühlfach gekühlt werden, bevor Sie Eiscreme zubereiten können. Planen Sie genug Zeit ein.

Menge: ergibt 8 Portionen

10 Medjool-Datteln (etwa 1 Tasse)
5–6 Tassen Wasser
½ Tasse neutrale Rinderbrühe (oder 2 Esslöffel nicht aromatisiertes Rindergelatinepulver)
1 Tasse Sonnenblumenkernmus
2 Tassen Kokosöl
½ Tasse Ahornsirup (vorzugsweise Grad B)
3 Eigelb
½ TL Kurkumapulver
1 TL gemahlner Bockshornklee
2 TL gemahlener Ingwer
2 EL Vanillepulver (oder Vanilleextrakt)
1 EL gemahlener Zimt
1 TL Meersalz
1 Messerspitze gemahlene Gewürznelken
1 Messerspitze gemahlener Piment

la dolce vita

1. Sie können einen normalen Mixer, eine Küchenmaschine (mit S-Klinge) oder einen Hochleistungsmixer benutzen. 1 Tasse Wasser erhitzen und in eine Schüssel gießen. Die Datteln entsteinen und im heißen Wasser einweichen. Wenn Sie keine neutrale Brühe zur Hand haben, 2 Esslöffel nicht aromatisiertes Rindergelatinepulver in das heiße Wasser einrühren.
2. Warten Sie 10 Minuten. Dann sollten die Datteln weich genug sein. (Wenn Sie weder Mixer noch Küchenmaschine haben, warten Sie 20–30 Minuten, bis die Datteln so weich sind, dass sie mit einer Gabel zerdrückt werden können.)
3. Die eingeweichten Datteln in Mixer, Küchenmaschine oder Rührschüssel zerkleinern und verrühren. Die anderen Zutaten dazugeben und so lange mixen, bis alles gut verrührt ist.
4. Probieren Sie die Mixtur. Sie schmeckt jetzt schon annähernd wie später das Eis. Durch das Einfrieren geht aber noch etwas Geschmack verloren. Es ist also in Ordnung, wenn es jetzt etwas intensiver als erwartet schmeckt.
5. Die Mixtur in eine Glasschüssel mit Deckel geben und bis zur Eiszubereitung in den Kühlschrank stellen.

Eis in der Eismaschine herstellen:

1. Nachdem Sie die Mixtur mindestens 6 Stunden kalt gestellt haben, füllen Sie den Mix in die Eismaschine und lassen die Maschine laufen, bis die Mixtur gefroren ist und gut zusammenhält.
2. Wenn Sie mit einem Holzlöffel etwas von der Eismasse herausholen, sollte es am umgedrehten Löffel haften bleiben.
3. Bewahren Sie das Eis in einem Glasgefäß mit Deckel im Tiefkühlfach auf. Legen Sie ein Stück Wachs- oder Pergamentpapier zwischen Eis und Deckel, damit sich kein Gefrierbrand entwickelt. So hält es sich mehrere Monate.

Ohne Eismaschine:

1. Eine große Edelstahlschüssel zur Hälfte mit Eis (in diesem Fall gefrorenes Wasser!) füllen. Etwas grobkörniges Salz dazumischen. Das Salz wird nicht mit der Eiscreme in Berührung kommen. Es dient nur dazu, Kälte aus dem Eis auf Ihre Eiscreme-Mixtur zu übertragen.
2. Stellen Sie eine kleinere Edelstahl- oder Keramikschüssel in die große Schüssel mit dem Eis und Salz. Achten Sie darauf, dass sie schön tief im Eis steht, also die Seiten-

wände gut von Eis umgeben sind, aber ohne dass etwas davon in die Schüssel gelangen kann. Füllen Sie dann die kleine Schüssel halb voll mit der Eis-Mixtur.

3. Rühren Sie die Mixtur mit einem Rührlöffel oder Stabmixer 10 Minuten.
4. Stellen Sie die beiden Schüsseln 1–2 Stunden in den Tiefkühlschrank. Nehmen Sie diese wieder heraus und rühren Sie erneut 10 Minuten.
5. Bedecken Sie die Mixtur mit Pergamentpapier (das Papier soll unmittelbar auf der Mixtur liegen) und verschließen Sie die kleinere Schüssel mit einem Deckel. Stellen Sie die Eiscreme so in den Tiefkühlschrank.

Serviervorschläge:

- Für sich allein genießen oder mit der Tarte Tatin oder dem Vanillekuchen mit Beeren und weißer Schokolade. Auch Bratäpfel oder frische Beeren passen sehr gut dazu.

VANILLEKUCHEN MIT BEEREN UND WEISSER SCHOKOLADE

Dieser getreidefreie Kuchen wird mit neutraler Brühe gebacken. Wenn Sie diese nicht vorrätig haben, nehmen Sie stattdessen 2 Esslöffel nicht aromatisiertes Rindergelatinepulver und erwärmen es zusammen mit den Datteln.
Unsere Testesser fanden diesen Kuchen so herrlich saftig, dass man ihn einfach pur genießen kann, ohne jede weitere süße Zugabe. Als wir ihre »Oohs!« und »Aahs« hörten, wussten wir, dass uns da etwas wirklich Gutes gelungen war!
Sie können für die Glasur Ihre Lieblingsbeerensorte verwenden oder Sie lassen die Beeren einfach weg, was dann eine ebenso einfache wie köstliche Glasur aus weißer Schokolade ergibt.

Vorbereitungsdauer: Sie können die Glasur bis 3 Tage vor dem Kuchen zubereiten, um Zeit zu sparen. Die Glasur lässt sich gut einfrieren.

Vorbereitung: 45 Minuten

Zubereitung insgesamt: etwa 1½ Stunden

Menge: ergibt etwa 10 Stücke

Zutaten für den Kuchen:

2 Tassen Kokosbutter

½ Tasse Ghee

½ Tasse Mandelmehl

½ Tasse Honig

5 Eier

½ Tasse neutrale Brühe (Wenn Sie keine gut eingedickte neutrale Brühe vorrätig haben, nehmen Sie stattdessen 2 Esslöffel nicht aromatisiertes Rindergelatinepulver.)

3 EL Vanilleextrakt

½ TL Meersalz

Optionale Gewürze – sie sorgen für ein ausgewogenes Geschmackserlebnis, reduzieren Heißhunger, erzeugen ein angenehmes Sättigungsgefühl und fördern eine gesunde Verdauung:

1 TL gemahlener Fenchel

1 TL gemahlener Kardamom

1. Den Backofen auf 150 °C vorheizen.
2. Zwei runde Kuchenbackformen (18–23 cm Durchmesser; oder rechteckig 23 x 23 cm) mit Kokosöl einfetten. Wir verwenden gerne Backformen aus Silikon. Sie können auch rechteckige Brotbackformen nehmen, wenn Sie keine Kuchenformen besitzen. Glasformen funktionieren auch sehr gut. Backen Sie dann aber bei nur 120 °C, weil Glasbackformen heißer werden als solche aus Silikon.
3. Alle Zutaten in eine Küchenmaschine, einen Hochleistungsmixer oder eine Rührschüssel geben. Alles gründlich verrühren.
4. Den Teig in die beiden Backformen füllen und 30 Minuten bei 150 °C backen. Die genaue Backzeit hängt davon ab, wie viel Teig Sie in die Backformen gegossen haben, welche Backformen Sie verwenden und von anderen Faktoren.
5. Bereiten Sie inzwischen die Glasur zu.
   Wichtiger Tipp: Dieser Kuchen ist nach dem Backen sehr saftig. Er wird also noch feucht aussehen. Wenn Sie auf die Mitte drücken, wird er nicht zurückfedern, sondern etwas nachgeben. Nehmen Sie den Kuchen aus dem Ofen, wenn die Oberseite braun geworden ist. Lassen Sie ihn abkühlen, ehe Sie ihn aus der Form nehmen.
6. Fahren Sie nach dem Abkühlen mit einem Buttermesser behutsam zwischen Kuchen und Form entlang, um ihn aus der Form zu lösen. Wir verwenden dazu einen großen Teller, drehen die Form herum und lassen den Kuchen auf den Teller gleiten (nehmen Sie für jede der beiden Kuchenschichten einen eigenen Teller).
7. Warten Sie mit dem Glasieren, bis der Kuchen völlig ausgekühlt ist. Wenn er beim Herauslösen aus der Backform ein wenig Schaden nimmt, ist das halb so wild. Schließlich kann man solche kleinen Beschädigungen mit der Glasur wunderbar kaschieren!

Zutaten für die Glasur:

1 Tasse Erdbeeren (Himbeeren, Brombeeren und sogar Kirschen eignen sich ebenfalls gut)

½ Tasse rohe Kakaobutter

¼–½ Tasse Honig (die Menge hängt davon ab, welche Beerensorte Sie verwenden und wie süß der Kuchen sein soll)

½ Tasse Ghee

½ Tasse Mandelmehl

1 ½ EL Vanilleextrakt

1 Messerspitze Meersalz

1 Prise gemahlene Gewürznelken

1. Wenn Sie weder Küchenmaschine noch Hochleistungsmixer benutzen, zerdrücken Sie die Beeren mit der Gabel und stellen sie zur Seite. (Kirschen erst halbieren und Steine entfernen!)
2. Die rohe Kakaobutter in einem kleinen Topf bei kleiner Hitze schmelzen lassen. Wenn Sie eine gehäufte ½ Tasse abmessen, sollte die Kakaobutter auch geschmolzen in etwa diese Menge ergeben. Achten Sie darauf, dass sie nicht zu heiß wird und anbrennt. Beobachten Sie den Schmelzvorgang und nehmen Sie die Kakaobutter sofort vom Herd, sobald sie geschmolzen ist.
3. Geben Sie die Kakaobutter und alle anderen Zutaten (beginnen Sie zunächst mit ¼ Tasse Honig) in Ihr Mixgerät. Sie können auch mit der Hand rühren und damit ein bisschen Ihre Armmuskeln trainieren!
4. Möglicherweise kommt Ihnen die fertige Mixtur für eine Glasur etwas dünnflüssig vor. Das macht aber nichts, denn sie wird im Kühlschrank eindicken. Probieren Sie, ob Ihnen die Glasur süß genug ist. Wenn nicht, geben Sie esslöffelweise mehr Honig dazu. Kosten Sie aber nach jedem Löffel, damit es nicht zu süß wird.
5. Die Glasur in ein Gefäß füllen und abgedeckt mindestens 30 Minuten in den Kühlschrank stellen.
6. Falls die Glasur mehrere Stunden im Kühlschrank war, nehmen Sie die Glasur, etwa 20 Minuten bevor Sie den Kuchen glasieren, heraus. Dann wird sie weich und lässt sich leicht aufstreichen. Da der Kuchen nach dem Backen erst völlig abkühlen muss, haben Sie reichlich Zeit, um die Glasur im Kühlschrank eindicken zu lassen.
7. Wenn die Glasur eingedickt und bereit ist, bestreichen Sie die untere Kuchenschicht damit mit einem Buttermesser oder einem Gummispatel. Legen Sie dann die obere Schicht des Kuchens auf die untere und glasieren Sie auch diese.
8. Nun können Sie den Kuchen nach Wunsch dekorieren – und servieren! Wir mögen es einfach und schmücken ihn mit frischen Beeren, Bananenscheiben oder essbaren Blüten.

Serviervorschläge:

- Zu diesem Kuchen passen Beeren oder die Marokkanische Vanille-Eiscreme sehr gut, aber er schmeckt auch pur ganz wunderbar!

12. Kapitel

Spritzige Lebensfreude
Cocktails mit ganz besonderen Vorzügen

In seinem Buch *Blue Zones: Lessons for Living Longer from the People Who' ve Lived the Longest* weist uns Dan Buettner darauf hin, dass es zur Gewohnheit der langlebigsten Menschen auf Erden gehört, sich täglich ein bis zwei Gläser Wein oder Bier oder ein Schnäpschen zu gönnen! Seine Forschungen zeigen, dass maßvoller Genuss alkoholischer Getränke (maximal ein bis zwei Gläser täglich) durchaus gesundheitliche Vorteile mit sich bringt. Dennoch handelt es sich dabei um eine sehr persönliche Entscheidung. Für jene unserer Leserinnen und Leser, die Alkohol trinken, präsentieren wir in diesem Kapitel ein paar Cocktailrezepte, die wir durch gesunde Zutaten aufgewertet haben.

Kraftbrühe enthaltende Cocktails und Hot Toddys stehen in den USA in vielen Restaurants und Bars auf der Karte. Das mag neu für Sie sein, aber Cocktails mit Kraftbrühe gibt es tatsächlich schon so lange wie die Brühe selbst. Wir haben einen weiteren Gesundheitsvorteil in unsere Cocktails »eingebaut«: Sie schmecken so, wie man sie traditionell kennt, enthalten aber keinen raffinierten Zucker. Unser einfacher Sirup enthält neutrale Kraftbrühe und Honig, und die restlichen Zutaten orientieren sich am Geschmack des ursprünglichen Cocktails.

Heather: *Als ich mit meinem Mann Joel nach Schottland reiste, besuchten wir in Edinburgh den ältesten Scotch-Handel. Der Experte dort sagte uns, dass alles, was heutzutage als Scotch verkauft wird, einen Herstellungsprozess durchlaufen hat, bei dem alle guten Inhaltsstoffe (zum Beispiel essenzielle Fettsäuren) entfernt und durch Zucker und Karamell-Farbstoff ersetzt werden. Dann ließ er uns den von ihnen selbst produzierten Scotch probieren, der noch alle guten Bestandteile und keinen der künstlichen Zusatzstoffe enthält. Er schmeckte bemerkenswert anders – und sehr viel besser!*

Als jemand, der danach strebt, gesundes Leben und kulinarischen Genuss zu verbinden, weiß ich aus Erfahrung, dass viele Menschen gerne bewusst und maßvoll leben möchten. Feinschmecker verzichten aber ungern auf alkoholische Getränke, weil sie deren ge-

schmackliche Intensität und Vielfalt lieben und sich für die regionalen, handwerklichen Traditionen der Herstellung dieser Getränke begeistern. Biere, Weine und Spirituosen, die auf traditionelle Weise in kleinen Betrieben gebraut, gekeltert oder gebrannt werden, erfreuen sich heute großer Beliebtheit. Der Trend geht klar zu ökologischen Herstellungsmethoden, bei denen auf Sulfite und andere chemische Zusätze verzichtet wird.

Cocktails, Biere und Weine, in Maßen genossen, können eine gute Mahlzeit mit Freunden bereichern und zur guten Stimmung beitragen. In manchen innovativen Bars werden heute gesunde Cocktails angeboten, die Zutaten besserer Qualität enthalten. Jene Rezepte, die Louise und ich Ihnen in diesem Buch vorstellen, gehen noch einen Schritt weiter, indem wir die Aminosäuren und Mineralien der Kraftbrühe zur Stärkung und Erdung, Kräuterbitter zur Förderung einer guten Verdauung und Zitrone zur Reinigung hinzufügen. Wir sind überzeugt, dass unsere Cocktails der besonderen Art ein Genuss für Sie sein werden!

DER SIDECAR

Für unsere Variante dieses klassischen Cocktails benötigen Sie eine neutrale Brühe. Der Legende nach wurde dieser Drink in den 1920er-Jahren in Paris von einem amerikanischen Soldaten erfunden. Für viele Cocktail-Liebhaber ist er der absolute Favorit, und zwar aus gutem Grund: Er lässt sich einfach mixen und hat einen delikaten, feinen Geschmack mit einem Hauch milder, natürlicher Süße. In den meisten Sidecar-Rezepten sind keine Brühe und auch kein Kräuterbitter enthalten. Aber wir sind der Meinung, dass diese beiden Zutaten den Cocktail abrunden und ihm gesunde Qualitäten verschaffen, ohne etwas von dem großartigen Geschmack zu nehmen.

Zubereitungsdauer: 5 Minuten

Menge: ergibt 2 Cocktails

4 EL neutrale Brühe

⅓ Tasse Cointreau

⅓ Tasse frisch gepresster Zitronensaft

⅔ Tasse Cognac

10–12 Tropfen Urban Moonshine Citrus Bitters (oder Ihr bevorzugter Citrus Bitter)

1. Die Brühe aus dem Kühlschrank nehmen und bei Zimmertemperatur kurz stehen lassen, damit sie dünnflüssiger wird. Wenn sie sehr stark eingedickt ist, die Brühe im Topf bei kleiner Hitze erwärmen und dann auf Zimmertemperatur abkühlen lassen.
2. Alle Zutaten in ein großes Glas geben und in den mit Eisstückchen gefüllten Cocktail-Shaker umfüllen. Alles gut schütteln und dann durch ein Sieb in zwei gut vorgekühlte Cocktailgläser abgießen. Martinigläser machen sich besonders gut.

MANHATTAN

Für diesen Cocktail benötigen Sie eine neutrale Brühe.
Der Manhattan wurde, so heißt es, im späten 19. Jahrhundert in New York kreiert. In der Zeit der Prohibition soll er bei Bourbon-Liebhabern sehr populär gewesen sein. Heute erfreut sich der delikate Manhattan wieder wachsender Beliebtheit (aus gutem Grund!), wobei viele Barkeeper ihre individuelle Version des zeitlosen Klassikers servieren.

Zubereitungsdauer: 5 Minuten

Menge: ergibt 1 Cocktail

2 EL neutrale Brühe

4 EL Roggenwhisky oder Bourbon (Wir verwenden Redemption High-Rye Bourbon; er passt sehr gut zu diesem Cocktail)

3 EL süßer Wermut

10 Tropfen Citrus Bitter (wir verwenden Urban Moonshine Citrus Bitters)

3–5 Tropfen Kirschsaftkonzentrat

3 Tropfen Scrappy's Cardamom Bitters

Zitronenspalte oder Kirsche zum Garnieren

1. Die Brühe aus dem Kühlschrank nehmen und bei Zimmertemperatur kurz stehen lassen, damit sie dünnflüssiger wird. Wenn sie sehr stark eingedickt ist, die Brühe in einen Topf geben, bei kleiner Hitze erwärmen und dann auf Zimmertemperatur abkühlen lassen.
2. Alle Zutaten ohne die Garnitur in ein großes Glas geben und in den mit Eisstückchen gefüllten Cocktail-Shaker umfüllen. Alles gut schütteln und dann durch ein Sieb in ein gut vorgekühltes Cocktailglas abgießen. (Martinigläser sind für diesen Cocktail beliebt, aber manche bevorzugen Whisky-Tumbler.)
3. Mit Zitronenspalte oder Kirsche garnieren.

NEGRONI-COCKTAIL

Dieser mondäne Cocktail aus den goldenen 1920er-Jahren ist heute wieder stark im Kommen! Trinken Sie ihn und fühlen Sie sich ins Florenz des Grafen Negroni versetzt, der sich um das Jahr 1920 herum entschied, seinen Cocktail mit Gin statt mit Sodawasser zu trinken. Dieser einfach zu mixende Drink entwickelte sich wie der Manhattan zu einem Klassiker. Unsere Variante bietet einige gesundheitliche Vorteile: Kraftbrühe, Citrus Bitter und frische Zitrone, und statt raffiniertem Zucker gibt es einen Schuss Honig.
Für das einfach herzustellende Sirupkonzentrat benötigen Sie neutrale Brühe. Das, was übrig bleibt, verwenden Sie zum Mixen weiterer Cocktails.

Zubereitungsdauer: 5 Minuten

Menge: ergibt 1 Cocktail

Zutaten für das Sirupkonzentrat:

½ Tasse neutrale Brühe

½ EL Honig

Zutaten für den Cocktail:

3 EL Sirupkonzentrat

3 EL roter Wermut

3 EL Campari

3 EL Gin (trockener Gin oder Barr Hill Old Time Gin passen gut)

7 Tropfen Citrus Bitter (wir nehmen Urban Moonshine Citrus Bitters)

1 TL frisch gepresster Zitronensaft

Optional: 30–60 ml Mineralwasser mit Kohlensäure oder Prosecco – das verleiht dem Cocktail einen leichteren, spritzigeren Geschmack

1 Stück Orange zum Garnieren

1. Die Brühe aus dem Kühlschrank nehmen und bei Zimmertemperatur kurz stehen lassen, damit sie dünnflüssiger wird. Wenn sie stark eingedickt ist, die Brühe in einem Topf bei kleiner Hitze erwärmen, dann auf Zimmertemperatur abkühlen lassen.
2. Alle Zutaten in ein großes Glas füllen und in den mit Eisstückchen gefüllten Cocktail-Shaker umfüllen. Alles gut schütteln, dann durch ein Sieb in ein vorgekühltes Cocktailglas gießen und mit Orange garnieren.

SCOTCH MIT KRAFTBRÜHE

In Schottland nennt man dieses Rezept einen »korrigierten Scotch«. Er wird wie eine Suppe in einer Schale serviert, mit Lammbrühe, Staudensellerie, Möhren und Zwiebeln.[1] Wir haben das Rezept etwas verändert und verwenden Scotch und Meersalz als »Würze« für diesen einfach zu mixenden Cocktail. Man nimmt dafür normalerweise neutrale Brühe, aber manche Leute bevorzugen eine schwach aromatische Lammbrühe. Brühe und Meersalz verleihen dem Drink ein nährendes, gut erdendes Gefühl.

Zubereitungsdauer: 5 Minuten
Menge: ergibt 1 Cocktail

½ Tasse neutrale Brühe (oder schwach aromatische Lammbrühe)

4 EL Scotch

1 Prise Meersalz, zur Harmonisierung und als Quelle für gesunde Mineralien

1. Die Brühe aus dem Kühlschrank nehmen und bei Zimmertemperatur kurz stehen lassen, damit sie dünnflüssiger wird. Wenn sie sehr stark eingedickt ist, die Brühe in einem Topf bei kleiner Hitze erwärmen und dann auf Zimmertemperatur abkühlen lassen. Wer einen Hot Toddy machen möchte, lässt die erhitzte Brühe nur wenig abkühlen.
2. Brühe und Scotch in ein Glas gießen, 1 Prise Meersalz dazugeben und gut umrühren. Entweder warm, zimmerwarm oder mit Eis servieren.

13. Kapitel

Gesunde Kosmetik – selbst gemacht Masken für Haut und Haar

HONIG-GELATINE-GESICHTSMASKE

Diese Maske eignet sich für jeden Hauttyp, auch für empfindliche Haut. Verwenden Sie neutrale Brühe.
Wie bei allen Hautmasken sollten Sie zunächst eine kleine Menge davon auf der Innenseite des Unterarms testen, ehe sie auf das Gesicht kommt. Unsere Körper reagieren individuell verschieden. Allergische Reaktionen auf unsere Masken sind zwar selten, aber nie völlig auszuschließen.

Vorbereitung: 5 Minuten
Zubereitung insgesamt: 25 Minuten
Menge: 2 Anwendungen

1 TL Brühe mit dicker, gelartiger Konsistenz. Neutrale Brühe eignet sich am besten, weil sie keine Zusatzstoffe enthält, die dazu dienen, einen »suppenartigen« Duft zu erzeugen oder möglicherweise die Haut reizen. Alternativ können Sie statt der Brühe ½ TL nicht aromatisiertes Rindergelatinepulver verwenden.

1 TL kalt geschleuderter Honig

1. Mit Brühe: Die gekühlte Brühe und den Honig gründlich mit einer Gabel oder einem Schneebesen vermischen. Die Menge reicht für zwei Masken. Überschüssige Menge im Kühlschrank aufbewahren.
   Mit Gelatinepulver: Das Pulver in 2 Teelöffel warmes Wasser rühren und 5 Minuten ziehen lassen. Den Honig in einem Topf bei kleiner Hitze erwärmen. Wenn der Honig warm und flüssig ist, den Topf vom Herd nehmen.

2. Wasser und Gelatine in den Topf geben. Alles vermischen und 15 Minuten warten, bis das Gemisch abgekühlt ist und eine pastenartige Gelatine-Konsistenz angenommen hat, die sich gut auf dem Gesicht verteilen lässt. Wenn die Masse zu dünnflüssig ist, stellen Sie diese eine Weile in den Kühlschank.
3. Tragen Sie eine dünne Schicht auf das Gesicht auf – mit den Fingern, einem sauberen Make-up-Pinsel oder einem anderen weichen, noch unbenutzten Pinsel. Lassen Sie den Augenbereich und die Lippen frei. Wenn Sie möchten, tragen Sie die Maske auch auf den Hals auf.
4. Einwirken lassen, bis die Maske trocken ist, also 10–20 Minuten.
5. Danach das Gesicht gründlich mit warmem Wasser abwaschen. Tragen Sie anschließend (optional) einen Toner auf und Ihr bevorzugtes Gesichtsserum oder Ihre Feuchtigkeitscreme. Sie können auch Kokosöl oder Rindertalg als natürliche Feuchtigkeitscreme verwenden.

Gutes für die Nase

PORENREINIGER

Hier ist ein natürlicher Reiniger für die Poren auf der Nase, den Sie in wenigen Minuten selbst herstellen können!

Wir haben es mit Porenstreifen probiert, aber erstens trocknen sie die Haut zu sehr aus, und zweitens möchten wir die in ihnen enthaltenen Chemikalien lieber von unserer Haut fernhalten. Denken Sie daran, dass alles, was Sie auf Ihre Haut auftragen, in den Körper gelangt. Deshalb sollten Sie bei Kosmetikprodukten genauso auf natürliche, hochwertige Inhaltsstoffe achten wie bei der Nahrung.

Für dieses Rezept wird nicht aromatisiertes Rindergelatinepulver verwendet. Wenn Sie Kefir zur Hand haben, ist das eine gute Möglichkeit, Ihre Haut mit gesunden Probiotika zu verwöhnen!

Zubereitungsdauer: 5 Minuten

Menge: 2–3 Anwendungen

2 TL nicht aromatisiertes Rindergelatinepulver

2 TL Kuhmilch, Kefir oder Ziegenmilch (ob Vollmilch oder fettarme Milch spielt keine Rolle) oder Kokosmilch (falls Sie tierische Milch nicht vertragen)

1. Gelatine und Milch in einen kleinen Topf geben und rühren, bis eine dickflüssige Konsistenz entsteht.
2. Die Mixtur bei kleiner Hitze erwärmen. Immer wieder umrühren, bis eine dicke Flüssigkeit entstanden ist. Wenn Sie Kokosmilch verwenden und die Mischung zu klumpig ist, geben Sie etwas Wasser dazu, um die Klumpen aufzulösen (beginnen Sie mit 1 Esslöffel Wasser). Vom Herd nehmen und auf Zimmertemperatur abkühlen lassen.
3. Testen Sie die abgekühlte Mixtur zunächst auf der Innenseite des Arms, um sicherzustellen, dass keine Unverträglichkeit besteht, ehe Sie die Mischung im Gesicht

auftragen. Wenn irgendeine negative Hautreaktion auftritt, verwenden Sie diesen Reiniger *nicht* im Gesicht!

4. Tragen Sie die Mixtur mit den Fingern, einem sauberen Make-up-Pinsel oder einem anderen weichen, noch unbenutzten Pinsel auf die gesamte Nase auf.
5. Belassen Sie den Reiniger auf der Haut, bis er sich trocken anfühlt. Das wird etwa 10 Minuten dauern. Ziehen Sie ihn, wenn er getrocknet ist, mit den Fingern ab. Wenn Sie ihn behutsam abziehen, wird er sich in Streifen lösen lassen, fast wie ein Porenstreifen.
6. Sie werden das Fett und den Schmutz sehen, die der Reiniger aus den verstopften Poren entfernt hat. Wenn Sie bereits kleine Poren haben, kann sich der Talg zum Teil auf dem Streifen und zum Teil noch auf der Haut befinden. Entfernen Sie diesen auf der Nase verbliebenen Talg behutsam mit den Fingernägeln oder einem weichen, warmen Waschlappen.
7. Verwenden Sie dann Ihren bevorzugten Toner und ein Serum oder eine Lotion.
8. Lagern Sie den übrigen Porenreiniger in einem Glasgefäß im Kühlschrank und wärmen Sie ihn vor der nächsten Anwendung bei kleiner Hitze auf.

Seidiger Glanz fürs Haar

HAARKUR

Ob Sie nun einen ganzen Schönheitstag einplanen oder sich nur 20–30 Minuten verwöhnen wollen, diese Gelatine-Haarkur werden Sie lieben! Sie sorgt für weiches, glänzendes und geschmeidiges Haar. Diese Kur mit nicht aromatisiertem Rindergelatinepulver ist dank ihrer eiweißreichen und Feuchtigkeit spendenden Inhaltsstoffe eine ganz besondere Wohltat für das Haar.

Gönnen Sie sich etwas Schönes, während die Haarkur Ihre Magie entfaltet: Hören Sie leise Musik, nehmen Sie ein Bad, machen Sie Louises Spiegelarbeit oder meditieren Sie. Natürlich können Sie auch zu Ihrer Lieblingsmusik durchs Badezimmer tanzen!

Wiederholen Sie diese Wohlfühlkur für Ihr Haar ein- bis zweimal im Monat.

Zubereitungsdauer: 10 Minuten

Menge: 1 Anwendung

1 EL nicht aromatisiertes Rindergelatinepulver

1 Eigelb

Optional:

Kokosöl für die Haarspitzen

1 Duschhaube

1. ½ Tasse Wasser in einem Topf erhitzen und die Gelatine einrühren. Die Gelatine auf Zimmertemperatur abkühlen lassen. Wenn die Mixtur zimmerwarm ist, das Eigelb dazugeben und alles gut verrühren.
2. Tragen Sie das Gemisch auf das Haar auf, ohne es in die Kopfhaut einzumassieren. Tragen Sie es nicht auf die Haarspitzen auf und behandeln Sie diese stattdessen mit Kokosöl, wenn Sie möchten. So versorgen Sie die Haarspitzen mit viel Feuchtigkeit. Wenn Sie wollen, setzen Sie eine Duschhaube auf, um die Kur darunter intensiv einwirken lassen.

3. Die Kur 20–30 Minuten einwirken lassen. Danach das Haar mit warmem Wasser abspülen und ganz normal mit Shampoo waschen.

Alternative, um Rückstände von Haarpflegeprodukten von den Haaren zu entfernen: Wenn Sie mit der Haarkur Rückstände von Pflegeprodukten aus dem Haar entfernen möchten, nehmen Sie statt Eigelb 1 Teelöffel Apfelessig.

14. Kapitel

Für Gesundheit, Wohlbefinden und ein langes Leben

Mit 89 Jahren hat Louise wunderbare Erkenntnisse darüber, was wir brauchen, um lange, gesund und glücklich zu leben:

An meinem 80. Geburtstag veranstaltete Hay House eine große Party für mich. An jenem Tag verkündete ich allen meinen Angestellten, Freunden und Angehörigen: »Mein neuntes Jahrzehnt wird das beste meines ganzen bisherigen Lebens werden!« Und diese Affirmation habe ich während dieses ganzen Jahrzehnts angewendet.

Nun, mit 89, blicke ich auf die vergangenen neun Jahre zurück und sehe, dass ich recht hatte. Ich bin gesünder, stärker und glücklicher denn je. Ich erfreue mich an wundervollen Freundschaften. Ich habe beschlossen, dass ich mich von nun an »Louise Play« nennen werde, denn ich bringe heute eine leichte, spielerische Energie in mein Leben. Das Wichtigste, was ich Ihnen in diesem Buch mitgeben kann, ist dies: Gesundheit ist der größte Segen! Für mich bedeutet Gesundheit einfach, dass ich mithilfe von positiven Affirmationen mein Denken in die richtigen Bahnen lenke und dass ich mich richtig ernähre, also mit vollwertigen Lebensmitteln und Kraftbrühe! So nähre ich meinen Geist und meinen Körper und verfüge über genügend Energie, um die Freude zu erfahren, von der ich umgeben bin. So bin ich in der Lage, mit meinen Freundinnen und Freunden jeden Alters das Leben zu feiern, zu tanzen und zu lachen.

Denken Sie immer daran: Das Leben liebt Sie! Gehen Sie in die Küche und nehmen Sie Ihre Gesundheit selbst in die Hand. Vielleicht gibt es Freunde oder Familienmitglieder, die Sie sich dabei zu Verbündeten machen können, sodass die ganze Sache noch mehr Freude macht. Bejahen wir gemeinsam: Ich verdiene das Beste, und ich akzeptiere es jetzt!

In einer Welt, die den Verlockungen von Tabletten und Fast Food erlegen ist, werden viele Kraftbrühe abqualifizieren und sagen: »Das ist doch bloß Suppe.« Manche Leute probieren es vielleicht für eine Woche aus und wenden sich dann dem nächsten Trend zu. Doch trotz all unserer modernen Wissenschaft und der zeitsparenden Fertignahrung klagen immer mehr Menschen über Energiemangel und zunehmenden Stress. Und die weitverbreitete negative Affirmation lautet: *Ab vierzig geht es mit unserem Körper bergab.* Wir laden Sie dazu ein, sich neue, gesunde Affirmationen zu schaffen, zum Beispiel: Ich bin in jeder Lebensphase gesund, heil und erfüllt.

Kraftbrühe und andere vollwertige Nahrungsmittel sind keine Zauberpillen, die bei einmaliger Einnahme Wunder wirken. Man muss sie zur täglichen Praxis machen, wie Meditation und Affirmationen. Jeden Tag Brühe zu essen gibt Ihnen das gute Gefühl, dass Ihr Körper in leicht verdaulicher Form die wertvollen Nährstoffe bekommt, die er benötigt. Das leistet einen wichtigen Beitrag zu einer stabilen guten Gesundheit.

Zusätzlich zu Aminosäuren, Vitaminen und Mineralien, die Sie auch durch andere Nahrungsmittel erhalten, versorgt Brühe Sie mit denaturiertem Kollagen. Denken Sie sich Ihren Suppentopf als Kollagen-Spender! Durch die Brühe nähren und stärken Sie Ihr Bindegewebe, das den Körper von Kopf bis Fuß zusammen- und in Form hält. Wenn Sie Ihrem Körper auf diese Weise Liebe schenken, ist es kein Wunder, dass er gesund wird und gut gedeiht!

Die Natur heilt

Seit mehr als tausend Jahren haben wir uns immer weiter von der Natur entfernt. Und doch spüren und erkennen wir immer noch ihre Heilkraft, wenn wir einen Waldspaziergang machen, auf einen Berg steigen oder barfuß an einem Meeresstrand entlangschlendern. Tief in uns wissen wir, dass die Natur uns bei der Heilung hilft. Sie verhilft uns zu innerer Ruhe und Gelassenheit und bringt uns seelisch und körperlich ins Gleichgewicht.

Natürliche, vollwertige Nahrung ist ein Weg, uns täglich wieder mit der Natur zu verbinden. Wir können ein aufregendes, modernes Leben führen und uns doch bei jeder gesunden Mahlzeit von der Natur erden lassen. Wir stärken diese Verbindung, weil wir gezwungen sind, uns Zeit zu nehmen und uns auf die Nahrung zu konzentrieren, wenn wir unser Essen selbst zubereiten. Noch mehr stärken wir die Verbindung, wenn wir gemeinsam mit geliebten Menschen kochen und essen. Durch natürliche Nahrung nehmen wir heilende Energie auf, und der alchemistische Prozess der Verdauung transformiert diese Energie in heilende, gesunde Nährstoffe für unseren Körper. Deswegen sagen der Dalai-Lama und viele andere weise Denker: »Nahrung ist Leben.« Nahrung aus der Natur hat die große Kraft, unseren Körper und auch unsere Seele zu transformieren.

Wir leben in einer Welt, die nach harten wissenschaftlichen Beweisen verlangt. Doch wenn wir genau hinsehen, kommt es oft genug vor, dass gerade die moderne Wissenschaft bestätigt, was wir tief in uns längst wissen. Heute weiß die Wissenschaft, dass wir alle ein Experiment sind – jeder Mensch besitzt einen einmaligen Körper, der sich von allen anderen unterscheidet. Wenn wir lernen, in uns hineinzuhorchen, entdecken wir tief in uns eine Wahrheit, ein Wissen, das uns sagt, was wirklich nahrhaft, liebevoll und heilend für uns ist.

In unserer Küche können wir heilende Nahrung zubereiten, ganz wie einst unsere Vorfahren, die noch in engerer Verbindung zur Erde und zum Land lebten und instinktiv um die Heilkräfte der Natur wussten. Die Zeit, die wir in der Küche verbringen, ist eine Investition in gute Ernährung – körperlich und seelisch. Wir können lernen, Geschmack und Beschaffenheit unserer Nahrung so zu gestalten, dass Essen zum Genuss und Kochen kreativer Ausdruck gesunder Lebensfreude wird. Wenn wir gesunde Nahrung genießen, spüren wir die Liebe, die wir in die Zubereitung hineingelegt haben. Diese Liebe strömt in unseren Körper, erquickt unsere Seele und beseitigt Stress.

Keine Speise bewirkt all dies so gut wie Kraftbrühe. Brühe gehört zu den am einfachsten zuzubereitenden und am leichtesten verdaulichen Gerichten. Sie spendet uns Wärme und weckt in uns Erinnerungen an die Küchen unserer Großmütter. Sie schenkt uns die Vitalität, die wir brauchen, um hinaus in die Welt zu gehen und ein wunderbares, schönes, energiegeladenes Leben zu führen.

Wir ermutigen Sie, sich auf Ihre ganz persönliche Kraftbrühen-Entdeckungsreise zu begeben. Sei es, dass Sie nach Heilung streben, Wellness genießen oder Ihrem inneren Kind Gutes tun wollen – wir hoffen, dass Sie viel Freude mit den kulinarischen Abenteuern haben werden, zu denen dieses Buch einlädt.

Heilende Affirmation und Meditation

Diese heilende Affirmation und Meditation können Sie jederzeit anwenden, um sich daran zu erinnern, dass Sie es verdienen, in jeder Hinsicht gut genährt zu werden. Legen Sie eine Hand auf Ihr Herz und eine auf Ihren Bauch, atmen Sie dreimal langsam und tief durch und sprechen Sie die folgenden Worte:

> Ich entfalte mich jetzt auf zutiefst erfüllende Weise. Nur Gutes kann zu mir gelangen. Ich bringe jetzt Gesundheit, Glück, Wohlstand und geistigen Frieden zum Ausdruck. Ich bin es mir wert, mir die Zeit zu nehmen, mit Freude gutes Essen einzukaufen, zu-

zubereiten und zu genießen. Ich löse mich jetzt von alten negativen Glaubenssätzen, die mich davon abhalten, mir Zeit für mich selbst zu nehmen. Das, was mich hindert, sind einfach nur negative Gedanken. Meine neuen Gedanken sind positiv und erfüllend. Ich finde jetzt Wege, gut für mich zu sorgen. Ich vertraue auf meine kulinarischen Fähigkeiten und lerne in der Küche jeden Tag dazu. Ich bestimme selbst über mein Leben. Ich bin immer sicher, geborgen und frei.

Meine Küche ist ein Ort der Freude, des Abenteuers und der Kreativität. In meiner Küche erkenne ich, wie ich mich selbst und meine Lieben gut ernähren kann. Wenn ich meine Küche betrete, stimme ich mich auf geistigen Frieden ein, und mein Körper spiegelt diesen inneren Frieden in Form von perfekter Gesundheit wider. Ich bin offen dafür, mit neuen Nahrungsmitteln und Rezepten zu experimentieren. Dabei lausche ich auf meine innere Weisheit und erkenne so, was für mich richtig ist und funktioniert. Essen zuzubereiten ist für mich eine Übung in Achtsamkeit, eine Meditation. Jeder Augenblick ist eine wunderbare neue Gelegenheit, immer mehr mein wahres Selbst zu entdecken und zu leben.

Mein Körper strebt immer nach perfekter Gesundheit. Mein Körper möchte heil und gesund sein. Ich arbeite bewusst mit ihm zusammen, werde gesund und lebe ein reiches, erfülltes Leben. Ich bin Liebe, und ich schenke mir Liebe. Ich öffne mich dafür, dass die Liebe aus meinem Herzen meinen ganzen Körper durchströmt und erfüllt, ihn reinigt und heilt. Ich weiß, ich verdiene Heilung. Ich teile diese Liebe mit allen, die mein Haus betreten und mit mir speisen. Ich empfange das Neue mit offenen Armen. Ich vertraue darauf, dass sich das Leben wunderbar entfaltet! Und so ist es.

ANHANG

*

Heilung durch Kraftbrühe – Erfahrungsberichte

Eyton Shalom:

Befreiung von Rückenschmerzen und Hilfe gegen innere Kälte

Eyton Shalom ist Akupunkteur und Experte für chinesische und ayurvedische Medizin. Außerdem ist er leidenschaftlicher Koch und erfahren in der Arbeit mit heilenden Kräutern und Gewürzen.

Ich entdeckte die Kraftbrühe 1991. Damals befand ich mich im zweiten Jahr meiner Akupunkturausbildung, die ich neben einer Vollzeit-Berufstätigkeit absolvierte. Infolge des Stresses erkrankte ich an einer Bronchitis, die sich zu einer atypischen Lungenentzündung verschlimmerte. Ein hartnäckiger trockener Husten quälte mich. Ich fühlte mich schwach, und meine Lunge war chronisch gereizt. Ein Student in der Ambulanz meiner Akupunkturschule behandelte mich. Er brachte mir bei, aus Hühnersuppe mit Knochenmark und Reis ein Porridge zu kochen. Nachdem ich dieses Gericht drei Tage gegessen hatte, kam ich wieder zu Kräften und fühlte mich viel besser. (Siehe Eytons Heilkräftige Hühnersuppe im 5. Kapitel Seite 142.)

1992 machte ich dann meine zweite positive Erfahrung mit Kraftbrühe: In meinem dritten Ausbildungsjahr als Akupunkteur verschlimmerte sich durch Überarbeitung und weil ich so lange auf den harten Stühlen der Schule sitzen musste, eine Rückenverletzung, die ich mir mit 17 zugezogen hatte. Ich lernte, mir Rinderbrühe mit chinesischen Heilkräutern zuzubereiten, und das half meinem Körper sehr dabei, gesund und kräftig zu werden.

Bevor ich die Kraftbrühe für mich entdeckte, ernährte ich mich zwölf Jahre lang vegetarisch und fror ständig, litt vor allem unter kalten Händen und Füßen. Nachdem ich Brühen und Suppen auf Brühenbasis in meine Ernährung aufgenommen hatte, stieg meine Körpertemperatur – und kalte Hände und Füße waren seitdem nie wieder ein Problem! Ich bin fasziniert von den heilenden Eigenschaften bestimmter Nahrungsmittel, vor allem der Kraftbrühen. Wenn wir lernen, die Gesetze der Verdauung zu respektieren, kann unser Essen eine Quelle der Gesundheit sein!

Für unseren Körper ist Verdauung ein warmer Prozess, bei dem Nahrung in Energie umgewandelt wird. Wenn wir Brühe kochen, tun wir genau das Gleiche. Wir erwärmen die Knochen und andere Zutaten und wandeln sie in Leben spendende Energie um.

Quinn Wilson: **Schöne Haut und Nägel, Heilung für Zähne und Magen**

Quinn Wilson ist Gründerin und Eigentümerin von *Balanced & Bright Bone Broth*, einer kleinen Firma, die in San Diego Brühe produziert und vertreibt.

Vor einigen Jahren fing ich an, mich für traditionelle Ernährung zu interessieren. Von den Vorzügen der Kraftbrühe hatte ich schon gehört, und wenn ich den gusseisernen Kochtopf meiner Urgroßmutter betrachtete, der noch aus der Zeit vor dem amerikanischen Bürgerkrieg stammte, stellte ich mir vor, dass in ihm Brühe für viele Generationen gekocht worden sein musste, ehe er an mich vererbt wurde. Als ich anfing, statt Kaffee Brühe zu trinken, experimentierte ich lediglich ein wenig herum. Es ging mir nicht darum, eine Nahrungsmittelunverträglichkeit oder Krankheit zu heilen.

Nachdem ich zwei Wochen lang Brühe getrunken hatte, bemerkte ich, dass die Haut meiner Hände glänzend und glatt wurde. Mein Gesicht fing an zu leuchten, und meine Nägel wurden gesund und kräftig. Während der folgenden eineinhalb Monate geschah dann ein echtes Wunder. 20 Jahre davor hatte ich bei einem Skiunfall meine Schneidezähne verloren, weswegen ich mir Zahnimplantate einsetzen ließ und viele schmerzhafte Operationen über mich ergehen lassen musste. Nach einer neuerlichen Zahn-OP litt ich unter chronischen Schmerzen, doch nachdem ich ein paar Monate lang Brühe getrunken hatte, verschwanden diese Schmerzen einfach. Offenbar hatte die eiweiß- und mineralstoffreiche Brühe meinen Körper mit dem versorgt, was er brauchte, um meinen Mund zu heilen. Nach einem weiteren Monat verschwanden meine unregelmäßig wiederkehrenden Magenschmerzen dauerhaft. Das ist jetzt mehrere Jahre her, und ich habe seitdem nie wieder unter nennenswerten Magenbeschwerden gelitten.

Ich erkannte, dass wir mit unserem Wunsch nach bequemer Schnellernährung unserer Gesundheit keinen guten Dienst erwiesen haben. Die Fortschritte der modernen Wissenschaft und der Lebensmittelindustrie haben bei der Bevölkerung zu einer Verschlechterung des körperlichen Wohlbefindens geführt. Mir fiel auf, wie viele Menschen in meiner Umgebung unter Gluten-Unverträglichkeit, Lebensmittelallergien, Reizdarm, Morbus Crohn, Erschöpfung und Diabetes litten. Ich sah die Nischen-

märkte, die sich in der Lebensmittel- und der Pharmaindustrie entwickelten, um aus dieser Problemlage Kapital zu schlagen.

Ich wurde eine so leidenschaftliche Anhängerin der Kraftbrühe, dass ich beschloss, selbst Brühe herzustellen und zu verkaufen. Ich entdeckte, dass immer mehr Konsumenten Brühen wünschen, die mit Zutaten aus ökologischer Landwirtschaft und Weidehaltung hergestellt werden. Sie entscheiden sich dafür, ihre Nahrung als Medizin zu nutzen: Statt viel Geld für teure Nahrungsergänzungsmittel auszugeben, machen sie Kraftbrühen zum festen Bestandteil ihrer täglichen Ernährung und versorgen sich auf natürliche Weise mit den Nährstoffen, die ihr Körper braucht.

Cathy: Befreiung von chronischer Erschöpfung, Verdauungsbeschwerden und Depressionen

Cathy, eine engagierte Marketingdirektorin und Mutter dreier Kinder, gehört zu Heathers Klientinnen.

Als ich zu Heather in die Praxis kam, litt ich unter chronischer Erschöpfung, Verstopfung und Depressionen. Heather ließ meinen Versorgungszustand mit Mineralien und meine Genetik testen. Es zeigte sich, dass ich unter Mineralstoffmangel litt, was zu meinen Symptomen beitrug. Heather schaute sich mein genetisches Profil an und entwickelte auf dieser Basis ein für mich maßgeschneidertes Programm, was Ernährung und Lebensstil anging.

Wegen meiner Depressionen und Stimmungsschwankungen riet Heather mir dazu, Fleischbrühe und viele Suppen zu essen. Auch empfahl sie mir ein Nahrungsergänzungsmittel aus Meeresmineralien, vollwertiges Vitamin C und Vitamin-B-Ergänzungsmittel einzunehmen. Ich nahm die von ihr empfohlenen Änderungen meines Lebensstils vor, was vor allem dazu diente, Stress zu reduzieren. Wie sie mir erklärte, bewirkt starker Stress, dass unser Mineralienverbrauch ansteigt. Das trug zu meinem Energiemangel und den übrigen Symptomen bei. Ich muss zugeben, dass es gar nicht so leicht war, meine Ernährung und Lebensweise völlig umzukrempeln, aber es hat sich gelohnt! Schon nach zwei Wochen hatte ich durch die Nahrungsergänzungsmittel wieder viel mehr Energie. Daraufhin fing ich an, mir gesundes Essen zu kochen. Die Fleischbrühe ließ sich viel einfacher zubereiten, als ich gedacht hatte – heute koche ich sie mir jede Woche und kann mir ein Leben ohne sie gar nicht mehr vorstellen.

Nach einem Monat hatte sich meine Verdauung so verbessert, dass ich mich nicht mehr nach jeder Mahlzeit aufgebläht und unwohl fühlte. Mein Körper sah schlanker aus, und ich hatte weniger Cellulitis. Das hätte ich nie für möglich gehalten! Nach sechs Monaten fühlte ich mich wieder völlig wiederhergestellt und lebendig. Ich bin glücklicher und motivierter, und meine Arbeit macht mir wieder Spaß. Meine Libido ist gesteigert, und Heather erklärte mir, dass das ein weiteres Zeichen für die Heilung meines Drüsensystems ist. Ich habe heute wieder täglich Stuhlgang, was zuvor jahrelang nicht mehr der Fall gewesen war.

Ich hätte nie gedacht, dass allein eine Ernährungsumstellung ein solches Wohlbefinden bewirken kann. Dabei habe ich das Gefühl, dass vor allem die Fleischbrühe das Fundament meiner Genesung bildet. Heute fragen mich meine Freundinnen, was ich in meinem Leben verändert habe, um so gut auszusehen. Also gehe ich mit ihnen in die Küche und zeige ihnen, wie Brühe zubereitet wird.

Annie: Befreiung von quälenden Schmerzen und Zahnfäule

Annie Dru Allshouse entdeckte die Brühe für sich, als sie unter quälenden Schmerzen litt. Sie las Sally Fallon Morells Buch *Nourishing Traditions* und beschloss, durch gesundes Kochen ihre Gesundheit zurückzuerlangen. Sie begann, Kraftbrühen zu kochen – und vom ersten Löffel an spürte sie, wie ihre Zellen aufwachten. Nach neun Monaten waren die Schmerzen verschwunden. Ihre Beweglichkeit war zurückgekehrt und ihre depressiven Stimmungsschwankungen gehörten der Vergangenheit an. Sie fand es unglaublich, dass etwas so Einfaches wie Kraftbrühe eine solche Heilwirkung besitzt! Auch wenn man wenig darüber hört und liest, besteht doch eine wissenschaftlich nachgewiesene Verbindung zwischen Darm und Gehirn: *Alles, was heilend auf den Verdauungstrakt einwirkt, setzt im Gehirn chemische Stoffe frei, die stimmungsaufhellend wirken.*

Annies Sohn entwickelte sich zum Brühen-Fan, als der Zahnarzt bei dem Teenager eine Wurzelbehandlung machen wollte. Er hatte miterlebt, welche Wunder die Kraftbrühen bei seiner Mutter bewirkten, und bat sie, ihm dabei zu helfen, den Zahn zu retten. Er machte die Brühe zum festen Bestandteil seiner Heildiät, und nach einem Jahr bescheinigte ihm der Zahnarzt kerngesunde Zähne.

Kim Schuette: Mit Brühe hilft sie ihren Klienten

Die Ernährungsberaterin und GAPS-Therapeutin Kim Schuette betreibt in Südkalifornien das Gesundheitszentrum Biodynamic Wellness. Dort hilft sie schon seit über einem Jahrzehnt ihren Klienten mit Ernährungsumstellungen, zu denen auch die Aufnahme von Kraftbrühe in den täglichen Speiseplan gehört.

Kim berichtet uns von einigen ihrer bemerkenswerten Heilerfolge:

Als meine Freundin sich einen komplizierten Fußbruch zuzog, sagte ihr der Arzt, die Heilung würde sechs Wochen beanspruchen. Sie trank täglich einen Liter Knochen-Kraftbrühe und nahm einige Nahrungsergänzungsmittel ein, zum Beispiel Dorschleberöl. So heilte der Bruch in nur drei Wochen.

Conner, der Sohn einer meiner Klientinnen, litt an genetisch bedingten Krampfanfällen, die 40- bis 120-mal am Tag auftraten. Seine Mutter kam zu mir, nachdem sie bereits zahlreiche Ärzte konsultiert hatte. Ich gab ihr ein Rezept für eine Fleischbrühe, die speziell auf Conners Bedürfnisse abgestimmt war. Sie schaute mich an und sagte: »Ich weiß noch nicht mal, wie man ein Ei kocht.« Also fuhr ich zu ihr nach Hause und brachte ihr Kochen bei. Einen Monat später kam sie zu mir, von neuer Energie und Lebensmut erfüllt, weil sie nun selbst für ihre Gesundheit und die ihrer Familie sorgen konnte. Conner ging es nach und nach besser, und schließlich verschwanden die Krampfanfälle völlig. Heute nimmt er an einem GAPS-Programm zur Darmheilung teil und macht gute Fortschritte. Seine Eltern sind begeistert!

Wenn meine Klienten erleben, welche Heilwirkung Kraftbrühe hat, finden sie es sehr befriedigend, dass sie diese Wirkung selbst herbeigeführt haben – in der eigenen Küche. Gesundes Essen selbst zuzubereiten bringt Entschleunigung und Muße in unser Leben. In unserer stressigen Zeit sagen viele Menschen, sie hätten keine Zeit, um selbst zu kochen. Was sie damit in Wahrheit sagen, ist: »Ich habe keine Zeit, gut für mich selbst zu sorgen.« Und, wie Louise immer wieder gerne betont: Das ist eine Affirmation! Seit den Anfängen der Menschheit mussten wir immer schon jagen, sammeln und Essen zubereiten. Heute stehen viele Menschen unter so großem Zeitdruck, dass sie diesem grundlegenden Bestandteil unseres Menschseins keinen Platz mehr einräumen!

Wenn meine Klienten sich besser fühlen, finden sie meistens Gefallen am Kochen. Wenn der Darm heilt, stabilisiert sich ihre Gehirnchemie, sodass Stimmung und Energie wieder ins Gleichgewicht kommen. Dann sind sie hoch motiviert, sich gut zu ernähren und gut für sich selbst und ihre Lieben zu sorgen.

Ariane Resnick:

Lyme-Borreliose, Hashimoto und Fruchtbarkeit

Ariane Resnick, Autorin des Buches *Superfood Knochenbrühe: Gesundheitselixier, Heiltrunk und Faltenkiller aus dem Suppentopf*, ernährte sich fast 30 Jahre lang vegetarisch. Als sie anfing, als zertifizierte Ernährungsberaterin und Mietköchin zu arbeiten, musste sie oft Mahlzeiten für Menschen mit bestimmten Unverträglichkeiten zubereiten (glutenfrei, laktosefrei, sojafrei und so weiter). Wenn alle diese problematischen Zutaten weggelassen wurden, nahm das Fleisch wieder einen größeren Stellenwert ein.

Bei der Arbeit mit ihren Klienten stellte sie nicht nur fest, dass Kraftbrühe voller kostbarer Nährstoffe steckt, sondern sie änderte ihre Meinung über Fleisch völlig. Ariane litt an einem chronisch/neurologischen Spätstadium der Lyme-Borreliose, und Kraftbrühe wurde für sie zu einer entscheidend wichtigen Heilnahrung. In der Phase, als es ihr am schlechtesten ging, litt sie an Fibromyalgie und konnte nur wenige Schritte gehen. Doch mit der Kraftbrühe besserte sich ihr Zustand, und ähnlich bemerkenswerte Fortschritte beobachtete sie auch bei ihren Klientinnen und Klienten.

Zum Beispiel war eine ihrer Klientinnen an Hashimoto-Thyreoiditis (einer Autoimmun-Erkrankung, bei der das Immunsystem die Schilddrüse angreift) und am Leaky-Gut-Syndrom (»undichter Darm«) erkrankt und wollte wieder gesund werden, um ein Kind bekommen zu können. Während mehrerer Jahre hatte sie es immer wieder erfolglos mit der In-vitro-Fertilisation versucht. Ariane verordnete ihr Kurkumatee und literweise Kraftbrühe, um die Entzündungsprozesse zu lindern, den Darm zu heilen und den Körper zu kräftigen. Als die Klientin, nachdem sie diese Behandlung eine Weile angewandt hatte, erneut eine In-vitro-Fertilisation vornehmen ließ, war der Arzt erstaunt, wie kräftig ihre Eizellen nun waren! Heute ist Arianes Klientin mit Zwillingen schwanger und erzählt allen, dass das ihre Kraftbrühen-Wunderbabys sind!

Ariane ist überzeugt, dass das Essen der heiligste Teil unseres Lebens ist, weil wir ganz buchstäblich sind, was wir essen. Sie wirbt leidenschaftlich für Kraftbrühe, weil sie glaubt, dass diese einfache, aus Essensresten zubereitete Speise außerordentlich reich an bioverfügbaren, leicht verdaulichen Zutaten ist.

Und jetzt:

Ihre Heilungsgeschichte

Ich bin gesund und führe ein erfülltes Leben. Wie fühlen Sie sich, wenn Sie diesen Satz lesen? Manchmal leiden wir unter Krankheitssymptomen, oder der Arzt stellt eine beunruhigende Diagnose. Dann bekommen wir Angst und vergessen, auf die Selbstheilungskräfte unseres Körpers zu vertrauen. Vielleicht werden wir sogar wütend, dass sich unser Körper in so einem Zustand befindet. Denken Sie daran: Die Gedanken, die Sie denken, und die Worte, die Sie aussprechen, sind sehr wichtig. Was wäre, wenn Sie daran glauben, dass Ihre Symptome Botschaften Ihres Körpers sind, der Sie auffordert, liebevolle Schritte zur Selbstheilung zu unternehmen?

Wir laden Sie dazu ein, auf Ihren Körper zu hören und sich von ihm führen zu lassen. Die folgende Affirmation können Sie jederzeit anwenden, um Ihr Vertrauen in die Signale des Körpers zu stärken und Gesundheit zu affirmieren:

> In der Unendlichkeit allen Lebens, in der ich existiere, ist alles perfekt und in Harmonie. Jedem Menschen, auch mir, wohnt die Fähigkeit inne, sich selbst zu heilen. Ich blicke jetzt liebevoll auf meine Vergangenheit. Ich bin bereit, aus meinen Erfahrungen zu lernen und neue Wege zu beschreiten. Ich bin offen dafür, mich selbst so sehr zu lieben, dass ich täglich kleine, sanfte Schritte unternehme, die mich stärken und heilen. Ich vertraue darauf, dass mein Körper mich in jedem Augenblick führt. Wenn sich ein Symptom bemerkbar macht, nehme ich mir die Zeit, das Symptom zu fragen, welche Botschaft es für mich hat. Dann umhülle ich es mit Liebe und danke ihm, dass es mir die Augen dafür öffnet, wie ich besser für mich sorgen kann. Mein Körper ist großartig, und ich versorge ihn mit der Nahrung, die am besten für ihn ist.
>
> Die Vergangenheit ist vorbei und abgeschlossen. Es gibt nur die Erfahrung des gegenwärtigen Augenblicks. Ich liebe mich dafür, dass ich mich durch meine Vergangenheit hindurch in diesen Augenblick gebracht habe. Ich achte darauf, was meine wahren Bedürfnisse sind, und ich lebe meine Wahrheit. Ich weiß, dass ich Heilung verdiene. Alles ist gut in meiner Welt. Und so ist es.

Kräuter und Gewürze richtig einsetzen

Hier finden Sie eine Liste gebräuchlicher Kräuter und Gewürze, die auch in unseren Rezepten mit ihren köstlichen Aromen und beeindruckenden Heilkräften glänzen.

1. Die Basis

Meersalz sowie schwarzer und weißer Pfeffer lassen sich mit allen Kräutern und Gewürzen kombinieren. Sie tauchen in nahezu jedem Rezept auf, und das aus gutem Grund!

- Meersalz oder rosafarbenes Himalajasalz. Diese Salzsorten verleihen einem Gericht Geschmack und verstärken die Aromen der anderen Zutaten (wobei man es mit dem Salzen nie übertreiben sollte). Diese natürlichen Salze enthalten wichtige Spurenelemente. Wenn Sie sich mit Mineralstoffen beschäftigen, werden Sie feststellen, dass sie sozusagen die Zündkerzen des Körpers sind und uns Energie liefern. Zugleich erden sie uns und verleihen uns innere Ruhe und Gelassenheit. Das ist gerade bei süßen Speisen wichtig, damit unser Körper im Gleichgewicht bleibt. Man kann diese beiden natürlichen Salze abwechselnd benutzen oder mischen, wodurch man die etwas unterschiedliche mineralische Zusammensetzung beider Salze für den Körper verfügbar macht.
- Schwarzer Pfeffer. Im Mittelalter galt er als der »König der Gewürze«. Das ist ein angemessener Titel: Besonders der indische schwarze Pfeffer ist reich an Nährstoffen, die die Verdauung unterstützen. Und alle Sorten des schwarzen Pfeffers regen die Verdauung an, beugen Verstopfung vor oder beseitigen sie und wirken regulierend auf Herz und Kreislauf. Auch verbessert schwarzer Pfeffer die Gedächtnisleistung und die Gesundheit der Schilddrüse.[1] Wenn Sie möchten, können Sie schwarzen durch weißen Pfeffer ersetzen. Er weist einen ähnlichen Geschmack und vergleichbare gesundheitliche Vorzüge auf. Auch wenn normalerweise Desserts nicht mit Pfeffer zubereitet werden, finden Sie ihn in unseren Süßspeisen-Rezepten, weil eine Prise des »scharfen« Geschmacks ausgleichend und harmonisierend wirkt.

2. Kräuter

Sie können fast alle diese Kräuter miteinander kombinieren – es schmeckt immer gut!

Denken Sie daran, beim Würzen mit kleinen Mengen zu beginnen (1 kleine Messerspitze) und anschließend zu probieren.

Hier listen wir einige häufig verwendete Kräuter und ihre gesundheitlichen Wirkungen auf:

- Basilikum wirkt positiv bei Typ-2-Diabetes, erhöhtem Cholesterinspiegel, Schmerzen, Stress, Geschwüren und erhöhten Triglyceridwerten.
- Dill passt sehr gut zu Fisch, Gemüsegerichten und Dressings. Er fördert eine gesunde Verdauung, stärkt die Knochen und erzeugt innere Ruhe und Ausgeglichenheit.
- Estragon ist eine gute Quelle für Antioxidanzien, Mineralstoffe und die Vitamine A, B-Komplex und Vitamin C. Er trägt zu einer guten Herz- und Augengesundheit bei und senkt den Blutzuckerspiegel.
- Lorbeerblätter helfen ausgezeichnet bei Gelenkschmerzen, Verdauungsproblemen, Geschwüren und Arthritis. Sie wirken krebshemmend, regulieren die Blutfettwerte und den Blutzuckerspiegel und können sogar bis zwei Stunden lang Stechmücken fernhalten!
- Minze wirkt Wunder gegen Verdauungsstörungen, Ängstlichkeit, Erschöpfung, verstopfte Nase, Wechseljahresbeschwerden, Menstruationskrämpfe und auch Allergien.
- Rosmarin hilft nachweislich bei ängstlicher Unruhe und arthritischen Schmerzen und bei der Regulierung des Blutzuckerspiegels. Auch hilft er Ihrem Gedächtnis auf die Sprünge und schützt die Haut vor der UV-Strahlung der Sonne.
- Salbei stärkt Gedächtnis, Herz und Haut. Bei Herpes, Krebs, Geschwüren, Schuppenflechte und Ekzemen unterstützt er die Heilung.
- Thymian ist ein vielseitiges Kraut, das wir in unserer Küche fast täglich nutzen. Es konnte wissenschaftlich nachgewiesen werden, dass Thymian den Alterungsprozess verlangsamt und gesund für das Herz ist. Auch bei Erkältungen, Kolitis, bakteriellen Infektionen und Geschwüren wurde seine Heilwirkung dokumentiert.[2]
- Zitronengras kann mit seinem zitronigen Aroma Ausgewogenheit in ein Rezept bringen. Wir verwenden es unter anderem in Pasteten und Desserts. Zitronengras hilft bei Ängstlichkeit und wirkt nachweislich lindernd bei Typ-2-Diabetes, Epilepsie, Schlafstörungen, Krebs, erhöhten Cholesterinwerten, Candida-Infektionen, erhöhten Triglyceridwerten und Scheidenpilzinfektionen.

3. Chinesische Kräuter

Diese Kräuter besitzen wunderbare Heileigenschaften. Sie werden in Eyton Shaloms Rezepten verwendet (siehe Rezeptteil).

- Astralagus-Wurzel (Huang Qi). Dieses adaptogene Kraut (»adaptogen« bedeutet, dass es dem Körper dabei hilft, Stress besser zu bewältigen) bringt unser Immunsystem auf Trab und wird in der chinesischen Medizin als Stärkungs- und Vitalitätsmittel angewendet.
- Bai He (Lilienzwiebel). Bai He hilft bei chronischem Husten, dient zur Reinigung der Lunge, fördert einen guten Schlaf und beruhigt den Geist. Nicht bei Durchfall einnehmen.
- Dangshen-Wurzel (Codonopsis pilosula). Diese adaptogene Wurzel wird manchmal als »Ginseng des armen Mannes« bezeichnet, weil sie eine ähnlich stärkende und belebende Wirkung aufweist wie der Ginseng. Man wendet sie außerdem gegen Schleim in der Lunge sowie bei Kopfschmerzen, Durchfall, Hämorriden und Bluthochdruck an.
- Dioscorea (Shan Yao). Dioscorea, auch als chinesische Yamswurzel bezeichnet, wird in der traditionellen chinesischen Medizin als Stärkungsmittel, zur Verbesserung der Blutbildung und bei mit innerer Hitze in Zusammenhang stehenden Krankheitsbildern eingesetzt.
- Dong Quai (Angelica sinensis). Dieses Kraut hilft bei Wechseljahresbeschwerden und dem prämenstruellen Syndrom (PMS), aber es bringt auch bei Männern den Hormonhaushalt ins Gleichgewicht. In der Schwangerschaft soll dieses Kraut nicht eingenommen werden, ebenso nicht bei Durchfall oder Bauchschmerzen.
- Gojibeeren. Sie werden auch Chinesische Wolfsbeeren genannt und gelten als sogenanntes »Superfood«, weil sie angeblich für ein langes Leben sorgen. Sie sind reich an Antioxidanzien, Vitaminen und Mineralstoffen und werden in der chinesischen Medizin eingesetzt, um Nieren, Lunge und Leber zu stärken.
- Mai Men Dong (Schlangenbart-Wurzel). Diese Wurzel wird in der chinesischen Medizin zur Bekämpfung von Entzündungen, zum Schutz vor bakteriellen Infektionen, bei Verstopfung und zur Stärkung des Magens eingesetzt.
- Schisandra (Wu Wei Zi; Chinesisches Spaltkörbchen). Wu Wei Zi nimmt man in der chinesischen Medizin zur Beruhigung, um die Haut zu reinigen und die Leber zu stärken.

4. Gewürze

Wie die Kräuter lassen sich auch die meisten Gewürze gut miteinander kombinieren. Da kann man fast nichts falsch machen. Verlassen Sie sich auf Ihre Intuition und Sinne und entwickeln Sie eigene Rezepte!

- Bockshornklee hilft beim Abnehmen, wirkt stimmungsaufhellend, harmonisiert den Blutzuckerspiegel und ist wirksam bei grauem Star, Nieren- und Gallensteinen. Er kann auch dabei helfen, eine nicht durch Alkoholmissbrauch hervorgerufene Fettleber zu verhüten oder zu heilen.

- Fenchel kann gegen Arthritis helfen, lindert Krämpfe (gilt auch für Menstruationskrämpfe) und Koliken. Außerdem fördert er eine gute Verdauung und wirkt entzündungshemmend.
- Gewürznelken sind gut für Zähne und Zahnfleisch, bekämpfen schädliche Bakterien, zum Beispiel H. pylori (verantwortlich für Magen- und Zwölffingerdarmgeschwüre), und wirken gegen Herpes- und Hepatitis-C-Viren.
- Ingwer ist ein entzündungshemmendes Gewürz, das gegen Arthritis, Übelkeit und Migräne helfen kann. Und er wirkt sehr wohltuend auf die Verdauung ein.
- Kardamom hilft gegen Asthma, Verstopfung, Mundgeruch und Reizmagen. Es wurde wissenschaftlich nachgewiesen, dass Kardamom den Blutdruck und den Histaminspiegel senkt.
- Koriander reguliert die Verdauung, lindert Blähungen, senkt Cholesterinwerte und Blutdruck. Auch hilft er bei Hautproblemen (zum Beispiel Rosazea und Ekzem) und Scheidenpilzinfektionen.
- Kreuzkümmel stärkt die Knochen und ist ein bei Krebs, Epilepsie und Typ-2-Diabetes heilend einwirkendes Gewürz.
- Kümmelsamen sind tolle Verdauungshelfer, wirken gegen Verstopfung und Säurereflux und regulieren den Cholesterinspiegel.
- Kurkuma hilft sehr gut, wenn Sie unter Arthritis, Schwellungen oder unter Entzündungen während der Menstruation leiden sowie bei Autoimmunkrankheiten. Auch der Haut tut Kurkuma sehr gut. Das Gewürz ist ein natürliches Antifaltenmittel. Bei Belastungen durch die UV-Strahlung der Sonne oder durch Röntgenstrahlung wirkt es stärkend und schützend.
- Muskatnuss kann helfen, die Haut vor Falten und UV-Schäden zu schützen. Sie wirkt Ängstlichkeit und Depressionen entgegen und lindert durch Viren verursachte Durchfälle. Auch konnte wissenschaftlich nachgewiesen werden, dass Muskatnuss aphrodisische Eigenschaften besitzt und die Libido steigern kann.
- Paprika unterstützt die Verdauung, stärkt Herz und Kreislauf, wirkt antibakteriell und entzündungshemmend und enthält die Vitamine A, E, K und C.
- Piment ist ein sehr aromatisches Gewürz mit stark antioxidativer Wirkung. Es passt zu fast allen Gerichten. Piment hilft gegen Wechseljahresbeschwerden und zu hohen Blutdruck und enthält außerdem über 24 heilkräftige Bestandteile.
- Safran hilft nachweislich bei psychischen Beschwerden (zum Beispiel Depressionen oder Angstzuständen), Schlafstörungen,

Bluthochdruck, Menstruationskrämpfen, multipler Sklerose, der Parkinson'schen Krankheit, Vergesslichkeit und Erektionsstörungen.

- Ein spezieller Hinweis zur Vanille: Wir sehen Vanille als ein Gewürz, das Fülle in ein Rezept bringt. In Desserts sorgt sie für einen reichen, sinnlichen Geschmack. Brot oder Gebäck verleiht Vanille ein süßliches, kuchenartiges Aroma. Auch der Geschmack von Schokolade wird intensiver. Doch obwohl Vanille Süße in ein Rezept bringt, enthält sie überhaupt keinen Zucker! Aus der Sicht der ayurvedischen Medizin gehört Vanille zur natürlich süßen Geschmacksrichtung. Sie ist reich an Antioxidanzien und kann in herzhaften Butter- oder Sahnesaucen eingesetzt werden, um ihnen ein reicheres, intensiveres Aroma zu verleihen. Wenn Sie etwas Erfahrung mit dem Einsatz von Vanille gesammelt haben, können Sie bei jedem Rezept entscheiden, ob sie die Schoten (etwas mehr Aufwand, aber mit einem wunderbaren Geschmacksergebnis), Vanillepulver oder Vanilleextrakt verwenden wollen.[3]
- Zimt wirkt entzündungshemmend, fördert eine gesunde Darmflora und harmonisiert den Blutzuckerspiegel

(was den Heißhunger auf Süßes reduziert). Er ist außerdem gesund für das Herz und kann Diabetes vorbeugen.

Kräuter und Gewürze und die sechs Geschmacksrichtungen[4]

In unseren Rezepten verwenden wir Kräuter und Gewürze wegen des Geschmacks und wegen ihrer medizinischen Wirkung. Außerdem verwenden wir sie, um in einem Rezept Harmonie und Ausgewogenheit herzustellen. Die Lebensmittelindustrie produziert heute Nahrungsmittel, die bewusst unausgewogen komponiert sind – zu süß, zu salzig, zu fett –, um unser Sättigungsgefühl auszutricksen. Der Körper möchte dann immer mehr von diesen Nahrungsmitteln essen, was der Industrie hohe Umsätze garantiert. Wenn Sie hingegen beim Kochen die sechs Geschmacksrichtungen ausgewogen berücksichtigen, fühlt sich der Körper nach einer Mahlzeit angenehm gesättigt und geerdet. Das sorgt für innere Ausgeglichenheit und ein besseres Konzentrationsvermögen. Bei Desserts bedeutet das, dass Sie nach ein oder zwei Cookies angenehm gesättigt sind, statt alle auf einmal essen zu wollen.

Diese wohltuende Ausgewogenheit haben wir bei allen Rezepten in diesem Buch berücksichtigt, sodass Sie sich bei ihnen keine Gedanken um die Komposition der sechs Geschmacksrichtungen machen müssen. Für diejenigen unter Ihnen, die gerne experimentieren, ist die nachfolgende Tabelle zu den sechs Geschmacksrichtungen gedacht. Hier sehen Sie, welche Kräuter und Gewürze Sie in Ihren eigenen Rezepten einsetzen können, um die gewünschte Ausgewogenheit zu erreichen.

Wie Sie in fünf einfachen Schritten zum Kräuter- und Gewürzexperten werden:

1. Kaufen Sie sich einige bekannte und beliebte Kräuter und Gewürze (siehe die Liste ab Seite 334).
2. Verwenden Sie die in unseren Rezepten aufgeführten Gewürze und achten Sie auf deren Geschmack. Gute Köche probieren während des Kochens! Bei vielen Rezepten geben wir optionale Gewürze an, die Sie verwenden können, wenn Sie das möchten – kosten Sie, wie das Gericht schmeckt, bevor Sie eines der Gewürze hinzufügen, und danach. Achten Sie auf den Unterschied. So lernen Sie, welche Gewürze Ihnen gut schmecken und wie Ihr Körper darauf reagiert.
   Nehmen Sie sich etwas Zeit für das Schokoladen-Experiment in unserem Cookie-Rezept (Kapitel 11 Seite 281). Wir stellen Ihnen dort vier Geschmacksvarianten vor, bei denen von Variante zu Variante mehr Gewürze dazugegeben werden. So lernen Sie, unterschiedliche Aromen zu kombinieren oder übereinanderzulegen, und finden heraus, womit Ihr Körper am besten harmoniert.

Geschmack und medizinische Eigenschaften	Kraut, Gewürz oder Aroma
Süß Wirkt stärkend, reinigend und kühlend, verlangsamend und entspannend, baut Gewebe auf und kräftigt es, liefert Energie.	Dill, Estragon, Fenchel, Kardamom, Koriander, Minze, Muskatnuss, Piment, Vanille, Zimt
Salzig Kühlende Wirkung, spendet Feuchtigkeit, Verhärtungen und Steifigkeit werden gebessert, wirkt verdauungsfördernd und entgiftend.	Meersalz, rosa Himalajasalz, Fischsauce, Umeboshi-Pflaume, Bonitoflocken, Tamari, Meeresalgen
Sauer Kühlende Wirkung, hilft bei zu losem Gewebe oder bei Flüssigkeitsverlust, zum Beispiel starkes Schwitzen, Durchfall, Hämorriden, Senkung.	Granatapfel, Kümmel, Wacholderbeeren, Zitronengras
Herb/zusammenziehend Kühl, trocken und schwer, kann Blutungen stoppen und die Heilung von Geschwüren unterstützen, wirkt blutreinigend.	Basilikum, Dill, Estragon, Fenchel, Granatapfel, Safran, Zimt
Scharf Wärmende Wirkung, regt den Energiefluss an, verdauungsanregend, kann die Leberfunktion verbessern.	Bockshornklee, Gewürznelken, Hing (Asafoetida), Ingwer, Knoblauch, Kümmel, Kreuzkümmel, Lorbeerblätter, Oregano, Paprika, Piment, Rosmarin, Salbei, Selleriesamen, Thymian
Bitter Kühlende Wirkung, ein Flüssigkeitsüberschuss wird ausgetrocknet, exaltierte Persönlichkeiten werden beruhigt, hilft gegen Entzündungen und Verstopfung.	Bockshornklee, Estragon, Kreuzkümmel, Kurkuma, Lorbeerblätter, Safran

3. Nutzen Sie alle Sinne:
   - Riechen Sie an den Kräutern und Gewürzen und an dem Essen, das sie zubereiten. Oft werden Sie schon am Duft erkennen, ob ein Gewürz zu dem Gericht passt, das Sie kochen. Riechen sie ähnlich, als könnten sie zusammenpassen? Wenn ja, probieren Sie es aus – höchstwahrscheinlich haben Sie recht!
   - Wie reagiert Ihr Körper, wenn Sie das Essen probieren? Spüren Sie ein Gefühl der Befriedigung? Das geht über den bloßen Geschmack hinaus. Achten Sie darauf, wie Sie sich fühlen. Ihre Geschmacksknospen sind dafür geschaffen, Ihnen zu signalisieren, was Sie wirklich brauchen. Je öfter Sie diese benutzen, desto besser werden sie Sie leiten – besser als jeder Chefkoch es könnte. Fragen Sie den Körper, ob zur Ausgewogenheit und Abrundung noch etwas fehlt.
   - Gebrauchen Sie Ihre Intuition. Wenn Sie vor dem Gewürzregal stehen, lassen Sie sich intuitiv zu den Kräutern und Gewürzen leiten, die Sie im Hinblick auf das zu kochende Gericht besonders ansprechen. Manchmal, ohne bewusst zu wissen, warum, werden Sie sich von genau den Gewürzen angezogen fühlen, deren Heilkräfte Ihr Körper gerade jetzt benötigt. Das kann viel Freude bereiten und ist ein toller Weg, Ihre Intuition zu entwickeln!
4. Fangen Sie immer mit einer kleinen Menge an. Wenn Sie von einem Kraut oder Gewürz nur eine kleine Messerspitze nehmen, kann eigentlich nichts schiefgehen. Rühren Sie gut um, probieren Sie und nehmen Sie dann bei Bedarf eine weitere Messerspitze. Eine andere Möglichkeit ist es, zunächst eine Kostprobe von dem Gericht, das Sie gerade kochen, in eine Tasse zu füllen, in der Tasse eine Prise des Krauts oder Gewürzes unterzumischen und zu probieren. Auf diese Weise besteht keine Gefahr, dass Sie das Gericht ruinieren.
5. Legen Sie einfach los! Probieren Sie Neues aus. Experimentieren Sie. Uns geht es oft so, dass etwas, das wir für einen Fehler halten, sich im Nachhinein als ein besonders gut schmeckendes Essen entpuppt! Wenn Sie Angst haben, Fehler zu machen, entgeht Ihnen der ganze Spaß, den Sie haben können, wenn Sie sich voller Neugierde und Lust auf neue Koch-Abenteuer und -Entdeckungen einlassen.

sealed for freshness

Mitwirkende bei den Rezepten

Im Lauf der Jahre, die wir jetzt schon aktiver Teil der Bewegung hin zur traditionellen, naturverbundenen Ernährung sind, haben wir zahlreiche hoch begabte Küchenchefs, Metzger, Farmer, Ernährungsspezialisten, Therapeuten und Berater kennengelernt, die sich leidenschaftlich für eine nachhaltige Vollwerternährung engagieren. Daher fanden wir es überaus faszinierend, einige ihrer Rezepte in unser Buch aufzunehmen, um Ihnen einen Einblick zu verschaffen, wie diese Profis Brühen und auf Brühen basierende Gerichte zubereiten.

Nachfolgend stellen wir Ihnen diese Menschen kurz vor, sodass Sie ein wenig darüber erfahren, wer sie sind und womit sie sich beruflich beschäftigen.

Caroline Barringer

Caroline ist zertifizierte Expertin für Heilernährung und Buchautorin. Sie leitet in den USA für Dr. Natasha Campbell-McBride die Ausbildung für GAPS-Therapeuten *(»GAPS« bedeutet: Gut and Physiology Syndrome).* Ihre berufliche Laufbahn begann sie als professionelle Sängerin und Sprecherin. Als sie mit Anfang zwanzig wegen gesundheitlicher Probleme auf die uralte Methode der Herstellung milchsauer eingelegter Speisen stieß, stellte sie eigene Recherchen über die Möglichkeit an, eine Vielzahl von Lebensmitteln auf diese Weise zu fermentieren. Sie wechselte ihren Beruf und machte die milchsauren Lebensmittel sowie die Ernährungsberatung zu ihrem neuen beruflichen Schwerpunkt.

Caroline war 15 Jahre lang Vegetarierin und versuchte, mit rein vegetarischer Nahrung gesund zu werden. Doch nach mehreren Krankheiten spürte sie, dass in ihrer Ernährung offenbar etwas Wichtiges fehlte. Anfangs aß sie Fleisch- und Knochenbrühe nur widerstrebend. Sie wollte nicht am Leid der Tiere mitschuldig sein. Dann fand sie heraus, dass sie sich für Tierprodukte aus artgerechter, ökologischer Haltung entscheiden konnte, aber sie war immer noch nicht bereit, wieder Fleisch zu essen. Brühe schien ein guter Kompromiss zu sein.

Caroline war erstaunt, wie positiv sich die Kraftbrühe auf ihre Gesundheit auswirkte. Sie schöpfte neue Kraft, ihre Verdauung verbesserte sich und heute, mit 41 Jahren, hat sie fast keine Falten. Sie schreibt ihre gute Gesundheit der Kraftbrühe zu, die zum festen Teil ihres Lebens geworden ist.

Weitere Informationen über Caroline finden Sie auf:

Immunitrition.com und

freewayfoodies.com.

Nick Brune

Nick Brune wuchs in Baton Rouge, Louisiana, auf, dem »Land der Gewürze«. Mit dem Kochen begann er schon in früher Jugend. Da ihn die Kunst des Würzens und Komponierens von Gerichten faszinierte, ging er nach Los Angeles und arbeitete als Chefkoch für einige der führenden Cateringfirmen, wo er bei großen Galas und Kulturevents für das leibliche Wohl der Gäste sorgte. 2007 gründete Nick zusammen mit Adam Hiner die Firma Eco Caters, um in Südkalifornien ein Catering mit frischen, saisonalen Bioprodukten anzubieten. 2011 eröffneten Nick und Adam in San Diego das neue Biorestaurant *Local Habit*.

Nick wuchs mit der Liebe zum Land und den alten landwirtschaftlichen Traditionen auf. Sein Großvater war Farmer in Texas. Doch vor 60 Jahren wies die Regierung Nicks Großvater an, seine Farmmethoden zu ändern. Die neuen Regierungsvorschriften beinhalteten Praktiken, die nicht gut für das Land, die Tiere und die Menschen waren. Also traf Nicks Großvater die schwere Entscheidung, seine Farm aufzugeben. Das überzeugte Eintreten seines Großvaters für eine Landwirtschaft im Einklang mit der Natur und Nicks eigene Beobachtung, welche Folgen die Massentierhaltung hatte und wie die Flüsse in seiner Heimatstadt immer stärker verschmutzt wurden, veranlassten ihn, sich für einen grundlegenden Wandel von Ernährung und Landwirtschaft zu engagieren.

Und ungeachtet all dieser Dinge bereitet es Nick einfach großes Vergnügen, gut für andere zu kochen! Diese Leidenschaft speist sich aus dem Schmelztiegel seiner Kindheit in Louisiana, wo aus europäischen, afrikanischen und indianischen Einflüssen die kreolische Kultur und Küche entstand. Nick liebt den Jazz, der sich entwickelte, als Menschen europäischer und afrikanischer Abstammung ihre Musiktraditionen mischten und daraus etwas Neues erschufen – gemeinsam.

Und das ist Nicks Botschaft: Gemeinsam geht es besser! Lasst uns gemeinsam – Menschen aus allen Kulturen – liebevolle Wege finden, nachhaltig das Land zu bewirtschaften und gut für die Tiere zu sorgen. Lasst uns auf diese Weise gemeinsam Lebensmittel produzieren, die gut für unsere Körper sind, uns stark und gesund machen. Und so können wir gesund und munter zusammen Musik machen.

Mehr über Nick erfahren Sie auf:

Ecocaters.com.

Kaayla T. Daniel

Kaayla Daniel ist Ernährungswissenschaftlerin und Anti-Aging-Expertin. Sie ist stellvertretende Vorsitzende der Weston A. Price Foundation und engagiert sich für nachhaltige Landwirtschaft und Verbraucherschutz. 2005 wurde sie von der Weston A. Price Foundation mit dem Preis für wissenschaftliche Integrität ausgezeichnet. Mit Sally Fallon Morell veröffentlichte sie den Bestseller *Die Super-Suppe: Nährstoffwunder Knochen- und Fleischbrühe: Jahrhundertealtes Ernährungswissen und neue Rezepte.*

Kaayla erinnert sich noch gut an ihre Zeit auf dem College. Die übliche Studentennahrung aus Fast Food und Coca-Cola erwies sich für sie als so ungesund, dass sie sich von da an für natürliche Ernährung interessierte. In den 1990er-Jahren forschte Kaalya bei Dr. John F. Prudden, dem »Vater der Knorpeltherapie«. Jahrelang erforschte sie dort die therapeutische Wirkung von Rinderknorpel beim Menschen, was eine ideale Grundlage für ihr Buch über Kraftbrühen war, das sie dann mit Sally Fallon Morell schrieb.

Heute ist Kaayla dafür bekannt, dass sie in ihren Vorträgen mit bissigem Humor falsche Ernährungsmythen entlarvt.

Lesen Sie mehr auf:
drkaayladaniel.com.

Dave Heafner und Leslie Pesic

Dave Heafner und Leslie Pesic betreiben die Da-Le Ranch, einen kleinen ökologischen Farmbetrieb außerhalb von San Diego. Ihre Tiere leben in Weidehaltung und werden liebevoll behandelt, vom Anfang bis zum Ende. Dave hatte die Vision, eine Farm zu bewirtschaften, und Leslie ist die »Tierflüsterin« – laut Dave hat sie eine besondere Gabe im Umgang mit den Tieren. Dave und Leslie haben ihre ganz eigene Art, Brühe zuzubereiten, und wir können nur sagen: Diese Brühe schmeckt einfach köstlich!

Wir begegneten Dave auf einem örtlichen Erzeugermarkt, als wir für dieses Buch recherchierten, und möchten Ihnen gerne seine interessante Geschichte erzählen: Dave war in der Finanzindustrie sehr erfolgreich, doch dann hatte er eine Nahtod-Erfahrung. Sie zog eine Kette von Ereignissen nach sich, während deren er sein gesamtes Vermögen verlor. Es war Zeit für eine seelische Bestandsaufnahme, bei der Dave erkannte, dass er zwar eine Menge Geld verdient, sich selbst dabei aber verloren hatte.

Als er darüber nachdachte, was ihm wirklich wichtig war, spürte er in sich den Wunsch, Farmer zu werden und mit der Natur zusammenzuarbeiten. Die Landwirtschaft machte ihm große Freude, aber die Entscheidung, wirklich Farmer von Beruf zu werden, traf er, als einer seiner Kunden ihn überzeugte, seine Erzeugnisse auf lokalen Märkten anzubieten. Die Kunden kamen mit Tränen in den Augen zu ihm und dankten ihm für seine Produkte, die sie an ihre Kindheit erinnerten. Die Menschen kamen zu ihm, weil sie gesundes Essen suchten. Das bewegte Dave so sehr, dass er zusammen mit Leslie beschloss, die Leute aus der Umgebung mit Fleisch, Geflügel und Eiern (sogar wundervolle, große Gänseeier!) von glücklichen, auf der Weide gehaltenen Tieren zu versorgen. Außerdem verkaufen die beiden Knochen speziell zur Brühenherstellung und bereiten auf Bestellung fertige Brühen für ihre Stammkunden zu. Und sie sind stets bestrebt, ihre Tiere so gesund wie möglich zu füttern. So verwenden sie zum Beispiel fermentiertes Gras, das die Tiere besonders gern mögen.

Sie mussten mit ihrer Farm manche Herausforderung bestehen, und es gab Monate, in denen sie nicht wussten, ob sie in der Lage sein würden, die Hypothekenraten aufzubringen. Aber sie blieben ihrem Traum treu, und irgendwie fügte sich doch immer alles.

Das Gespräch mit Dave erinnerte uns daran, wie wichtig es ist, an unsere Träume zu glauben und uns nicht vom Weg abbringen zu lassen. Viele von uns träumen von einem Leben auf dem Land, im Einklang mit der Natur, aber Farmer wie Dave und Leslie sind es, die diese Ideale mit Leben erfüllen. Bei jeder gesunden, nachhaltigen Mahlzeit ziehen wir den Hut vor ihnen.

Mehr über Dave und Leslie erfahren Sie auf:

da-le-ranch.com.

Rhonda Lenair

Rhonda Lenair ist eine Prophetin und medial begabte Therapeutin. Sie ist bekannt dafür, dass sie weltweit schon Zehntausende Klienten von Suchtkrankheiten geheilt hat. Als mediale Heilerin wird sie immer wieder mit Edgar Cayce verglichen, dem »schlafenden Propheten«.

Rhonda entwickelte ein nicht-medizinisches Programm, das sie als Selbst-Heilungs-Erfahrung (SHE) bezeichnet. Die Teilnehmer erhalten unmittelbaren Zugang zu einem Zustand der Erleuchtung und innerem Frieden. SHE ermöglicht in bereits legendärer Weise, ein »vorhersagbares Wunder« zu produzieren, durch das Begierden und selbstzerstörerische Süchte und andere außer Kontrolle geratene persönliche Probleme mühelos, ohne Schmerzen oder medizinische Behandlungen aufgelöst werden.

Heather berichtet über ihre Arbeit mit Rhonda:

Ich las zufällig einen Artikel über Rhonda Lenair in einer lokalen Zeitschrift über natürliche Gesundheit. Ich hatte noch nie eine mediale Heilerin aufgesucht und wusste nicht, was ich davon halten sollte. Ich beschloss, es auszuprobieren und zu sehen, ob sie mir helfen konnte, meine Verdauungsbeschwerden zu überwinden.

Rhonda ist nicht wie andere mediale Heiler. Sie möchte nicht, dass die Klienten ihr Fragen beantworten. Sie schaut einfach in deinen Körper und dein Sein, und dann spiegelt sie dir wie Wasser wider, was sie sieht. Und was sie sieht, ist dein gesamtes »System« mit all seinen Möglichkeiten. Wenn sie spricht, dann als der Teil von dir, den du nicht hören kannst – sie teilt dir mit, was dein höchstes multidimensionales Selbst dich wissen lassen will. Rhonda half mir zu hören, wonach mein Körper und mein Leben inständig verlangten. Sie inspirierte mich, liebevoll für mich selbst zu sorgen. Dazu gehörte es, dass ich mir mein eigenes gesundes Essen kochte und damit meinen Körper nährte und heilte.

Mehr über Rhonda auf:
lenair.com.

Brian Merkel

Brian Merkel kam über Kunst, Design und Feinkost zum Metzgerhandwerk. 2009 eröffnete Merkel, Absolvent einer Kunstakademie, in Detroit Porktown Sausages & Charcuterie, eine Metzgerei für höchste Ansprüche, die nur erstklassiges Fleisch von lokalen Produzenten verarbeitete. Heute ist Brian der Chef-Metzger von Belcampo Butcher Shop & Restaurant in San Francisco. Belcampos Mission ist eine humane Tierhaltung, traditionelle landwirtschaftliche Methoden und eine vollständig dokumentierte Herkunft des verwendeten Fleisches.

Brian sagt: »Kraftbrühe haben wir im Belcampo ins Sortiment aufgenommen, weil die Kundschaft danach verlangte, vor allem aus gesundheitlichen Gründen. Da ich täglich mit der Brühe zu tun habe, trinke ich sie regelmäßig und habe festgestellt, dass mein Teint gesünder aussieht und meine Fingernägel kräftiger geworden sind. Heute wird uns die Brühe förmlich aus der Hand gerissen. Wir verkaufen sie nicht nur in Gläsern, sondern auch als ›Brühe to go‹ heiß in Kaffeebechern. Wir waren äußerst angenehm von der großen Nachfrage nach unserer Brühe überrascht.«

Sally Fallon Morell

Als Autorin des Kochbuch-Bestsellers *Nourishing Traditions* ist Sally Fallon Morell eine der führenden Expertinnen für die Rückkehr zu vollwertiger Ernährung, zu der Rohmilch, tierische Fette, Innereien, Kraftbrühen aus Knochen und milchsauer eingelegte Gemüse gehören. Die Gründungsvorsitzende der Weston A. Price Foundation kaufte mit ihrem Mann Geoffrey 2009 den P. A. Bowen Farmstead, einen Bauernhof, wo sie preisgekrönte Rohmilchkäse, Schweinefleisch, Geflügelfleisch und Eier produzieren. Sally ist eine überzeugte Verfechterin der ökologischen Landwirtschaft und der Weidehaltung sowie einer traditionellen, vollwertigen bäuerlichen Ernährung. Statt einer industriellen landwirtschaftlichen Massenproduktion tritt sie für kleine, ökologisch arbeitende Farmen ein.

Auf der Webseite WestonAPrice.org erfahren Sie mehr über Sally.

Nick Polizzi

Nick Polizzi dreht seit zehn Jahren Dokumentarfilme. Zu den Filmproduktionen, an denen er beteiligt war, gehören *The Sacred Science; Simply Raw: Reversing Diabetes in 30 Days;* und *The Tapping Solution.*

Während der Dreharbeiten zu seinem jüngsten Film *The Sacred Science* war Nick fasziniert von den exotischen Zutaten und Kochmethoden, die er im Amazonas-Regenwald in Peru kennenlernte. Die Rolle indigener Pflanzen in der Kultur der dortigen Indianerstämme faszinierte ihn so, dass er anfing, die traditionellen Rezepte abgelegener Kulturen auf der ganzen Welt zu erforschen.

Bei den traditionellen Gerichten, die in diesen alten Kulturen die Zeiten überdauerten, entdeckte Nick eine Gemeinsamkeit: Die Menschen gaben ihre Familienrezepte nicht nur von Generation zu Generation weiter, weil sie gut schmeckten, sondern weil sie Gesundheit und Wohlbefinden stärkten. In seinem neusten Buch *The Sacred Cookbook* hat er diese Rezepte gesammelt. Mehr Informationen über Nick finden Sie auf:

thesacredsience.com.

Price-Pottenger Nutrition Foundation

Die Price-Pottenger Ernährungsstiftung (PPNF) ist für uns wie eine Familie. Ihre Vision ist »eine Welt, wo optimale Ernährung der Normalfall ist, wo die Gesundheit aller Lebewesen durch eine intakte Umwelt gefördert wird und die Menschen gedeihen«. Ist das nicht großartig?

Die Stiftung bewahrt das Werk von Weston A. Price und Francis M. Pottenger für die Nachwelt, deren Forschungen die Ursachen für Krankheiten und Degeneration aufdeckten und zeigten, wie diese Zustände sich verhüten oder umkehren lassen. Daher ist es die Mission der PPNF, die Menschen über Ernährung und gesunden Lebensstil aufzuklären und über Möglichkeiten zur Wiederherstellung blühender Gesundheit.

Als wir die PPNF-Rezepte für dieses Buch auswählten, trafen wir uns mit der Geschäftsführerin der Stiftung, Joan Grinzi, dem Vorstandsmitglied und Herausgeber des Stiftungsjournals Edward Bennett und Annie Dru Allshouse (Beraterin des Vorstandes und Lehrerin für traditionelles Kochen). Joan, Ed und Annie sind überzeugte Kraftbrühen-Anhänger, die täglich Brühe essen. Sie haben die gesunde Wirkung der Kraftbrühen jeder auf andere Art für sich entdeckt: Ed wuchs mit und in einem Garten auf, wodurch er die Liebe zu natürlicher Nahrung entdeckte. Joans Mutter machte ihre Tochter mit dem Werk Edgar Cayces vertraut, was der Ausgangspunkt für ihre späteren Interessen war. Annie befreite sich mithilfe von Kraftbrühen von quälenden chronischen Schmerzen. Alle drei waren sich über ein wichtiges Prinzip einig: *Wenn man Brühe probiert, spürt man einfach, dass sie gut für uns ist.*

Mehr über die Price-Pottenger Nutrition Foundation erfahren Sie auf:

ppnf.org.

Ariane Resnick

Ariane Resnick ist Privatköchin und Ernährungsberaterin, die sich auf gesunde, schonende und zugleich überaus schmackhafte Gerichte aus biologischen, in traditioneller Landwirtschaft erzeugten Zutaten spezialisiert hat. Sie hat für Prominente wie Gwyneth Paltrow, Chris Martin, Matt Groening, Lisa Edelstein und Jeff Franklin gekocht, und Artikel über sie erschienen in zahlreichen Magazinen und Zeitschriften. Sie hat eine Lyme-Borreliose im Spätstadium und eine Vergiftung mit Chemikalien überstanden und beides mit holistischen Heilmethoden kuriert. Wenn sie nicht gerade köstliche und wunderschön arrangierte Menüs komponiert und zubereitet, die auf jede erdenkliche Art von diätetischer Einschränkung Rücksicht nehmen, berät Ariane Privatklienten und Profiköche in Sachen Wellness und Ernährung und lehrt einfaches, gesundes Kochen. Sie lebt in West Hollywood, Kalifornien.

Mehr über Ariane finden Sie auf:

arianecooks.com.

Aaron Rocchino

Aaron Rocchino und seine Frau Monica betreiben seit 2011 die Metzgerei Local Butcher Shop in Berkeley, Kalifornien. Aaron (ein gelernter Profikoch) und Monica (Chefin einer Catering-Firma) hatten erkannt, dass es kein befriedigendes Angebot an lokalem, artgerecht und ökologisch erzeugtem Fleisch gab. Heute bietet der Local Butcher Shop Fleisch und Geflügel aus artgerechter Weidehaltung an. Die beiden pflegen einen engen Kontakt zu den Farmern, von denen sie ihr Fleisch beziehen, sodass sie Reinheit und Qualität garantieren können. Die Kunden werden eingeladen, die Farmen zu besuchen und sich selbst ein Bild von der dortigen Tierhaltung zu machen.

Aaron und Monica nahmen Brühen in ihr

Sortiment auf, weil immer mehr Kunden danach fragten. Heute bieten sie eine Vielzahl von Brühenkompositionen an. Ihre Kraftbrühen sind gesund, enthalten sehr viel Gelatine und lassen sich für viele Rezepte verwenden (auch für Desserts), weil sie geschmacklich neutral sind.

Aarons Geheimtipp für die Brühenzubereitung: Eine längere Kochzeit ist nicht immer besser. Nach 36 Stunden gibt es einen Punkt, »wo die Kochzeit zu lang sein kann«, sagt er. Die Brühe kann dann bitter werden. Dieser Moment kommt für gewöhnlich dann, wenn die Knochen brüchig werden und sich aufzulösen beginnen. Aarons Brühenrezept finden Sie in Kapitel 4, und mehr über ihn erfahren Sie auf:

thelocalbutchershop.com.

Robert Ruiz

Robert Ruiz hielt sich während seines Collegestudiums durch fleißiges Jobben über Wasser. Dazu gehörte auch das Kochen und Saubermachen in einem Schnellimbiss. Als Ian Whittemore vom berühmten Kona Inn Restaurant auf Roberts Potenzial aufmerksam wurde, nahm Robert diese Chance, bei einem Meister in die Lehre zu gehen, begeistert wahr. Während der folgenden drei Jahre konzentrierte er sich auf die französische Küche. Diese intensive Ausbildung verhalf ihm zu einer Anstellung bei Alan Wong im Fünf-Sterne-Hotel Hualalai. Hier erwarb Robert intensive Kenntnisse der regionalen hawaiianischen Küche. Er kochte in allen drei Restaurants der Hotelanlage Wongs berühmte Gerichte nach und verinnerlichte die Philosophie dieses Meisterkochs. Unter der Obhut von Etsuji Umezu, dem leitenden Chefkoch des Hualalai, wurde Roberts Liebe zur Sushi-Küche geweckt und gefördert. Umezu setzte so großes Vertrauen in Robert als Sushi-Chefkoch, dass ihm sogar die Ehre zuteilwurde, Sushi für die Prinzessin von Japan zuzubereiten.

Nach dieser intensiven Ausbildung bei Hawaiis absoluten Spitzenköchen zählt Robert heute zu San Diegos besten nicht-traditionellen Sushi-Köchen. Seine Lehrmeister haben ihm beigebracht, dass er jede einzelne Quelle aller Zutaten seiner Sushi-Gerichte kennen und sicherstellen muss, dass diese Zutaten auch wirklich frisch sind.

Nachdem er Zeuge von Betrügereien im Umgang mit Frischfisch wurde – so kam es vor, dass Restaurants Fisch wissentlich falsch deklarierten oder Fisch minderer Qualität servierten –, beschloss er, Verbrauchern die Möglichkeit zu geben, sich über nachhaltigen Fischfang zu informieren. In Zusammenarbeit mit Wissenschaftlern der NOAA (Nationales Amt für Meeres- und Atmosphärenforschung der USA) entwickelte er den QR (Quick Reference) Code für Sushi, sodass die Verbraucher bewusst wählen können, woher sie ihren Fisch beziehen.

Heute ist Robert Besitzer und Chefkoch der Land & Water Company in Carlsbad, Kalifornien. Sein Engagement für Schutz und Bewahrung unserer Ozeane durch nachhaltige Fischerei bewirkt, dass sich weltweit neue Regeln etablieren, wie künftig Fisch und Sushi serviert wird. Robert machte uns darauf aufmerksam, dass Fisch, wie Obst und Gemüse, ein saisonales Produkt ist. Wir haben schon oft in seinem Restaurant gegessen, wo alle Gerichte ausschließlich mit nachhaltigen, ökologischen Zutaten und großer Leidenschaft für Land und Meer zubereitet werden. Ein Mitglied unseres Testesser-Teams für dieses Kochbuch bezeichnete Roberts Kochkunst als »psychedelischen Trip für die Zunge«. Ja, so gut ist Roberts Essen!

Lesen Sie mehr über Robert auf: landandwaterco.com.

Kim Schuette

Kim Schuette praktiziert seit 1999 als Ernährungsberaterin. 2002 gründete sie Biodynamic Wellness, heute beheimatet in Solana Beach, Kalifornien. Ihre Liebe zum Biogärtnern, zur Gourmetküche und der Ernährungstherapie veranlasste sie, eine private Beratungspraxis zu gründen, um Menschen mit ernährungsbedingten Gesundheitsproblemen umfassend helfen zu können.

Kim ist zertifizierte, von Dr. Natasha Campbell-McBride ausgebildete GAPS-Therapeutin. Sie macht Menschen durch Vorträge und Seminare mit der Arbeit von Weston A. Price, Francis Pottenger und Melvin Page vertraut. 2012 wurde Kim von der Weston A. Price Foundation ein Preis als Anerkennung ihres Engagements für gesunde Kinder-Ernährung und gesunde Ernährung in der Schwangerschaft verliehen.

Lesen Sie mehr über Kim auf: biodynamicwellness.com.

Eyton Shalom

Der Akupunkteur Eyton Shalom hat sich ganz der Aufgabe verschrieben, Menschen bei der Heilung von innen nach außen zu helfen. In seiner Privatpraxis in San Diego setzt er Akupunktur, Pflanzenheilkunde, Ayurveda und Ernährungstherapie ein, um Menschen dauerhaft von Krankheiten und Schmerzen zu befreien, indem er die wahren zugrunde liegenden Ursachen behandelt. Seit über 20 Jahren hilft Eyton seinen Patienten, durch richtige Ernährung, therapeutische Bewegungsübungen, Stress-Management, speziellen Atemtechniken und Meditation die Kontrolle über ihre Gesundheit wieder zurückzugewinnen.

Eyton ist Berater für Pflanzenheilkunde für die kalifornische Akupunktur-Ausbildung und lehrt seit fünf Jahren am Pacific College of Oriental Medicine. Eyton schrieb populäre Kolumnen für jadedragon.com und die *Mission Hill News* und seine Fachartikel wurden im *Oriental Medicine Journal* veröffentlicht.

Weitere Informationen über Eyton finden Sie auf:

bodymindwellness.com.

Quinn Wilson

Quinn Wilson, in San Diego geboren, arbeitete zunächst acht Jahre im Bereich Innenarchitektur, ehe sie das Kochen als ihre wahre Leidenschaft entdeckte. Vor ein paar Jahren begann sie, sich für traditionelles Essen als Lebensstil zu interessieren und regelmäßig Brühe selbst zuzubereiten. Bereits nachdem Quinn zwei Wochen lang täglich Brühe getrunken hatte, spürte sie, wie positiv sich das auf ihre Gesundheit auswirkte.

Im Jahr 2012 beschloss sie, unter dem Namen Balanced & Bright Bone Broth ihre eigene Kraftbrühe auf den Markt zu bringen, um sie auch jenen zugänglich zu machen, denen die Zubereitung zu langwierig ist. Ihr Kraftbrühen-Rezept ist vielseitig und so leicht zu konsumieren wie Tee: Man kann die Brühe warm, kalt, süß, salzig oder ohne weitere Zutaten trinken. Und sie lässt sich sehr gut allen Rezepten beimischen, in denen Brühe als Zutat verlangt wird. Inzwischen ist die Produktion ihrer Brühe, die in Carnitas Snack Shack in Del Mar, Kalifornien, verkauft wird, für sie ein Vollzeitjob. Quinn arbeitet außerdem freiberuflich als Food-Stylistin und schreibt Artikel über traditionelle Ernährung. Kürzlich hat sie an einem internationalen Kochbuch mitgearbeitet, das 2015 veröffentlicht wurde.

Mehr Informationen über Quinn und ihre köstlichen Brühen finden Sie auf:

balancedandbright.wordpress.com.

ANMERKUNGEN

1. Kapitel

1. Laura Stampler: »Organic Food Sales on the Rise.« Time.com. Time Inc. Network. 13. Mai 2014. Web. 12. April 2015.
2. Janet Clarkson: *A Global History* (London: Reaktion Books, 2010).
3. Encyclopaedia Britannica Online, s. v. »restaurant,« aufgerufen 15. April 2015, http://www.britannica.com/topic/restaurant.
4. Jean-Louis Flandrin und Massimo Montanari: *Food: A Culinary History from Antiquity to the Present.* (NewYork: Columbia University Press, 1999).
5. Harvey Lodish et al.: *Molecular Cell Biology, 4th edition* (New York: W. H. Freeman, 2000).
6. Ebd.
7. Angelica Carrillo Leal: »Why Does Your Skin Age?« *Dartmouth Undergraduate Journal of Science* (28. Januar 2013), aufgerufen 23. April 2015, http://dujs.dartmouth.edu/news/why-does-your-skin-age#.VceIkXjkS8F.
8. Sara Sibilla et al.: »An Overview of the Beneficial Effects of Hydrolysed Collagen as a Nutraceutical on Skin Properties: Scientific Background and Clinical Studies,« *The Open Nutraceuticals Journal* 8 (2015): 29–42, doi:10.2174/1876396001508010029; V. Kahan et al.: »Stress, Immunity, and Skin Collagen Integrity: Evidence from Animal Models and Clinical Conditions.« *Brain Behavior Immun.* (November 2009): 1089–95, doi:10.1016/j.bbi.2009.06.002.
9. A. L. Boskey und R. Coleman: »Aging and Bone«, *Journal of Dental Research* 89.12 (Dezember 2010): 1333–1348, doi:10.1177/0 022 034 510 377 791, aufgerufen 25. Juli 2015; Usha Kini und B.N. Nandeesh: »Physiology of Bone Formation, Remodeling, and Metabolism«, *Radionuclide and Hybrid Bone Imaging* (2012) 29–57, doi:10.1007/978-3-642-02400-9_2; Sibilla »Overview.«
10. Nicholas E. Diamant: »Pathophysiology of Gastroesophageal Reflux Disease«, *GI Motility Online* (2006), doi:10.1038/gimo21.
11. Silke K. Schagen et al.: »Discovering the Link between Nutrition and Skin Aging.« *Dermatoendocrinology* 4.3 (2012): 298–307, doi: 10.4161/derm.22876; N. Takasao, et al., »Cinnamon Extract Promotes Type I Collagen Biosynthesis via Activation of IGF-I Signaling in Human Dermal Fibroblasts«, *Journal of Agricultural and Food Chemistry* 60.5 (Februar 2012):1193–200, doi: 10.1021/jf2043357; R. Jugdaohsingh: »Silicon and Bone Health.« *The Journal of Nutrition, Health & Aging* 11.2 (2007): 99–110; D. Jean-Gilles et al., »Anti-inflammatory Effects of Polyphenolic-enriched Red Raspberry Extract in an Antigeninduced Arthritis Rat Model«, *Journal of Agricultural and Food Chemistry* 60.23

(Juni 2012): 5755–62 doi:10.1021/jf203 456w; Ivana Binic, et al., »Skin Ageing: Natural Weapons and Strategies.« *Evidence-Based Complementary and Alternative Medicine* (2013): doi:10.1155/2013/827248.
12. Nathan Ralph Gotthoffer: *Gelatin in Nutrition and Medicine* (Grayslake Gelatin Company, 1945).
13. Ebd.
14. Kim Schuette: »Stock vs. Broth: Are You Confused?« BioDynamicWellness.com, aufgerufen 24. März 2015.
15. Ebd.
16. L. C. Junqueira und G. S. Montes: »Biology of Collagen-proteoglycan Interaction«, *Archivum Histologicum Japonicum* 46.5 (Dezember 1983): 589–629, aufgerufen 20. Juli, 2015, http://www.ncbi.nlm.nih.gov/pubmed/6 370 189.
17. A. P. Simopoulos: »The Importance of the ratio of omega-6/omega-3 essential fatty acids«, *Biomedicine & Pharmacotherapy* 56.8 (Oktober 2002) 365–79, National Institute of Health. Oktober 2002, http://www.ncbi.nlm.nih.gov/pubmed/12442909.
18. Ray Peat: »Gelatin, Stress, Longevity«, RayPeat.com, aufgerufen 12. April 2015, http://raypeat.com/articles/articles/gelatin.shtml.
19. Tyson: »The Effect of Gelatin.«
20. Ray Peat: »Gelatin, Stress, Longevity«, RayPeat.com, aufgerufen 12. April 2015, http://raypeat.com/articles/articles/gelatin.shtml
21. S. R. Schwartz und J. Park: »Ingestion of BioCell Collagen®, a novel hydrolyzed chicken sternal cartilage extract; enhanced blood microcirculation and reduced facial aging signs«, *Journal of Clinical Interventions in Aging*, 7 (267–73), 2012, doi: 10.2147/CIA.S32836.
22. Kaayla T. Daniel: »Is There a Natural Remedy for Cellulite? Think Bone Broth«, NourishingBroth.com, 8. April 2015, http://nourishingbroth.com/hot-news/is-there-an-all-natural-remedy-for-cellulite-think-bone-broth/.
23. P. Li, et al.: »Amino acids and immune function«, *British Journal of Nutrition* 98.2 (August 2007): 237–52, doi: 10.1017/S000711450769936X.
24. Barbara O. Rennard, et al.: »Chicken Soup Inhibits Neutrophil Chemotaxis In Vitro.« *Chest* 118.4 (Oktober 2000): 1150–7, PubMed (PMID: 11035691).
25. Marian Burros: »So Listen to Mother Already: For Flu, Take Chicken Soup.« *Eating Well* (blog), *The New York Times*. 3. Februar 1999, hhtp://www./nytimes.com/1999/02/03/dining/eating-well-so-listen-to-mother-already-for-flu-take-chicken-soup.
26. S. Hasegawa, et al.: »Cysteine, histidine and glycine exhibit anti-inflammatory effects in human coronary arterial endothelial cells«, *Clinical and Experimental*

Immunology, 167.2 (Februar 2012): 269–74, doi:10.1111/j.1365–2249.2011.04519.x; A. Z. de Souza, et al.: »Oral Supplementation with L-Glutamine Alters Gut Microbiota of Obese and Overweight Human Adults: A Pilot Study«, *Nutrition* 31.6 (Januar 2015): 884–9, doi:10.1016/j.nut.2015.01004.

27. C. Palacios: »The role of nutrients in bone health, from A to Z«, *Critical Reviews in Food Science and Nutrition,* 46.8 (2006), Pub Med (PMID: 17092827).
28. P. J. Turnbaugh, et al.: »An obesity-associated gut microbiome with increased capacity for energy harvest«, *Nature* 444 (Dezember 2006): 1027–31, doi:10.1038/nature05414.
29. de Souza: »Oral Supplementation.«
30. Julie E. Flood und Barbara J. Rolls: »Soup preloads in a variety of forms reduce meal energy intake«, *Appetite* 49.3 (November 2007) 626–34, PubMed (PMCID: PMC2128765).
31. M. L. Ray, et al.: »Effect of sodium in a rehydration beverage when consumed as a fluid or meal«, *Journal of Applied Physiology* 85.4 (Oktober 1998) 1329–36, PubMed (PMID: 9760324).
32. R. J. Maughan, et al.: »Factors influencing the restoration of fluid and electrolyte balance after exercise in the heat.« *British Journal of Sports Medicine* 31.3 (September 1997): 175–82, PubMed Central (PMC1332513).
33. E. L. Dillon, et al.: »Amino acid metabolism and inflammatory burden in ovarian cancer patients undergoing intense oncological therapy«, *Clinical Nutrition* 26.6 (Dezember 2007): 736–43, doi:10.1016/j.clnu.2007.07004.
34. Dan Hurley: »Your Backup Brain«, *Psychology Today, 1.* November 2011, aufgerufen 10. Mai 2015, https://www.psychologytoday.com/articles/201110/your-backup-brain.
35. Leo Galland: »Do You Have Leaky Gut Syndrome?« The Huffington Post, 10. September 2010, aufgerufen 12. Februar 2014, http://www.huffingtonpost.com/leo-galland-md/do-you-have-leaky-gut-syn_b_688951.html.
36. Federation of American Societies for Experimental Biology, »Why inflammation leads to a leaky blood-brain barrier: MicroRNA-155«, ScienceDaily,2. Juni 2014, http://sciencedaily.com/releases/2014/06/140602104749.htm.
37. Ana-Maria Enciu, et al.: »Triggers and Effectors of Oxidative Stress at Blood-Brain Barrier Level: Relevance for Brain Ageing and Neurodegeneration.« PubMed.gov. National Institute of Health. 7. März 2013. Web. 10. April 2015; Murphy, Tanya K., Roger Kurlan, and James Leckman: »The Immunobiology of Tourette's Disorder, Pediatric Autoimmune Neuropsychiatric Disorders Associated with *Streptococcus,* and Related

Disorders: A Way Forward.« *Journal of Child and Adolescent Psychopharmacology* 20.4 (2010): 317–331. PMC. Web. 24. August 2015; George Szmukler et.al. »Anorexia Nervosa and Bulimic Disorders: Current Perspectives: Proceedings of the Conference on Anorexia Nervosa and Related Disorders, Held at University College, Swansea, Wales on 3.-7. September 1984,1986.«
Internet ressource.

38. Amy Nett: »Beyond MSG: Could Hidden Sources of Glutamate Be Harming Your Health?« ChrisKresser.com, 16. September 2014, aufgerufen 11. Juli 2015, https://chriskresser.com/beyond-msg-could-hidden-sources-of-glutamate-be-harming-your-health/.
39. »Review of: Excitotoxins: The Taste that Kills.« *Nutrition Digest* 37.3, http://americannutritionassociation.org./newsletter/review-excitotoxins-taste-kills.
40. Sally Fallon Morell: »Broth Is Beautiful«, The Weston A. Price Foundation, 1. Januar 2000, aufgerufen 15. Juli 2015, http://www.westonaprice.org/health-topics/broth-is-beautiful/.

2. Kapitel

1. Mary V. Gold: »Organic Production/Organic Food: Information Access Tools«, Alternative Farming Systems Information Center, Juni 2007, aktualisiert Mai 2015, aufgerufen 23. April 2015, http://www.nal.usda.gov/afsic/pubs/ofp/ofp.shtml.
2. Stanley A. Fishman: *Tender Grassfed Meat: Traditional Ways to Cook Healthy Meat* (Alamo, CA: Alanstar Games, 2009).
3. Ebd.
4. »The Judicious Use of Medically Important Antimicrobial Drugs in Food-Producing Animals«, Guidance for Industry #209, 13. April 2012, aufgerufen 10. April 2015, http://www.fda.gov/downloads/AnimalVeterinary/GuidanceComplianceEnforcement/GuidanceforIndustry/UCM216936.pdf.
5. »GMO Facts«, The Non-GMO Project.
6. »Evaluation of five organophosphate insecticides and herbicides«, *IARC Monographs* Volume 112, International Agency for Research on Cancer, World Health Organization, 20. März 2015, http://www.iarc.fr/en/media-centre/iarcnews/pdf/MonographVolume112.pdf.
7. Sheryl Ryan: »Which Are the Healthiest and Most Responsible Fish to Eat?« Greenopedia, aufgerufen 23. April 2015.
8. »Iodine: Fact Sheet for Consumers«, National Institutes of Health, last reviewed June 24, 2011, aufgerufen 29. April 2015, https://ods.od.nih.gov/factsheets/Iodine-Consumer/.
9. Michael Conathan: »Fukushima Fallout Not Affecting U.S.-Caught Fish«, *Voices Ocean Views* (blog), *National Geogra-*

phic. September 11, 2013, http://voices.nationalgeographic.com/2013/09/11/fukushima-fallout-not-effecting-u-s-caught-fish/.

10. R. A. McCance, W. Sheldon, und E. M. Widdowson: »Bone and Vegetable Broth«, *Archives of Disease in Childhood* 9.52 (August 1934): 251–8.
11. Ebd.
12. Harvey Lodish, et al.: *Molecular Cell Biology, 4th edition* (New York: W. H. Freeman, 2000).
13. Sally Fallon Morell und Kaayla T. Daniel: *Nourishing Broth: An Old-Fashioned Remedy for the Modern World* (Grand Central Life & Style, 2014). (Dt.: *Die Super-Suppe: Nährstoffwunder Knochen- und Fleischbrühe.* Kirchzarten: VAK, 2015.)

3. Kapitel

1. Karen Marley: »The Fantastic 5: Antioxidant Spice Heroes or How to Keep That Pesky ›Eat Healthy‹ Resolution!« Spice Sherpa. 26. Januar 2011. http://www.spicesherpa.com/the-fantastic-5-antioxidant-spiece-heroes-or-how-to-keep-that-pesky-eat-healthy-resolution/.

4. Kapitel

1. »Lamb Broth«, Health and Healing Wisdom 21.4 (Winter 1997), Price-Pottenger Nutrition Foundation.

5. Kapitel

1. Bharat B. Aggarwal mit Debora Yost: *Healing Spices: How to Use 50 Everyday and Exotic Spices to Boost Health and Beat Disease* (Sterling, Januar 2011). (Dt.: *Heilende Gewürze.* Kandern: Narayana, 2014)
2. Ebd., 243.
3. Ariane Resnick: *The Bone Broth Miracle: How An Ancient Remedy Can Improve Health, Fight Aging, and Boost Beauty* (New York: Skyhorse Publishing, 2015). (Dt.: *Superfood Knochenbrühe: Gesundheitselixier, Heiltrunk und Faltenkiller aus dem Suppentopf.* München: Riva, 2016.)

6. Kapitel

1. Nick Polizzi: *The Sacred Cookbook: Forgotten Healing Recipes of the Ancients* (Three Seed Productions, 2013).
2. Ebd.
3. Pat Connolly: »Chard Soup«, *Health and Healing Wisdom* 30.4 (Winter 2006), Price-Pottenger Nutrition Foundation.

7. Kapitel

1. »Baked Lemon Turkey Breast«, *Health and Healing Wisdom* 16.4 (1992), Price-Pottenger Nutrition Foundation.
2. »Breakfast Lamb Stew«, *Health and Healing Wisdom* 21.4 (Winter 1997), Price-Pottenger Nutrition Foundation.

10. Kapitel

1. Miriam Meister: »Salmon contain health-promoting bioactive peptides«, National Food Institute, Dänemarks Technische Universität, 4. September 2014, aufgerufen 14. April 2015, http://www.food.dtu.dk/english/News/2014/09/Salmon-contain-health-promoting-bioactive-peptides.
2. »Tuna Shopping Guide: How Does Your Can Stack Up?« Greenpeace, aufgerufen 14. April 2015, http://www.greenpeace.org/usa/oceans/tuna-guide/.
3. Ebd.
4. Morell und Daniel: *Nourishing Broth.*

12. Kapitel

1. Warren Bobrow: *Apothecary Cocktails: Restorative Drinks of Yesterday and Today* (Fair Winds Press, 2013).

Anhang

1. Aggarwal: *Healing Spices.*
2. Ebd.
3. Ebd.
4. »Ayurveda & Diet: Food Chart: Spices«, allAyurveda.com, aufgerufen 14. April 2015, http://www.allayurveda.com/dietp_spices.asp; Aggarwal, *Healing Spices*; Paul Pitchford, *Healing With Whole Foods:Asian Traditions and Modern Nutrition, 3rd edition* (Berkeley, CA: North Atlantic Books, 2002).

REGISTER

A

B

C/D

E

F

G

H

I/J

K

L

M

N/O

P

R

S

T

U/V

W

Z

Das Handbuch für das neue Ernährungsbewusstsein

Millionen Menschen wenden seit 25 Jahren das Affirmationsprogramm zur Verbesserung ihrer Gesundheit an, das Louise L. Hay in ihren Bestsellern *Liebe deinen Körper* und *Gesundheit für Körper und Seele* lehrt. Allein in Deutschland sind von diesen beiden Büchern über acht Millionen Exemplare verkauft worden. In *Ernährung für Körper & Seele* hat Louise L. Hay dieses Programm gezielt weiterentwickelt für alle, die sich Gedanken über das Essen und die Gesundheit machen.

Hier geht es nicht um Diäten, Gesundheitslehren und -trends, sondern darum, den Lesern ein profundes neues System zur Heilung von Körper, Geist und Seele anzubieten, das Louise für sich selbst und andere über die letzten Jahrzehnte entwickelt hat. Gemeinsam mit zwei Ernährungsexpertinnen lehrt sie, wie wir durch die Veränderung unserer Gedanken auf sehr sanfte Weise zu neuer Gesundheit, einem besseren Lebensgefühl und einem höheren Energielevel finden.

www.leoverlag.de

Klappenbroschur, 376 Seiten, ISBN 978-3-95736-038-0

L·E·O

L · E · O Verlag ist ein Imprint der Scorpio Verlag GmbH & Co. KG,
herausgegeben von Michael Görden

Published by Arrangement with Hay House Inc., Carlsbad, CA
Die Originalausgabe ist erstmals 2016 bei Hay House Inc. erschienen.
Titel der amerikanischen Originalausgabe: The Bone Broth Secret

FSC www.fsc.org
MIX
Papier aus verantwortungsvollen Quellen
FSC® C084279

Foodstyling: Carolyn Himes
© Coverillustration: Hay House Inc.
Lektorat: Maryna Zimdars
Umschlaggestaltung: Torge Niemann, WRAGE
Satz und Innenlayout: Nadine Clemens, München
Druck und Bindung: Print Consult GmbH
ISBN 978-3-95736-068-7

Mehr über unsere Bücher
www.leoverlag.de